高等院校通识课教育精品教材

互联网+

高等院校通识课教育精品教材
"互联网+"新形态一体化精品教材

U0681598

大学生职业素质训练系列教程
——创新与创业

主　编　文华伟　王　静

副主编　勾　英　肖　虹

编　委　樊　军　王翔宇

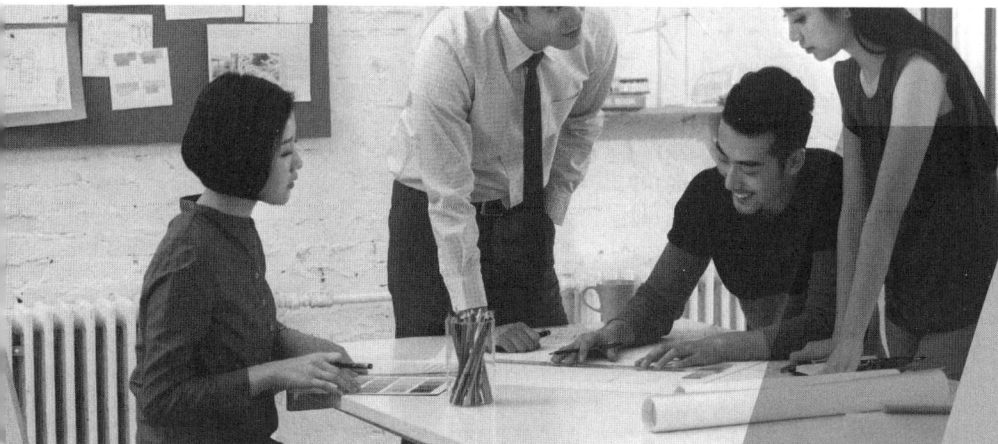

南开大学出版社

图书在版编目（CIP）数据

大学生职业素质训练系列教程：创新与创业／文华伟，王静主编．—天津：南开大学出版社，2017.1
ISBN 978-7-310-05332-2

Ⅰ．①大…　Ⅱ．①文…②王…　Ⅲ．①职业选择—高等学校—教材　Ⅳ．①G647.38

中国版本图书馆 CIP 数据核字（2017）第 021914 号

南开大学出版社出版发行
出版人：刘立松
地址：天津市南开区卫津路 94 号　　邮政编码：300071
营销部电话：（022）23500972　23508339
营销部传真：（022）23508542　　邮购部电话：（022）23502200

*

北京荣玉印刷有限公司印刷
全国各地新华书店经销

*

2017 年 1 月第 1 版　　2017 年 1 月第 1 次印刷
787×1092 毫米　16 开本　14 印张　312 千字
定价：42.00 元

如遇图书印装质量问题，请与本社营销部联系调换，电话：（022）23507125

前言
Preface

党的十八大报告指出："鼓励多渠道多形式就业，促进创业带动就业。"国内创新创业浪潮进入了一个新阶段。2015年6月16日，国务院发布了《国务院关于大力推进大众创业万众创新若干政策措施的意见》。《意见》中提出，推进大众创业、万众创新，是发展的动力之源，也是富民之道、公平之计、强国之策，对于推动经济结构调整、打造发展新引擎、增强发展新动力、走创新驱动发展道路具有重要意义，是稳增长、扩就业、激发亿万群众智慧和创造力，促进社会纵向流动、公平正义的重大举措。现代大学生作为一个特殊的社会群体，受教育程度较高，综合素质较为突出，拥有年轻人所特有的创新精神，在创新创业上具备一定的优势，他们的创业意愿和创业能力的高低也对社会发展产生了深刻的影响。大学生创新创业不仅对于中国经济转型升级、建设创新型国家的意义重大，随着社会经济的发展，社会财富日益丰富，大学生的创新创业也是实现自身价值的体现。

大学生创新创业教育的开展，符合当前社会经济发展的要求，有利于优化教育的内容与形式，是完善国民教育的有益之举，适应建设创新型国家的客观要求。在高校有序地开展创新创业教育，有利于培养学生创新创业的意识、精神和能力，对于鼓励和帮助大学生创新创业具有重要的实践价值。加强大学生创新与创业教育，也有利于转变大学生的就业观念，通过创业带动就业，是化解就业难题的可行之举。

全书分"创新篇"和"创业篇"两大部分内容，分别从创新和创业两个维度进行阐述。创新是创业的手段和基础，创业是创新的载体。现代经济中，创业必须进行有效的自主创新，不断进行生产技术革新和再创造，才能使所创立的企业生存，与时俱进，发展并保持持久的活力，从而达到技术创新成果的商品化和产业化，进而实现技术创新的利润和价值。

本书共两编、九章，第一章、第二章由肖虹编写，第三章、第四章由樊军编写，第五章、第六章由勾英编写，第七章、第八章由王翔宇编写，第九章由文华伟和王静编写。文华伟和王静作为本书主编，还负责提纲的修订、人员分工安排及内容的调整与修改。在编写中，本书还参考了相关方面的著作，并引用了他人一些相关的材料，在此一并致谢。

由于编者水平有限，不足之处在所难免，恳请广大读者及各方面的专家、学者提出宝贵意见。联系电话：010－57749959，邮箱：2033489814@qq. com。

编　者
2016年7月

目录

Contents

上 编

创
新
篇

比尔·盖茨创造了微软帝国，也创造了大学生创业的神话，这不是个案，中国大学生创业比率在 2％左右，而美国大学生创业率达 20％～23％。为什么美国大学生自主创业较为普遍？想要实现成功的创业，就必须以成功的创新为起点。

创新与创业息息相关，相辅相成。首先，创新是指理论、方法、技术等某一方面的发明或现实的改进、组合和更新；而创业是一种思考行动和推理方法，在于把握机会，创造性整合资源，从而创办新企业或开辟新事业，新的思想或创造成果用于产业或事业当中开创的新领域。其次，创新重视的是新取得的成果，而创业不仅重视可能得到的结果，还重视其结果应用于现实的条件。第三，创业比创新更加关心结果的应用与带来的效益。由此可见，创业可在创新的基础上将创新思想转化为现实成果。

因此，创新是创业成功的重要依托，创新是创业的重要切入点，真正的创业者必须是一个创新者，单纯的复制和模仿是没有任何意义的。

第一章　突破禁锢，激发创新意识

从前，有一辆货车在通过一个天桥时，因为司机没有看清天桥的高度标记，结果车正好被卡在了天桥下面。因为当时车上装的货物很重，所以一下子很难把货车开出来。为了弄出这辆货车，司机和当地交管部门的工作人员用尽各种办法都无济于事。这时，旁边围观的一个小孩子走了上来笑着说道："你们为什么不把车胎的气放出来点呢？"大家觉得小孩子说的在理。于是司机便放出了一些车胎气，货车的高度降了下来，最后汽车顺利通过天桥。

我们习惯了用常规的思维方式去解决问题，发现困难重重。换一个角度或者转变一个思路，忽然柳暗花明，开辟了新的世界，这就是创新。

第一节　创新的来源

什么是创新的来源？创新的原则是什么呢？只有理清这两个问题，我们才能去探索创新的路径，从而更好地去实现创新。

一、创新的原则

创新原则就是开展创新活动所依据的法则和判断创新构思所凭借的标准。

1. 遵守科学原理原则

创新必须遵循科学技术原理，不得有违科学发展规律。因为任何违背科学技术原理的创新都是不能获得成功的。比如，近百年来，许多才思卓越的人耗费心思，力图发明一种既不消耗任何能量、又可源源不断对外做功的"永动机"。但无论他们的构思如何巧妙，结果都逃不出失败的命运。其主要原因是在于他们的创新违背了"能量守恒"的科学原理。为了使创新活动取得成功，在进行创新构思时，必须做到以下几点：

（1）对发明创造设想进行科学原理相容性检查。

创新的设想在转化为成果之前，应该先进行科学原理相容性检查。如果关于某一创新问题的初步设想，与人们已经发现并获实践检查证明的科学原理不相容，则不会获得最后的创新成果。因此与科学原理是否相容，是检查创新设想有无生命力的根本条件。

（2）对发明创新设想进行技术方法可行性检查。

任何事物都不能离开现有的条件的制约。在设想变为成果时，还必须进行技术方法可行性检查。如果设想所需要的条件超过现有技术方法可行性范围，则在目前该设想还只能是一种空想。

（3）对创新设想进行功能方案合理性检查。

任何创新的新设想，在功能上都有所创新或有所增强。但一项设想的功能体系是否合理，关系到该设想是否具有推广应用的价值。因此，必须对其合理性进行检查。

【科学推理】

请从科学的角度去思考，以下假设合理吗？分析原因。

茶杯一定要有一个把手吗？

足球一定要是圆的吗？

鸟儿一定要有翅膀吗？

电脑一定要有键盘和鼠标吗？

电灯一定要发光吗？

_____

_____

_____

_____

2. 市场评价原则

为什么有的新产品登上商店柜台却渐渐销声匿迹了呢？创新设想要获得最后的成果，必须经受走向市场的严峻考验。爱迪生曾说："我不打算发明任何卖不出去的东西，因为不能卖出去的东西都没有达到成功的顶点。能销售出去就证明了它的实用性，而实用性就是成功。"创新设想经受市场考验，实现商品化和市场化要按市场评价的原则来分析。其评价通常是从市场寿命观，市场定位观，市场特色观，市场容量观，市场价格观和市场风险观七个方面入手，考察创新对象的商品化和市场化的发展前景，而最基本的要点则是考察该创新的使用价值是否大于它的销售价格，也就是要看它的性能、价格是否优良。但在现实中，要估计一种新产品的生产成本和销售价格不难，而要估计一种新发明的使用价值和潜在意义则很难。这需要在市场评价时把握住评价事物使用性能最基本的几个方面，然后在此基础上做出结论。

（1）解决问题的迫切程度；（2）功能结构的优化程度；（3）使用操作的可靠程度；（4）维修保养的方便程度；（5）美化生活的美学程度。

口袋自行车

一辆能够装在口袋里的自行车与一个钥匙扣哪个更受欢迎，为什么？

_____

_____

_____

3. 相对较优原则

创新不可盲目追求最优、最佳、最美、最先进。创新产物不可能十全十美。在创新过程中，利用创造原理和方法，获得许多创新设想，它们各有千秋，这时，就需要人们按相对较优的原则，对设想进行判断选择。

（1）从创新技术先进性上进行比较选择。

可从创新设想或成果的技术先进性上进行各自之间的分析比较，尤其是应将创新设想同解决同样问题的已有技术手段进行比较，看谁领先和超前。

（2）从创新经济合理性上进行比较选择。

经济的合理性也是评价判断一项创新成果的重要因素。所以对各种设想的可能经济情况要进行比较，看谁合理和节省。

（3）从创新整体效果性上进行比较选择。

技术和经济应该相互支持、相互促进，它们的协调统一构成事物的整体效果性。任何创新的设想和成果，其使用价值和创新水平主要是通过它的整体效果体现出来。因此，对它们的整体效果要进行比较，看谁全面和优秀。

南孚电池与普通电池

比较市场上的南孚电池与普通电池，哪种更受欢迎？为什么？

_____

_____

_____

4. 机理简单原则

创新只要效果好，机理越简单越好。在现有科学水平和技术条件下，如不限制实现创新方式和手段的复杂性，所付出的代价可能远远超出合理程度，使得创新的设想或结果毫无使用价值。在科技竞争日趋激烈的今天，结构复杂、功能冗余、使用烦琐已成为技术不成熟的标志。因此，在新创的过程中，要始终贯彻机理简单原则。为使创新的设想或结果更符合机理简单的原则，可进行如下检查。

（1）新事物所依据的原理是否重叠，超出应有范围；（2）新事物所拥有的结构是否复杂，超出应有程度；（3）新事物所具备的功能是否冗余，超出应有数量。

环球牌香烟

一家生产"环球牌"香烟的烟草公司，派出一名推销员到某海湾旅游区去推销香烟。由于这个地区的香烟市场早已被名牌香烟占领，因此采用常规方法将市场打开并非易事。

于是，这位推销员转换了视角，从另一个角度出发，请人制作了许多大型标语牌，竖立在一些不准抽烟的公共场合，这些标语牌激发了游客们的好奇心，对环球牌香烟越来越感兴趣。于是环球牌香烟很快就在这个地区打开了市场。

读完这则小故事，请猜测这个推销员用了什么样的标语吸引客户？这个标语为何奏效？

_____

_____

_____

_____

5. 构思独特原则

我国古代军事家孙子在其名著《孙子兵法·势篇》中指出："凡战者，以正合，以奇胜。故善出奇者，无穷如天地，不竭如江河。"所谓"出奇"，就是"思维超常"和"构思独特"，创新贵在独特，创新也需要独特。在创新活动中，关于创新对象的构成是否独特，可以从以下几个方面来考察。

（1）创新构思的新颖性；（2）创新构思的开创性；（3）创新构思的特色性。

空调与玫瑰空调

设想市场上出现了一种能够释放玫瑰花香的空调，普通空调和玫瑰空调哪种更受欢迎？为什么？

_____

_____

_____

_____

6. 不轻易否定，不简单比较原则

不轻易否定，不简单比较原则是指在分析评判各种产品创新方案时应注意避免轻易否定的倾向。在飞机发明之前，科学界曾从"理论"上进行了否定的论证。过去也曾有权威人士断言，无线电波不可能沿着地球曲面传播，无法成为通信手段。显然，这些结论都是错误的，这些不恰当的否定之所以出现是由于人们运用了错误的"理论"，而更多的不应该出现的错误否定，则是由于人们的主观武断，给某项发明规定了若干用常规思维分析证明无法达到的技术细节的结果。

在避免轻易否定倾向的同时，还要注意不要随意在两个事物之间进行简单比较。不同的创新，包括非常相近的创新，原则上不能以简单的方式比较其优势。不同创新不能简单比较的原则，带来了相关技术在市场上的优势互补，形成了共存共荣的局面。

创新的广泛性和普遍性都源于创新具有的相融性。如市场上常见的钢笔、铅笔就互不排斥，即使都是铅笔，也有普通木质的铅笔和金属或塑料杆的自动铅笔之分，它们之间也不存在排斥的问题。

吸墨水纸

一次，德国某造纸厂的一位技师由于疏忽大意，忘记往纸浆中加胶，结果生产出了大批不能书写的"废纸"。当他苦思冥想，不知如何办才好时，一位朋友建议他考虑一下这样的纸有没有其他用途。于是，这位技师对这批纸反复琢磨，认真研究，最后发现纸的吸水性极强，溅在这种纸上的墨水很容易被吸掉。

他们便将这种纸作为一种专供书写时吸干墨水用的"吸墨水纸"出售，竟然出乎意料地深受人们的欢迎。

后来，这位技师还申请了专利。

请分析一下，技师为何能成功发明"吸墨水纸"？

_____

_____

_____

_____

总之，我们应在尽量避免盲目地、过高地估计自己的设想的同时，也要注意珍惜别人的创意和构想。简单的否定与批评是容易的，难得的却是闪烁着希望的创新构想。

以上是在创新活动中要注意并切实遵循的创新原理和创新原则，这都是根据千百年来人类创新活动成功的经验和失败的教训提炼出来的，是创新智慧和方法的结晶。它体现了创新的规律和性质，按创新原理和原则去创新，并非束缚你的思维，而是把创新活动纳入安全可靠、快速运行的大道上来。

在创新活动中遵循创新原理和创新原则是提升创新能力的基本要素，是攀登创新云梯的基础。有了这个基础就把握了开启创新大门的"金钥匙"。

二、创新的原理

创新既是一个宏观的社会实践过程，又是一个微观的心理反应过程，如果没有正确的原理指导，原则规范和过程提示，创新活动有可能陷入茫无头绪的境地。

1912 年，奥地利经济学家熊彼特（J. A. Schumpeter）最早提出了"创新"的概念。1939 年，他完善了自己的理论，提出创新就是"建立一种新的生产函数"，也就是说，把一种从来没有过的关于生产要素和生产条件的新组合引入生产体系。

1985 年，被誉为"现代管理之父"的彼得·德鲁克（Peter F. Drucker）发展了创新理论。他提出，任何使现有资源的财富创造潜力发生改变的行为，都可以称之为创新。Drucke 主张，创新不仅仅是创造，而且并非一定是技术上的；一项创新的考验并不在于它的新奇性、它的科学内涵，或它的小聪明，而在于推出市场后的成功程度，也就是能否为大众创造出新的价值。

综上所述，创新的原理是依据创新思维的特点、对人们所进行的无数创新活动的经验性总结。又是对客观所反映的众多创新规律的综合性归纳。因此，它能为人们更好地认识创新活动、更好地运用创新方法、更好地为解决创新问题提供条件。为帮助人们深入理解并牢固掌握创新工程中常见的十种创新的原理，现分别予以介绍。

1. 综合原理

综合是在分析各个构成要素基本性质的基础上，综合其可取的部分，使综合后所形成的整体具有优化的特点和创新的特征。

综合即是创新

手机是综合固定电话、无线发报机、电脑或 GPS（地球定位系统）等技术的创新产品；

电饭锅的发明则是综合普通饭锅、电炉、高压炉现成的东西；

综合链式拖拉机、推土铲、挖斗、液压机构、风钻机等创造了挖掘机；

航空母舰则是综合军舰、飞机、飞机跑道、升降机构等技术和装置所发明的新种军舰。

凡此种种创新的东西都是一些综合的技术装备，这就是"综合即是创新"。

2. 组合原理

这是将两种或两种以上的学说、技术、产品的一部分或全部进行适当叠加和组合，用以形成新学说、新技术、新产品的创新原理。组合既可以是自然组合，也可以是人工组合。在自然界和人类社会中，组合现象是非常普遍的。爱因斯坦曾说："组合作用似乎是创造性思维的本质特征。"组合创新的机会是无穷的。有人统计了 20 世纪以来的 480 项重大创造发明成果，经分析发现三四十年代是突破型成果为主而组合型成果为辅；五六十年代两者大致相当；从 80 年代起，则组合型成果占据主导地位。这说明组合原理已成为创新的主要方式之一。

世博明星

1904 年，在美国圣路易斯举办"世博会"后。评选出了本届世博会的真正明星，它不是任何一家参展商提供的产品，而是世博会门口小商贩售出的食品，这是怎么回事呢？

原来，一位叫哈姆威的小贩在会场外出售甜脆薄饼。他旁边的一位是卖冰激凌的小贩。夏日炎炎，冰激凌卖得很快，不一会儿盛冰激凌的小碟就不够用了。热心的哈姆威于是把自己的脆薄饼卷成锥形，给旁边的小贩当作盛冰淇淋的小碟用。

没想到，冰淇淋和脆薄饼结合在一起，受到了出乎意料的欢迎，人们争相购买。会后也被市民评选为"真正的世博明星产品"，它就是今天我们熟知的蛋卷冰淇淋。

3. 分离原理

分离原理是把某一创新对象进行科学的分解和离散，使主要问题从复杂现象中暴露出来，从而理清创造者的思路，便于抓住主要矛盾。分离原理在发明创新过程中，提倡将事物打破并分解，它鼓励人们在发明创造过程中，冲破事物原有面貌的限制，将研究对象予以分离，创造出全新的概念和全新的产品。如隐形眼镜是眼镜架和镜片分离后的新产品。

安全矿灯

从前，在电灯还没有发明出来的时候，欧洲煤矿因为明火经常发生瓦斯事故。为了防止灾难频繁发生，高薪聘请科学家研究不会引燃瓦斯的工作灯。

迪比是被请来从事该项研究的科学家之一。一天，他在实验室肚子饿了，就用酒精灯烤馅饼吃。烤完馅饼，把铁丝网放在火上准备做实验，他注意到火虽然燃烧着，但火焰却伸不出铁丝网。

迪比心想："一定是铁丝网把火的热量散开了。"他做了一个铁丝网灯罩，然后将铁丝灯罩罩在酒精灯上，小心翼翼放入低浓度煤气中。结果过了很久酒精灯燃烧着，却没有引燃煤气。最终发明了煤矿使用的安全灯。

4. 还原原理

这个原理很重要也十分经典。还原原理要求我们要善于透过现象看本质，在创新过程中，能回到设计对象的起点，抓住问题的原点，将最主要的功能抽取出来并集中精力研究其实现的手段和方法，以取得创新的最佳成果。任何发明和革新都有其创新的原点。创新的原点是唯一的，寻根溯源找到创新原点，再从创新原点出发去寻找各种解决问题的途径，用新的思想、新的技术、新的方法重新创造该事物，从本原上面去解决问题，这就是还原原理的精髓所在。

海带味精

一天，一个博士吃晚饭时，拿起筷子搅了搅碗里的汤，抿了一口发现格外好喝。于是问太太："今天的汤很鲜，用什么材料煮的?"

"没有特别的材料，今天去市场顺便买了点海带，就放到了汤里面。"博士感觉，海带里一定有什么美味的成分。于是他带着海带到实验室分析。经过半年的时间，他发现海带里有一种成分叫"谷氨酸钠"，于是他给这种美味起了一个名字——味精。

后来他又进一步发明了用小麦、脱脂大豆为原料制造谷氨酸钠的办法。这为味精的工业化生产开拓了广阔的前景。

5. 移植原理

这是把一个研究对象的概念、原理和方法运用于另一个研究对象并取得创新成果的创新原理。"他山之石，可以攻玉"就是该原理能动性的真实写照。移植原理的实质是借用已有的创新成果进行创新目标的再创造。想想拉链还有什么用途? 想起来就记在下面，以后想起来仍可写在这里，积累多了，就能创新。创新活动中的移植重点不同，可以是沿着不同物质层次的"纵向移植"；也可以是在同一物质层次内不同形态间的"横向移植"；还可以是把多种物质层次的概念、原理和方法综合引入同一创新领域中的"综合移植"。新的科学创造和新的技术发明层出不穷，其中有许多创新是运用移植原理取得的。

海鸥司令

二战期间，英国潜艇司令官本杰立在研究如何对付德军潜艇。一天，他独自在沙滩上散步，他注意到附近海面上一群海鸥在低空盘旋。他用望远镜一看，原来海面上漂浮着潜艇里扔出的剩饭菜，海鸥出来觅食了。

于是，本杰立想出一个办法。他下令潜艇士兵每次在潜艇巡航时，不断地向海面施放食物。从此，每次出航，都有大批海鸥在海面上争抢食物。时间一长，海鸥一发现水下有黑影，就会在海面尾随等食了。

后来，战斗打响了，本杰立给士兵下命令：只要发现海面上有海鸥集结低空飞翔，即可对此地方发动攻击！靠这种方法，英国潜艇多次对德国部队进行猝不及防的打击。本杰立也被士兵戏称为"海鸥司令"。

6. 换元原理

换元原理是指创造者在创新过程中采用替换或代换的思想或手法，使创新活动内容不断展开、研究不断深入的原理。通常指在发明创新过程中，设计者可以有目的、有意义地去寻找替代物，如果能找到性能更好、价格更省的替代品，这本身就是一种创新。

不要浪费

美国加州曾通过一项新法案，原来的高速公路，采用黄色反射标志因为不明显，一律全部改成橘色。由于涂了黄色漆的标志无法涂成橘色，政府决定将所有的黄色标志全部废掉。

就在这时，加州高速公路监管处一位员工想出一个独到的办法：只要在黄色标志上涂上透明的红色漆，这样标志同样可以呈现出橘色来。这个创意被政府采纳，一下子节省了 11 万美元的费用，这位员工也受到了政府的奖励。

7. 迂回原理

迂回原理很有实用性。创新在很多情况下，会遇到许多暂时无法解决的问题。迂回原理鼓励人们开动脑筋、另辟蹊径。不妨暂停在某个难点上的僵持状态，转而进入下步行动或进入另外的行动，带着创新活动中的这个未知数，继续探索创新问题，不要钻牛角尖、走死胡同。因为有时通过解决侧面问题或外围问题以及后继问题，可能会使原来的未知问题迎刃而解。

苛刻节约

稻盛和夫被日本称为"经营之神"。他所创办的京都陶瓷公司，是日本著名的高科技企业，刚创办不久就接到松下给出的订单。

这笔订单对公司的意义绝不一般。但是松下给出的价格奇低，很多人认为这笔生意不该做，但稻盛和夫认为：现在没有其他生意，虽然松下给的价格低，但通过努力还是可以挣钱。

经过摸索，公司创立了一个叫"变形虫经营"的管理模式。具体做法是将公司分成一个个"变形虫"小组，作为最基础的经济核算单位，降低成本的责任落到每一位员工身上。最终，京都陶瓷公司运营成本大大降低，即使满足松下供货的价格情况下，也可取得可观的利润。

8. 逆反原理

逆反原理首先要求人们敢于并善于打破头脑中常规思维模式的束缚，对已有的理论方法、科学技术、产品实物持怀疑态度，从相反的思维方向去分析、去思索，去探求新的发明创造。实际上，任何事物都有着正反两个方面，这两个方面同时相互依存于一个共同体中。人们在认识事物的过程中，习惯于从显而易见的正面去考虑问题，因而阻塞了自己的思路。如果能有意识、有目的地与传统思维方法"背道而驰"，往往能得到极好的创新成果。

就等你来

一天夜里，齐国宰相苏秦在书房里看书。忽然从窗口闪进一个黑影，用剑直刺他的胸膛后逃去。苏秦遇刺的消息惊动了齐王，齐王闻讯后立即去看望他。

齐王见苏秦伤势严重，说道："我一定要捉到刺客为你报仇。"苏秦说："我有一计可以抓到刺客。"他在齐王耳边说了一通话，不久就与世长辞。

齐王回到官中，气恼地说道："我方才明白，苏秦是燕国派来颠覆我政权的。我现在要将他五马分尸，方解我心头之恨。"

第二天齐王下令把苏秦五马分尸。刑刚毕，观者中挤出一个人来，称自己是杀死奸细苏秦的刺客。齐王立即下令拿下他，说道："寡人若不照苏先生临终献的计策行事，你这亡命之徒岂会自投罗网。

9. 强化原理

强化就是对创新对象进行精炼、压缩或聚焦，以获得创新的成果。强化原理是指在创新活动中，通过各种强化手段，使创新对象提高质量、改善性能、延长寿命、增加用途，或产品体积的缩小、重量的减轻、功能的强化。

空白广告

一天，一个香港居民翻开报纸，竟然看到有一个版面是空白的。他以为是报社漏印了。仔细看一下，这张空白版的中央有几个很小的字母"HRC"。读者们都看到了这面空白版面，觉得莫名其妙，想知道"HRC"究竟是什么意思。

后来连续好几天，报纸都出现了这种莫名其妙的印刷。终于有人沉不住气了，打电话给报社："你们在搞什么，HRC究竟是什么东西？"

就在大家都关注"HRC是什么"时，一天，版面上出现了大家想知道的答案，原来这是新表HRC的广告。于是在很短的时间内，香港人都熟悉了这个品牌。

10. 群体原理

大学生创新小组就是一种群体原理的运用。科学的发展，使创新越来越需要发挥群体智慧，才能有所建树。早期的创新多是依靠个人的智慧和知识来完成的，但随着科学技术的进步，要想"单枪匹马、独闯天下"，去完成像人造卫星、宇宙飞船、空间试验室和海底实验室等大型高科技项目的开发设计工作，是不可能的。这就需要创造者们能够摆脱狭窄的专业知识范围的束缚，依靠群体智慧的力量、依靠科学技术的交叉渗透，使创新活动从个体劳动的圈子中解放出来，焕发出更大的活力。

生活中的群体创造

苹果运用群体创造提高了创新的速度，扩大了创新的规模，两年内为它的应用程序商店合作伙伴赚取了十亿多美元利润，在市场价值方面甚至超过了微软；

星巴克推出了在线平台 mystarbucksidea.com 来挖掘消费者的创意，快速高效地完成了经济的转型；联合利华利用群体创造重新设计了生产线（比如夏士莲洗发水），重振了经济增长；

耐克通过群体创造取得了举世瞩目的成绩，这个计划让一百多万参与者能够彼此互动，并与公司互动，实施计划的第一年就增加了10%的市场份额。

在创新活动中，创新原理是运用创造性思维，分析问题和解决问题的出发点，也是人们使用何种创造方法、采用何种创造手段的凭据。因此，掌握创新原理，是人们能否取得创新成果的先决条件。但创新原理不是治百病人的"万应灵丹"，不能指望在浅涉创新原理之后，就能对创新方法了如指掌并使用自如、就能解决创新的任何问题。只有在深入学习并深刻理解创造原理的基础上，人们才有可能有效地掌握创新方法，才有可能成功地开展创新活动。

第二节　创新素质

创新素质是指人在先天遗传素质基础上后天通过环境影响和教育所获得的稳定的在创新活动中必备的基本心理品质与特征。创新素质应包括创新品质、创新思维和创新能力。

一、创新素质的要素

1. 独立的人格意识

培养创新能力，人格教育是前提。一个成功的创新者必须具备以下的心理品质特征。一是充满自信。即相信自己的理想、愿望或预见能够实现的一种稳定的心理品质。在创新意识——创新活动转化过程中，创造者要保持乐观向上的精神。爱默森说过，自信是成功的第一秘诀。不能让别人的评价干扰自己的思绪，正如罗斯福夫人所说："没有你的同意，无人能令你觉得卑贱；二是独立行事。思维和行为很少受他人影响，能够独立思考、判断、选择、行动的心理品质。爱因斯坦一生有他自己的思路与风格。他不拘常规，敢于在人才云集的物理学界标新立异。当别人关注迈尔逊实验时，爱因斯坦却盯住经典物理学的基础理论；当别人仅注意到实验与理论之间明显的裂痕时，他却看出了经典物理学中牛顿力学体系与克斯韦电动力学之间内在的逻辑的不一致。他的这种独立自主性是他获得成功的重要因素之一。

天生我才必有用

1879年3月14日，一个小生命降生在德国的一个叫乌尔姆的小城。父母为他起了一个很有希望的名字：阿尔伯特·爱因斯坦。看着他那可爱的模样，父母对他寄托了全部的期冀。然而，没过多久，父母就开始失望了，人家的孩子都开始学说话了，已经三岁的爱因斯坦才"咿呀"学语。后来，爱因斯坦的妹妹，比他小两岁的玛伽已经能和邻居交谈了，爱因斯坦说起话来却还是支支吾吾，前言不搭后语······看着举止迟钝的爱因斯坦，父母开始忧虑。他们担心他的智能是否会不及常人。直到 10 岁时，父母才把他送去上学。可是，在学校里，爱因斯坦受到了老师和同学地嘲笑，大家都称他为"笨家伙"。学校要求学生上下课都按军事口令进行，由于爱因斯坦的反应迟钝，经常被教师呵斥、罚站。有的老师甚至指着他的鼻子骂："这鬼东西真笨，什么课程也跟不上！"

一次工艺课上，老师从学生的作品中挑出一张做得很不像样的木凳对大家说："我想，世界上也许不会有比这更糟糕的凳子了！"在哄堂大笑中，爱因斯坦红着脸站起来说："我想，这种凳子是有的！"说着，他从课桌里拿出两个更不像样的凳子，说："这是我前两次做的，交给您的是第三次做的，虽然还不行，却比这两个强得多！"一口气讲了这么多话，爱因斯坦自己也感到吃惊。老师更是目瞪口呆，坐在那里不知说什么好。

在讥讽和侮辱中，爱因斯坦慢慢地长大了，升入了慕尼黑的卢伊特波尔德中学。在中学里，他喜爱上了数学课，却对其余那些脱离实际和生活的课不感兴趣。孤独的他开始在书籍中寻找寄托，寻找精神力量。就这样，爱因斯坦在书中结识了阿基米德、牛顿、笛卡尔、歌德、莫扎特······书籍和知识为他开拓了一个更广阔的空间。视野开阔了，爱因斯坦头脑里思考的问题也就多了。

一天，他对经常辅导他数学的舅舅说："如果我用光在真空中的速度和光一道向前跑，能不能看到空间里振动着的电磁波呢？"舅舅用异样的目光盯着他看了许久，目光中既有赞许，又有担忧。因为他知道，爱因斯坦提出的这个问题非同一般，将会引起出人意料的震动。此后，爱因斯坦一直被这个问题苦苦折磨着。1895 年秋天，爱因斯坦经过深思熟虑，决定报考瑞士苏黎世大学。可是，他却失败了，他的外文不及格。落榜后的他没有气馁，参加了中学补习。一年以后，他获得了中学补习合格证书，并且考入了苏黎世综合工业大学。这时的他，已经在为自己的未来做准备了。他把精力全部用在课外阅读和实验室里。教授们看见他读和学习无关的书、做和考分无关的试验，非常不满和生气，认为他"不务正业"。

爱因斯坦大学毕业时，正赶上经济危机爆发，由于他是犹太人血统，又没有关系，没有钱，所以只好失业在家。为了生活，他只好到处张贴广告，靠讲授物理获得每小时 3 法郎的生活费。这段失业的时间，给了爱因斯坦很大的帮助。在授课过程中，他对传统物理学进行了反思，促成了他对传统学术观点的猛烈冲击。经过高度紧张兴奋的五个星期的奋斗，爱因斯坦写出了 9000 字的论文《论动体的电动力学》，狭义相对论由此产生。可以说，这是物理学史上的一次决定性的、伟大的宣言，是物理学向前迈进的又一里程碑。

尽管还有许多人对此表示反对，甚至还有人在报上发表批评文章，但是，爱因斯坦毕竟还是得到了社会和学术界的重视。在短短的时间里，竟然有 15 所大学给他授予了博士证书，法国、德国、美国、波兰等许多国家的著名大学也想聘请他作教授。当年被人们称为"笨蛋""笨东西"，认为无法成才的爱因斯坦，终于成了全世界公认的、当代最杰出的聪明人物。由"丑小鹅"变为"白天鹅"，这说明了什么呢？

我想，爱因斯坦的话是最好的答案。当许多年轻人缠住他，要他说出成功的秘诀时，他信笔写下了一个公式：$A＝x＋y＋z$，并解释道："A 表示成功，x 表示勤奋，y 表示正确的方法，那么 z 呢，则表示务必少说空话。"许多年来，爱因斯坦的这个神奇的成功等式一直被人们传颂着。从爱因斯坦的奋斗历程中，我们不难看出，正是勤奋、正确的方法和少说空话使爱因斯坦由笨头笨脑变为巨人的。

可见，一个人不聪明并不可怕，可怕的是没有独立的人格。只要你坚信你的目标并付出艰辛的劳动，同时配合正确的方法，就一定会得到成功女神的酬劳。许多在事业上有成就的人，在童年时代、少年时代并不一定能显出锋芒毕露的优势，相反，他们却太平凡，甚至显出迟钝、愚笨的样子，常常要被周围的人嘲笑、讥讽。如果因为自己笨就灰心丧气，不再努力，那不是将自己潜在的才华、能力都扼杀在摇篮中了吗？

其实，每一个人都有不同的才能，每一个人在生命的长河中都会找到属于自己的星座。如果你觉得自己笨，那是因为你还没有寻找到你自己的星座。正如爱因斯坦对别的事物迟钝，却对物理和数学特别喜爱一样，当你找到自己的星座时，你定会放射出与众不同的异彩。试试看，尽快找到属于自己的位置。

2. 积极的民主参与热情

创新需要善于与人沟通，乐于理解他人，与合作伙伴配合默契的心理品质。从 1901 年设诺贝尔奖至 1972 年间，自然科学获奖者 286 人中，有 185 人是与他人一起取得成功的，占总数的 64.9％。可见，要开拓创新，就必须发挥群体优势，团结合作。

我和我的老朋友又在一起了

马克思和恩格斯是好朋友，他们共同研究学问，共同领导国际工人运动，共同办报、编杂志、共同起草文件。著名的《共产党宣言》就是他们共同起草的。

马克思是共产主义理念的奠基人。他受反动政府的迫害，长期流亡在外，生活很穷苦。但他毫不在意，仍然坚强地进行研究工作和革命活动。恩格斯把马克思的生活困难看作自己的困难，省吃俭用，把节省下来的钱不断地寄给马克思。1863 年初，马克思一家到了一贫如洗的地步。马克思打算让大女儿和二女儿停学，找个地方做工去，自己和燕妮、小女儿搬到贫民窟去住。恩格斯得知这个消息后，连忙打电报劝说马克思别这么做，又迅速筹集一笔钱，汇给了马克思，使马克思一家暂时渡过了难关。马克思在给恩格斯的信中写道："亲爱的恩格斯，你寄来的 100 英镑我收到了，我简直没法表达我们全家人对你的感激之情。"

碰到恩格斯需要帮助的时候，马克思同样竭尽全力，毫不犹豫。1848 年 11 月，恩格斯逃亡到瑞士，因为走时匆忙，身边没带多少钱。马克思知道了，连忙从病床上挣扎起来，到银行将自己仅有的钱取出，全部寄给了恩格斯。

马克思和恩格斯不仅在生活上互相关心，互相帮助，更重要的是他们在共产主义的事业上亲密合作。

他们同住在伦敦时，每天下午，恩格斯总要到马克思家里去。他们讨论各种政治事件和科学问题，一连谈上好几个小时，各抒己见，滔滔不绝，有时候还进行激烈地争论。天气晴朗的日子，他们就一起到郊外散步。后来他们住在两个地方，就经常通信，彼此交换对政治事件的意见和研究工作的成果。

他们时时刻刻设法帮助对方，为对方在事业上的成就感到骄傲。马克思答应给一家英文报纸写通讯稿时，还没有精通英文，恩格斯就帮他翻译。恩格斯从事著述的时候，马克思也往往放下自己的工作，帮助他编写其中的某些部分。

1883年，马克思逝世，这使恩格斯悲痛万分。朋友们劝恩格斯去旅行，散散心。但他想到马克思生前用毕生精力写作的《资本论》还没完成，就谢绝了朋友们的劝说，并放下自己的研究工作，着手整理和出版《资本论》的最后两卷。他日以继夜地抄写、整理、补充、编排，几次累得生病。花了整整11年时间，才完成了这部伟大的著作。恩格斯说："这是我喜欢的劳动，因为这时我又和我的老朋友在一起了。"

马克思和恩格斯合作了40年，共同创造了伟大的马克思主义。在40年里，在向着共同目标的奋斗中，他们建立了伟大的友谊。

3. 强烈的好奇心

创新必须首先由强烈的好奇心所驱动，发现新问题是创造性思维的起点。一般性问题是关于"是什么""为什么"的疑问，是闭锁式的问题，趋向于逻辑、精确、判断、推理、分析、垂直的思维，只要求就既有知识中选取一个正确的答案，不求新求变。而创造性问题是关于"有什么""怎么做"的开放式问题，没有现成的标准答案，它求新求变，引发创意。

所谓创造性发问，即指能提出这种指向生发性、产生新颖独特、有社会价值和个人价值产品的问题。创造性发问品质主要包括：敏感性——极快地接受新事物，敏感地发现新问题和他人尚未觉察的问题；主动性——强烈的问题意识和求知欲，主动地寻找和发现问题；独特性——提出与众不同的问题；发散性——多思路、多角度、多层次地思考和发现问题；创新性——提出能够生发创意，引发创造的问题。

十万个为什么

葛晓峰是全国申请专利最多的个体发明家，他发明的载波录音、录像机等多项产品获得了国家专利局的专利。他小时候就对许多事物感到好奇：飞机为什么会飞？火车为什么会跑？轮船为什么不沉底？这些在许多人眼里司空见惯的事却常常引起他的思考。一天，他到妈妈所在学校的实验室去玩，看见实验桌上摆着一架分成七八个部件的天文望远镜，心中产生了一种神奇的欲望。一会儿，妈妈有事要出去，临走前叮嘱晓峰不要乱动实验室的物品。但他实在是太好奇了，终于不顾妈妈的禁令，动手把天文望远镜装好了。四个小时后，妈妈回来了。她看到那个组装好的天文望远镜，惊呆了："好孩子！是你自己装的吗？这种仪器的拆装高中生都未必能完成啊！"就是在这种好奇心的驱使下，葛晓峰走上了创造发明的道路，取得了一个又一个的成果。

其实，从上面真实的事例中我们发现其实好奇心与创新有着极大的联系。

4. 合理的知识结构

知识与创新能力密切相关，不存在超越知识的创新能力。知识固然不等于能力，但是知识却是能力的基础，一个人没有某一方面的知识，也就很难具备某一方面的能力。一个人的知识、经验越是丰富，产生创新设想的可能性也就越大。一个有所创造的人，即使未受过专门系统的教育训练，他必定在实践活动中经过自己的钻研和探索，掌握了一定的知识和经验。知识与创新能力是统一的。

金冠之谜

赫农王让金匠替他做了一项纯金的王冠，做好后，国王疑心工匠在金冠中掺了银子，但这顶金冠确与当初交给金匠的纯金一样重，到底工匠有没有捣鬼呢？既想检验真假，又不能破坏王冠，这个问题不仅难倒了国王，也使诸大臣们面面相觑。后来，国王将它交给了阿基米德。阿基米德冥思苦想出很多方法，但都失败了。有一天，他去澡堂洗澡，他一边坐进澡盆里，一边看到水往外溢，同时感到身体被轻轻拖起。他突然恍然大悟，跳出澡盆，连衣服都顾不得穿就直向王宫奔去。原来他想到，如果王冠放入水中后，排出的水量不等于同等重量的金子排出的水量，那肯定是掺了别的金属。这就是有名的浮力定律，即浸在液体中的物体受到向上的浮力，其大小等于物体所排出液体的重量。后来，该定律就被命名为阿基米德定律。

5. 广泛的兴趣爱好

爱因斯坦曾说过："兴趣是最好的老师，真正有价值的东西，并非仅仅从责任感产生，而是从对客观事物的爱与热忱中产生的"。我国古代著名的教育学家、思想家孔子也曾说过："知之者不如好之者，好之者不如乐之者。"只有"好之""乐之"才能有高涨的学习热情和强烈的求知欲望。广泛的兴趣爱好促进创新意识的形成，是创新的动力。

兴趣是创新的不竭动力

陈励忠，浙江诸暨枫桥人，这个生长在"枫桥三贤"故里（王冕、陈洪绶、杨维桢的故乡），受"三贤"文化影响的人，从小就喜欢绘画。能书善画不足为奇，奇的是陈励忠这个画家，从喜欢绘画，到一举成为当代实力派画家，从画一般的中国画，发展到能画出大气磅礴的五幅挂在武广高铁贵宾室的巨型国画！这是一个飞跃，是一个奇迹。成绩的取得，果然离不开画家陈励忠长期的艰辛和磨炼，所谓"台上一分钟，台下十年功"，这是成功的必要条件，然而对陈励忠来说，他的作品能达到今天这个水平，除了孜孜不倦地努力，更离不开他身上独有的对于中国画的悟性、灵性与创新。

陈励忠从兴趣出发，走过了一条"学习——实践——提高，再学习——再实践——再提高"的道路，最终登上艺术殿堂，画出了具有久远魅力的国画珍品，这其中隐含着事物发展的内在逻辑，这就是发展的必然性与曲折性。陈励忠用50年的创作实践，完成了一个漂亮的从"必然王国"向"自由王国"迈进的华丽转身。

6. 独特的个性特长

每个人都是独一无二的，每个人都有自己独特的个性及潜能。我们应该去发现并发扬自己的这些个性特长，使自己有更大的发展空间。独特的个性特长是一个人与生俱来的优势，是个体与众不同的闪光点，合理的利用特长优势，让每一个人都能得到最佳的可持续性发展，这样才能使每个人形成自己独特的创新思维，从自己的实际情况出发，去开发属于自己的创新潜质。

力学之父

少年时代的牛顿不像高斯、维纳那样，从小就显露出引人注目的科学天分；也不像莫扎特那样表现了令人惊叹的艺术禀赋。他跟普通人一样，轻松愉快地度过了中学时代。

如果说他和别的孩子有什么不同的话，那就是他的动手能力相当强。他做过会活动的水车；做过能测出准确时间的水钟；还做过一种水车风车联动装置，它使风车可以在无风时借助水力驱动。

15岁那年，一场罕见的暴风雨侵袭英格兰。狂风怒吼，牛顿家的房子直晃悠，就像要倒了似的。牛顿被大自然的威力迷住了，不禁想测验飓风的力量。他冒着狂风暴雨来到后院，一会儿逆风跑，一会儿顺风跳。为了接受更多的风力，他索性敞开斗篷向上跳跃，认准起落点，仔细量距离，看狂风把他吹出多远。

1661年牛顿考上了剑桥大学，尽管在中学里是个优等生，可是剑桥大学集中了各地的尖子学生，他的学习成绩赶不上别人，特别是数学的差距更大。但是他并不气馁，就像他少年时代喜欢思考问题一样，踏踏实实地学习，直到透彻地理解为止。

在大学的头两年里，他除了学习算术、代数、三角外，还认真学习了欧几里得《几何原本》，弥补了过去的不足。他又钻研笛卡儿的《几何学》，熟练地掌握了坐标法。这些数学知识，为牛顿后来的科学研究打下了坚实的基础。

四年后，他从剑桥大学毕业了。1666年的一天，牛顿请母亲和弟妹到自己房间里来。房间里黑洞洞的，只从窗子的一个小孔中透过一线阳光，在墙上照出一个白色的光点。牛顿让他们注意看墙上的光点。他手里拿着自制的三棱镜，放在光线入口处，使光折射到对面墙上，光点附近突然映出一条瑰丽的彩带。这条彩带同雨后晴空中出现的彩虹一样，由红、橙、黄、绿、青、蓝、紫等七种颜色组成。牛顿和自己的亲人共同观赏了人工复现的自然景象。后来，牛顿又用第二个三棱镜把七种单色光合成白光。他用白光分解实验宣告了光谱学的诞生。

牛顿在探索光色之谜的同时，还在探索引力之谜。他根据苹果从树上掉了下来的事实发现万有引力定律，而且从数学上论证了万有引力定律，并且把力学确立为完整、严密、系统的学科。他在概括和总结前人研究成果的基础上，通过自己的观察和实验，提出了"运动三定律"。这三条定律和万有引力定律共同构成了宏伟壮丽的力学大厦的主要支柱。这座力学大厦是近代天文学和力学发展的基地，是机械、建筑等工程技术发展的基地，也是机械唯物论统治自然科学领域的基地，构造了宏伟壮丽的力学大厦。

7. 正确的审美意识

审美能力是关乎创新能力提升的重要因素。正确的审美意识能够进一步带动创新意识，因此，在创新教育中必须同时重视培养自身的审美意识，加强自己对世界的"美"的感知，树立正确的审美观。美育促使个性情感发展、使之得到自由解放等方面的功能。而审美发展理论偏重于个体感性的发展，它的基本意义在于对个性的感知、情感、想象、直觉等感性素质做适当的保护，并促使其发展和升华，也就是促进个体的"审美发展"。实施美育，不仅能培养自身的高尚情操，还能激发学习活力，促进智力的开发，培养创新能力。

二十四道拐

在中国人民抗日战争暨世界反法西斯战争胜利 70 周年之际，贵州推出了大型电视连续剧《二十四道拐》，以抗日战争最艰苦时期中国人民为保护运输大动脉所展开的英勇卓绝斗争为焦点，艺术再现贵州晴隆境内的二十四道拐的蜿蜒曲折与抗战史上的神奇一幕。通过讲述贵州的故事，展现了贵州优美的风光，以及那段不可磨灭的历史记忆，那种团结一心奋力抗击一致对外殊死搏斗，那种不畏艰险、不屈不挠的精神，如同二十四道拐一样成为一座挺拔的民族精神丰碑，矗立在中华大地。该剧总编剧欧阳黔森努力把一个正能量的故事讲得让人喜闻乐见，他曾说过："如果我们的创作队伍，市场要什么我们给什么，这就不行。我们要去引导，要达到一种高度，作为创作者我们要有温度，这样才可能写出有热血的东西。"电视连续剧《二十四道拐》创央视收视新高，正是一个把正能量的独特的贵州故事讲得让人喜闻乐见的成功样板。

这份成功，来自独特的思想发现和审美发现。抗战题材创作应该丰富多彩，《二十四道拐》讲的是抗战的后勤运输，加上二十四道拐的独特地形，这个题材非常独特新颖；在这个题材里面，展示了这部电视剧的国际视野，反映了第二次世界大战反法西斯战争的统一战线，是独特里面的独特；再将贵州山地的险阻艰难转换为一种崇高审美，就成为不可复制的创新。

8. 顽强的意志

顽强的意志指坚忍不拔，不屈不挠，持之以恒，不达目的誓不罢休，甘于孤独与寂寞，能顶住挫折与压力，能忍受冷遇与白眼的心理品质。科学家道尔顿坚持了 57 年进行了 2 万多次的观察，才从气体的压力、体积、扩散、溶解和物质的化学组成等方面引导出原子学说。德国细菌学家欧立希经过 606 次实验，才发现了"606"。达尔文提出进化论以后，遭到教会恶势力的恶毒攻击，与华莱士一起坚决捍卫他们的观点，终于在生物学界掀起了一场革命。

细菌的传记

保罗·欧立希是一位年轻的德国医生，他对细菌学极其感兴趣。在医院里，他常常看到许多受各种细菌折磨的病人，尤其是那些苦不堪言的梅毒患者。欧立希心想，如果有一种药物，既能有效地杀死人体内的病菌，同时又对人体安全无害，那么细菌也就不再那么令人生畏了。

欧立希的老师科赫是著名的细菌学家，他首创的"细菌染色法"——即用染料使细菌着色的办法，为细菌学的研究提供了一种重要而有效的方法。这种方法给欧立希以极大的启发："既然染料能渗入细菌内部，使细菌着色而死亡，那么借用染料能不能在生物体内杀死病菌呢？"欧立希决定试试看。

欧立希和助手选择了锥体虫做试验，这种锥体虫进入小白鼠的血液后会不断繁殖，最后使小白鼠得病死亡。他们把含有锥体虫的血液注射到健康的小白鼠身上，再给小白鼠注射染料。

一种染料试过了，再换另一种，欧立希和助手们一丝不苟地重复着实验，认真地观察、记录，希望能够发现某种染料能挽救小白鼠的生命。可是，用在小白鼠身上的染料已经达到500种了，仍不见效，千百只小白鼠都成了锥体虫的牺牲品。

"如果在染料中加入一些硫化物呢？"欧立希提出了新的看法，助手表示赞同。

这一次，欧立希往染料中加入一些硫化物，再把这种加入硫化物的染料注入害锥体虫病的小白鼠身上。

几天后，欧立希从病鼠身上抽出少量血液，放在显微镜下观察。

"血液里的锥体虫已经少了很多！"欧立希兴奋地大叫起来，无数次的实验终于取得了一些进展。

又过了几天，欧立希再次从病鼠身上抽取少量的血液进行观察，发现血液中的锥体虫比上次又减少了许多。但是，当欧立希发现血液中锥体虫完全消失时，小白鼠也死了。

助手不解地说："锥体虫的消失，说明它们是被含有硫化物的染料杀死的。可是，为什么小白鼠还是死了呢？"

欧立希解释道："这并不矛盾。小白鼠的死，是因为我们加入的硫化物太多了。"

正当欧立希的研究进展顺利时，有一天，他偶然从一本化学杂志上了解到，在非洲流行着一种可怕的昏睡病，患者陷入无休无止的睡眠之中，最后在昏睡中死去。这种昏睡病是由于某种锥体虫进入人体血液所引发的。

"锥体虫？莫非和我正在研究的锥体虫是一回事？"欧立希的注意力一下子被这篇文章吸引了，他连忙放下手头工作，认真阅读起来。

文章还说，有一种化学药品名叫"阿托西"，它能够杀死人体内的锥体虫，使病人免于死亡，但眼睛却因视觉神经受到损害而失明。

"这和我用掺有硫化物的染料杀死锥体虫的实验是多么的相似！"欧立希一阵激动，"能不能把这种'阿托西'的化学结构和成分改变一下，使它既能杀死锥体虫，又不影响人的健康呢？"

欧立希的实验有了新的方向，他迅速找到了改变"阿托西"结构的各种方法，并一次又一次地注射到病鼠身上，但一次又一次地失败了。欧立希没有灰心丧气，他坚信自己的方向是对的，最终一定会到达成功的彼岸。

果然，1909年的春天，欧立希研制的"阿托西"第606号药剂取得了惊人的成功。欧立希小心地将一小撮淡黄色粉末稀释后，注射到患病的小白鼠身上。结果，小白鼠体内的锥体虫不断减少，并渐渐地完全消失了，而小白鼠却越来越活泼，充满了活力。

后来，欧立希把这种神奇的药剂称作"606"，它成为医学上治疗梅毒等病菌感染的有效药物，被人们誉为"梅毒的克星"。但是，欧立希在成功面前没有陶醉，更没有驻足不前。1912 年，他又成功地制成一种比"606"更安全有效的治梅毒新药——"914"。

9. 较强的"专刊"意识和"发表"意识

创新主体应该重视保护自己的知识成果，及时将自己的成果公之于世，学会利用正确的法律途径维护自身的合法利益，学会申请专利与学术成果。

为他人作嫁衣裳

小刚是一个业余发明家，爱好研究各种生活中的小玩意。有一次，他利用废弃的塑料瓶和乒乓球发明了一种新的体育器材"抛抛球"，但是由于自身缺少申请专利的意识，被另外一个公司的开发部盗取其创意，将其产品大量生产，随后推进市场争取利润，小刚白白为他人作嫁衣裳，自己一毛钱也没有拿到。

2006 年我国国内拥有自主知识产权核心技术的企业仅为万分之三。99％的企业没有申请专利，60％的企业没有自己的商标。2015 年，我国企业发明专利申请 58.3 万件，占国内发明专利申请受理量的 60.2％；企业获得发明专利授权 15.9 万件，占国内发明专利授权量的 60.5％。这些数据不得不提醒我们，创新的同时，也要学会保护自己创新的成果。

10. 大胆的冒险探索精神

敢想敢做，敢为人先。有相当胆识敢于拼搏，并勇于承担后果的心理品质。西班牙的塞尔维特由于研究了人的血液循环，否定了上帝创造一切的谬论，而被火刑处死；布鲁诺发展了哥白尼的太阳中心说，也为真理献身；诺贝尔的弟弟及四个助手在一次研制炸药实验中被全部炸死。相反，数学家高斯早在 1824 年前就完成了非欧几何，但他由于胆怯，到死也不敢公布研究成果。英国人纽兰兹在门捷列夫之前就已经发现了元素分布周期规律，由于怕人嘲笑，而放弃了进一步研究。

炸药之父

诺贝尔最初研制炸药时，他所创建的硝化甘油的实验工厂曾被炸为灰烬。当时，有 5 个人被炸死，一个是他正在上大学的弟弟，另外 4 个也是他的亲密助手。当诺贝尔的母亲得知次子惨死的噩耗以后，悲痛欲绝；年老的父亲因大受刺激引发脑溢血，从此半身瘫痪。人们纷纷像躲避瘟神一样躲着诺贝尔，再也没有人愿意出租土地给他进行如此危险的实验。可是，在巨大的失败和痛苦面前，诺贝尔没有退缩。就在爆炸惨案发生几天后，人们就发现在远离市区的马拉仑湖上，出现了一只巨大的船，船上并没有什么货物，而是摆满了各种实验设备。原来，大难不死的诺贝尔在被当地居民赶出来后，跑到这里来继续他的实验工作。最终，诺贝尔经过反复实验后获得了巨大的成功。他发明了雷管，这是科学史上的一个重大突破。不久，他又在德国汉堡等地创立了炸药公司。

11. 良好的道德品质

良好的道德品质是创新的基础，创新必须立于道德的基石之上。一个人无论思维多么开阔，如果失去良好的道德品质，则都不会取得长久的成功。

珍惜财富

李嘉诚有一次从酒店出来，准备上车的时候，把一枚硬币掉在了地上，硬币咕噜噜地向阴沟滚去，他便欠下身去追捡。旁边一位印度籍的保安见状，立即过来帮他拾起，然后交到他的手上。李嘉诚把硬币放进口袋后，再从钱夹里取出 100 元港币，递给保安作为酬谢。

为了一元钱却花了 100 元，这无论从哪个角度看都是不划算的。有人向李嘉诚问起这件事情，他的解释："若我不去捡硬币，它就会在这个世界上消失，而我给保安100 元，他便可以用之消费。我觉得钱可以拿去使用，但不能浪费。"珍惜财富是一种品质，也是一种修养，一种品德。正是因为具有这样的品质，李嘉诚在开创自己的事业上以"珍惜财富"作为座右铭，成为了香港首富。

12. 勤奋踏实、积极进取的学习态度

只有不断地学习，发现自身的不足，才能另辟蹊径发现"新大陆"。创新与学习是相辅相成的，只有保持积极进取的学习态度，不断勤奋好学，才能发现现状的不足，进而走上创新之路。

水蒸气的启示

随着智育的发展，瓦特对客观存在的一些事物都产生了浓厚的兴趣，以及好奇和钻研之心。这为他以后发明蒸汽机打下了良好的基础。

在瓦特的故乡——格林诺克镇，家家户户都是生火烧水做饭。对这种司空见惯的事，有谁留过心呢？瓦特就留了心。他在厨房里看祖母做饭。灶上烧着一壶开水。开水在沸腾。壶盖啪啪啪地作响，不停地往上跳动。瓦特观察好半天，感到很奇怪，猜不透这是什么缘故，就问祖母："什么玩意使壶盖跳动呢？"

祖母回答说："水开了，就这样。"

瓦特没有满足，又追问："为什么水开了壶盖就跳动？是什么东西推动它吗？"

可能是祖母太忙了，没有功夫答对他，便不耐烦地说："不知道。小孩子刨根问底地问这些有什么意思呢。"

瓦特在他祖母那里不但没有找到答案，反而受到了冤枉的批评，心里很不舒服，可他并不灰心。

连续几天，每当做饭时，他就蹲在火炉旁边细心地观察着。起初，壶盖很安稳，隔了一会儿，水要开了，发出哗哗的响声。蓦地，壶里的水蒸气冒出来，推动壶盖跳动了。蒸汽不住地往上冒，壶盖也不停地跳动着，好像里边藏着个魔术师，在变戏法似的。瓦特高兴了，几乎叫出声来，他把壶盖揭开盖上，盖上又揭开，反复验证。他还把杯子、调羹遮在水蒸气喷出的地方。瓦特终于弄清楚了，是水蒸气推动壶盖跳动，这水蒸气的力量还真不小呢。

就在瓦特兴高采烈，欢喜若狂的时候，祖母又开腔了："你这孩子，不知好歹，水壶有什么好玩的，快给我走开！"她漫不经心地说。

他的祖母过于急躁和主观了，这随随便便不放在心上的话，险些挫伤了瓦特的自尊心和探求科学知识的积极性。年迈的老人啊，根本不理解瓦特的心，不知？"水蒸气"对瓦特有多么大的启示！水蒸气推动壶盖跳动的物理现象，不正是瓦特发明蒸汽机的认识源泉吗？

1769 年，瓦特把蒸汽机改为发动力较大的单动式发动机。后来又经过多次研究，于 1782 年，完成了新的蒸汽机的试制工作。机器上有了联动装置，把单式改为旋转运动，完善的蒸汽机发明成功了。

由于蒸汽机的发明，加之英国当时煤铁工业发达，所以英国就成为世界上最早利用蒸汽推动铁制"海轮"的国家。十九世纪，开始海上运输改革，一些国家进入了所谓的"汽船时代"。从此，船只就行驶在茫茫无际的海洋上了。

13. 团结协作的精神与协调指挥的能力

创新从来都不是一个人的力量，通过团队的精诚合作，能够取得更快的创新，因此，在创新中也必须注重培养团队协作的精神。

团结就是力量

中科院瞄准"基因组时代"国际生物医药科技发展前沿，把防治重要疾病的药物创新研究作为人口与健康领域的战略突破口，以上海生命科学研究院药物研究所为依托单位，组织院内 10 多个单位，于 2002 年启动实施知识创新工程重大项目——"创新药物的研究开发和药物创新体系建设"。

新药研发体现着生命科学和生物技术前沿的新成就和新突破，以及多学科交叉的创新和集成。参加本项目的单位共有 10 多个，除了生物类的研究所外，还有资环类的南海海洋所、高技术类的上海有机所、大连化物所、理化技术所等。这种整合，集中了全院的优势力量，跨越了地域和学科的局限，实现了技术优势和地域资源优势的集成，实现了东西部联动。

在项目实施过程中，各单位建立的技术平台之间的衔接与联系被加强，克服了某些局部、某些方面存在的分散多头、自成一体的情况，充分实现资源与信息共享，形成了较为完整高效的创新技术链和价值链，充分发挥了平台体系的功能，更好地体现中国科学院在药物创新领域的整体实力。

通过与企业合作，项目取得了一批可喜的成果和重要进展。作为我国重要的药物研究机构，上海药物所研发的治疗心血管新药丹参多酚酸盐粉针剂、抗感染一类新药盐酸安妥沙星完成了临床研究，获得（或即将获得）新药证书，其中丹参多酚酸盐粉针剂实现了产业化。此外，抗早老性痴呆新药希普林等 6 个新药正在进行临床研究；免疫抑制作用新药 LLDT-8 等 6 个新药正在进行临床前研究，其中部分新药还通过国际合作在发达国家开展临床研究和产业开发，如抗早老性痴呆新药希普林将有可能成为我国自主研发、在国际主流医药市场有较大影响的第一个新药。

14. 较强的模仿力

模仿与创新，在某种意义上也是一种递进关系。在迷茫彷徨之际，模仿他人，试着照别人的路子走有时又未尝不是一种上策呢？尽管饱受他人非议，甚至于被认为是失去人格独立的表现，可回想前人经验，若没有前期的模仿积淀，哪来现在那么多天马行空的想象呢？我们甚至于可以说在一定程度上模仿是创新的基石。

六分半书

板桥体是指郑板桥书写的一种书法字体，他用隶书参以行楷，非隶非楷，非古非今，俗称"板桥体"。他的作品单个字体看似歪歪斜斜，但总体感觉错落有致，别有韵味，有人说"这种作品不可无一，不可有二。据传，郑板桥年轻时曾潜心临摹历代书法名家的作品，其临作达到了以假乱真的地步，然而这并没使他出名，仍不被世人关注。一次，他从梦中醒来，用手指在自己的大腿上写起字来，写着写着，就写到他妻子身上去了。妻子被惊醒，不满地问："你有你的体（身体），我有我的体，为什么不在自己的体上练呢？"言者无心，听者有意。郑板桥从妻子的话中得到了意外的启发。从此，他力辟蹊径、融会贯通，在吸取各大书法所长的基础上，努力熔铸自己的风格，独树一帜地创造了雅俗共赏的"六分半书"，也就是人们常说的"板桥体"。至此，他才名声大噪，开始被人们誉为著名书法家。

15. 敏锐的观察力

观察是创新的入门阶段，什么是观察？观察就是用眼睛去看，远观近察，同时学会边看边思考，边思考边提问，边提问边寻找线索解答。而在解答的过程中，学会找到不同于传统的方法去得到答案，这便促进了创新的形成。

牙刷之谜

日本狮王公司有一位叫加藤信三的职员，在使用自己公司的牙刷刷牙时，牙刷毛的尖头经常使他牙龈出血，他想着如何改变这种情况。一天，他利用放大镜仔细观察牙刷毛，发现其顶端是方的。于是他想，如果将其由方的改成圆的，不就不再会使牙龈受伤害了吗？利用一次会议的机会，他把他的建议向公司提了出来，公司最终采纳了他的建议。这一细节的改进，果真成功解决了刷牙时牙龈出血的问题。狮王牙刷因此变得畅销，后来占到日本牙刷总销售量的30%左右。而加藤信三也因为此创意的成功，由一个小职员晋升为公司董事。

16. 丰富的想象力

想象力是创新思维的源泉，创新者没有想象力不可能有创新思维。想象力是创造力的一个重要内容，具有创造力的想象是一种新颖、独立的想象。这样的想象并不是以前头脑中各种形象的原现，而是经过加工之后创造出来的新的形象。科学研究上的重大发现、生产技术和产品的发明、作家的构思、画家的灵感以及孩子的学习，都是需要创造性想象的参与和加入的。突破常规，放开想象的翅膀，才能真正走上创新之路。

冲上云霄

圣诞节早晨，父亲送了莱特兄弟，一个不知名的玩具，样子很怪。

父亲告诉他们，这是飞螺旋，能在空中高高地飞。"鸟才能飞呢！它怎么也会飞！"威尔伯有点怀疑。

父亲一笑，当场做了表演。兄弟这才相信，除了鸟、蝴蝶之外，人工制造的东西，也可以飞上天。出于好奇，弟兄俩便拆开了它，想从中探索一下，它为何能飞上天。

从这以后，在他们的幼小心灵里，就萌发了将来一定要制造出一种能飞上天空的东西。这个愿望一直影响着他们。1896 年，莱特兄弟在报纸看到一条消息：德国的李林塔尔因驾驶滑翔机失事身亡。这个消息对他们震动很大，弟兄俩决定研究空中飞行。这时候，莱特兄弟开着一家自行车修理店。他们一边干活挣钱，一边研究飞行的资料。三年后，他们掌握了大量有关航空方面的知识决定仿制一架滑翔机。

他们首先观察老鹰在空中飞行的动作，研究和思索它们起飞、升降和盘旋的机理，然后一张又一张地画下来，之后才着手设计滑翔机。1900 年 10 月，莱特兄弟终于制成了他们第一架滑翔机，并把它带到离代顿很远的基蒂霍克海边，威尔伯·莱特趴在易碎的滑翔机骨架上，迎着海风飘了起来，虽然飞了起来，但只有 1 米多高。

1901 年，兄弟俩在上次制作的基础上，经过多次改进，又制成了一架滑翔机。这年秋天，他们又来到基蒂霍克海边，一试验，飞行高度一下子达到 180 米之高。1903 年，兄弟俩经过多年的实验研究，制造了人类历史上第一架飞机——"飞行者一号"，从此拉开了人类动力航空史的帷幕。

17. 优秀的创造思维品质

创造性思维是逻辑思维和非逻辑思维的统一，逻辑思维和非逻辑思维是创造性思维中不可缺少的两个组成部分。在创造性思维作用中，逻辑思维与非逻辑思维虽然彼此不可代替，但互相补充，互相渗透，而逻辑思维和非逻辑思维又都是创新必不可少的组成部分。

"丑陋"招财

美国艾士隆公司董事长布希耐一次在郊外散步，偶然看到几个小孩在玩一只肮脏且异常丑陋的昆虫，爱不释手。布希耐顿时联想到：市面上销售的玩具一般都是形象优美的，假若生产一些丑陋玩具，又将如何？于是，他布置自己的公司研制一套"丑陋玩具"，迅速向市场推出。

这一炮果然打响，"丑陋玩具"给艾士隆公司带来了收益，使同行羡慕不已。于是"丑陋玩具"接踵而来，如"疯球"就是在一串小球上面，印上许多丑陋不堪的面孔；橡皮做的"粗鲁陋夫"，长着枯黄的头发、绿色的皮肤和一双鼓胀而带血丝的眼睛，眨眼时又会发出非常难听的声音。这些丑陋玩具的售价超过正常玩具，但一直畅销不衰，而且在美国掀起了行销"丑陋玩具"的热潮。

18. 较强的实验动手能力

创新也需要善于操作，勇于实践的品质。发明家爱迪生为了寻找一种合适的灯丝，先后试验过6000种材料不是失败，坚持不懈。他认为："失败也是我所需的，它和成功对我一样有价值。"剧作家艾兰也说："如果你不是常常遭受失败的话，这本身就表明你没有创造性地工作。"

不断地实践才是成功所在

爱迪生在1877年开始了改革弧光灯的试验，提出了要搞分电流，变弧光灯为白光灯。这项试验要达到满意的程度，必须找到一种能燃烧到白热状态的物质做灯丝，这种灯丝要经得住热度在2000度，持续1000小时以上的燃烧。同时用法要简单，能经受日常使用的击碰，价格要低廉，还要使一个灯的明和灭不影响另外任何一个灯的明和灭，保持每个灯的相对独立性。这在当时是极大胆的设想，需要下极大的工夫去探索，去试验。爱迪生先是用炭化物质做试验，失败后又以金属铂与铱高熔点合金做灯丝试验，还采用1600种上质矿石和矿苗做灯丝的试验，结果都失败了。但这时他和他的助手们已取得了很大进展，已知道白热灯丝必须密封在一个高度真空玻璃球内，而不易融掉的道理。

这样，他的试验又回到炭质灯丝上来了，全副精力在炭化上下功夫，仅植物类的炭化试验就达6000多种，他的试验笔记簿多达200多本，共计4万余页。1880年的上半年，爱迪生的白热灯试验仍无结果，就连他的助手也灰心了。有一天，他把试验室里的一把芭蕉扇边上缚着的一条竹丝撕成细丝，经炭化后做成一根灯丝，结果这一次比以前做的种种试验都优异，这便是爱迪生最早发明的白热电灯——竹丝电灯。这种竹丝电灯的使用持续了好多年，直到1908年发明用钨做灯丝后才代替它。爱迪生在这以后开始研制碱性蓄电池，困难很大，他的钻研精神，更是十分惊人。这种蓄电池是用来供给原动力的，他和一个精选的助手苦心孤诣地研究了近10年的时间，经历了许许多多的艰辛与失败，但爱迪生从来没有动摇过，不断地重新开始，大约经过5万次的试验，写成试验笔记150多本，方才达到目的。

19. 定量的数理分析和严密的逻辑推理能力

定量的数理分析和严密的逻辑推理能力可以促使创新接受科学的检验，进一步保证创新的准确性与可信度。

相悖的理论

伽利略是17世纪意大利伟大的科学家。他在学校念书的时候，同学们就称他为"辩论家"。他提出的问题很不寻常，常常使老师很难解答。

那时候，研究科学的人都信奉亚里士多德，把这位两千多年前的希腊哲学家的话当作不容更改的真理。谁要是怀疑亚里士多德，人们就会责备他："你是什么意思？难道要违背人类的真理吗？"

亚里士多德曾经说过："两个铁球，一个10磅重，一个1磅重，同时从高处落下来，10 磅重的一定先着地，速度是 1 磅重的 10 倍。"这句话使伽利略产生了疑问。他想，如果这句话是正确的，那么把这两个铁球拴在一起，落得慢的就会拖住落得快的，落下的速度应当比 10 磅重的铁球慢，但是，如果把拴在一起的两个铁球看作一个整体，就有 11 磅重，落下的速度应当比 10 磅重的铁球快。这样，从一个事实中却可以得出两个相反的结论，这该怎么解释呢？

伽利略带着这个疑问反复做了许多次试验，结果都证明亚里士多德的这句话的确说错了。两个不同重量的铁球同时从高处落下来，总是同时着地，铁球往下落的速度跟铁球的轻重没有关系。伽利略那时候才 25 岁，已经当了数学教授。他向学生们宣布了试验的结果，同时宣布要在比萨城的斜塔上做一次公开试验。

消息很快传开了。到了那一天，很多人来到斜塔周围，都要看看在这个问题上谁是胜利者：是古代的哲学家亚里士多德呢，还是这位年轻的数学教授伽利略？有的说："这个青年真是胆大妄为，竟想找亚里士多德的错处！"有的说："等会儿他就固执不了啦，事实是无情的，会让他丢尽了脸！"

伽利略在斜塔顶上出现了。他右手拿着一个 10 磅重的铁球，左手拿着一个 1 磅重的铁球。两个铁球同时脱手，从空中落下来。一会儿，斜塔周围的人都忍不住惊讶地呼喊起来，因为大家看见两个铁球同时着地了，正跟伽利略说的一个样。这时大家才明白，原来像亚里士多德这样的大哲学家，说的话也不是全都对的。

20. 处理信息的能力

在现代社会，信息化程度越来越高，学会处理信息的能力也就成为了创新必备的一种前提技能。能够将纷繁复杂的信息进行合理的分类规整，将更利于明确创新的方向与途径。

五易画风

齐白石，本是个木匠，靠着自学，成为画家，荣获世界和平奖。然而，面对已经取得的成功，他并不满足，而是不断汲取历代名画家的长处，收集其他画家给自己带来的信息，改变自己作品的风格。他 60 岁以后的画，明显的不同于 60 岁以前；70 岁以后，他的画风又变了一次；80 岁以后，他的画的风格再度变化。据说，齐白石的一生，曾五易画风。正因为白石老人在成功后仍然马不停蹄地收集各种有益的信息，融合创新为自己的资源，所以他晚年的作品比早期的作品更为成熟，形成了独特的流派与风格。

二、创新素质与个体发展

1. 创新素质决定个体发展的高度

对于我们个人而言，拥有良好的创新素质，对于我们每个人自身的发展至关重要，它不仅决定着我们未来的成就，更密切关系到我们每个人的发展高度。创新素质培养我们的创新思维，而创新思维又促使我们具备独立思考的精神和能力，而非人云亦云。

例如，网络上曾经疯传有一个热门话题：为什么邵逸夫和曼德拉去世的时候，微信上没有什么消息，而当年乔布斯去世的时候却引爆微博？甚至有人引申为这是一种道德的沦丧。然而，根本的原因是大家传播的广泛度来源于传播媒体微博和微信的不同。同为社交媒体的微信和微博，却拥有着不同的评判标准。我们评论一条微博质量的好坏，核心是其转发数和评论数。故而，很多微博的发布是以能够引发其他人的关注并愿意转发你的微博为目的。而微信最重要的评价标准在于赞与评论，而这就要让别人与你生活中的正面因素产生共鸣。所以，在微博上，我们可能更愿意去传播社会上的热点话题；而在微信上，我们更愿意去分享个人生活中更为阳光的一面。这也就是为什么微博上谣言的数量要远远大于微信上的数量。

2. 创新素质决定了个体可持续发展的能力

大学生可持续发展是指大学生作为个体的人在大学及其以后的职业生涯中连续不断地发展和完善，其追求的目标是大学生个体素质的不断完善、和谐和臻美。大学生可持续发展的能力，是指大学生个体有意识地、自觉地按照人与自然、人与社会的发展规律，不断地调整自身的行为方式，提升自身生存发展的质量与层次，从而达到人与自然、个体与社会和谐发展的目的，以真正实现人的全面发展。而创新素质能够开拓大学生的视野，完善大学生的思维方式，从而促进大学生个体的可持续发展。

3. 创新素质培养大学生承担责任的勇气

只有当你培养了独立思考的精神，才能更好、更有针对性地让自己持续进步。而当一个人持续自我进步的时候，就有能力去担当更大的责任。这种责任会开阔你的眼界，改变你的行为，让你更好地独立思考，这是相辅相成的过程。

北大"猪肉荣"

数年前，北大毕业生陆步轩当屠夫的新闻曾一度传遍大江南北，并引发了人们关于此行为是否浪费人才的大讨论。数年之后，另一位北大才子陈生也悄悄进入养猪行业，并在不到两年的时间在广州开设了近100家猪肉连锁店，营业额达到两个亿，被人称为广州"猪肉大王"。这回人们的关注点不再是北大生该不该卖猪，而是探究陈生在卖猪肉行业掀起的这场"变法革命"。

陈生毕业于北京大学，十多年前放弃了自己在政府中让人羡慕的公务员职务，毅然下海，倒腾过白酒和房地产，打造了"天地壹号"苹果醋，如今卖猪肉卖成了千万富翁。

猪肉也可以定制？这个说法，也许乍听起来觉得陌生，甚至不以为然。然而，陈生推出的绿色环保猪肉"壹号土猪"正是采取的这一战略。专家还为此冠以一个更专业的词汇——精细化营销。

陈生卖过菜，卖过白酒，卖过房子，卖过饮料。走到今天，他已经成为拥有数千名员工的集团的董事长。在商海浮浮沉沉这些年，最后能够成功存活，陈生靠的是永远领先别人的想法。

　　陈生认为，很多事情不是具备条件、做好了调查才去做就能做好，而是在条件不充分的时候就要开始做，这样才能抓住机会。至于条件的不足，可以用种种办法调动一切资源来解决。正如他卖白酒的时候，开始根本没有能力投资数千万设立厂房，可是他直接从农户那里收购散装米酒，不需要在固定设施上投入一分钱便可以通过广大的农民帮他生产，产能居然能达到投资5000万的工厂的数倍。之后，他积累起一定资金再开始从买成品酒转变成来料加工，这才开始租用厂房和设施，再之后才有自己的厂房，打造自己的品牌。迅速地进入和占领市场，让他在白酒市场上打了个漂亮仗。

　　而陈生最著名的产品"天地壹号"苹果醋，其诞生说起来十分简单。当时有一位著名国家领导人到南方视察，在途中该领导人用陈醋兑雪碧当饮料。当时人人都跟风照此喝，陈生没有和大家一起尝味道，他直接想到了如何将这种饮料生产出来。经过多次尝试，"天地壹号"苹果醋就此诞生。

三、创新素质的培养

1. 唤醒创新意识

　　创新素质的培养首先要激发其创新的意识。创新意识是指人们根据社会和个体生活发展的需要，引起创造前所未有的事物或观念的动机，并在创造活动中表现出的意向、愿望和设想。它是人类意识活动中的一种积极的、富有成果性的表现形式，是人们进行创造活动的出发点和内在动力，是创造性思维和创造力的前提。青年创新意识的培养要注重以下几个方面：

　　首先，培养求知欲。"学而创，创而学"这是创新的根本途径。青年要具备勤奋求知精神，不断地学习新知识，才能在自主创新中发挥生力军作用。

　　其次，培养好奇欲。将蒙昧时期的好奇心向求知时期的好奇心转化，这是坚持、发展好奇心的重要环节。要对自己接触到的现象保持旺盛的好奇心，要敢于在新奇的现象面前提出问题，不要怕问题简单，不要怕被人耻笑。

　　再次，培养创造欲。不满足于现成的思想、观点、方法及物体的质量、功用，要经常思考如何在原有基础上创新发明、推陈出新，大脑里经常有"能否换个角度看问题？有没有更简捷有效的方法和途径"等问题盘旋。

　　最后，培养质疑欲。"学起于思，思源于疑"。有疑问才能促使学生去思考，去探索，去创新。

　　因此，要尽量做到大胆质疑、提出多种解决问题的方案及最佳方法。从多角度培养青年的思维能力，激励青年创新。鼓励青年提问，大胆质疑，是培养青年创新意识的重要途径。提出问题是取得知识的先导，只有提出问题，才能解决问题，从而认识，才能前进。一定要以锐不可当的开拓精神，树立和提高自己的自信心，既要尊重名人和权威，虚心学习他们的丰富知识经验，又要敢于超过他们，在他们已进行的创造性劳动的基础上，再进行新的创造。

鱼和鱼钩

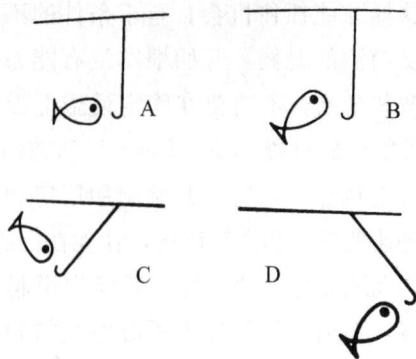

请仔细观察以上四幅图，哪一幅图属于与众不同？为什么？

_____

_____

_____

2. 开拓创新思维

创新需要多种知识基础，不仅要知道"是什么"和"为什么"，还要在"到哪去找知识"、"如何用知识（做）"和"如何超越现有知识"等方面下功夫。

我们已经习惯了"知其然"和"知其所以然"，也就是明白"是什么"和"为什么"，但这样已经不够了。只靠教科书难以创新，要会查找想要的新知识，即有搜索新知识的能力，又叫"搜商。"最常见的创新是学习接受、消化吸收后的运用创新。学会运用知识创造性地解决实际问题是提高创新能力的基本功。开拓自己的创新思维，练习挑战书本权威与先例，打破不可能，超越现有水平，尝试新的可能，是培养创新素质的必要功课。

一是强化创造意识：（1）创新思维要在竞争中培养；（2）要敢于标新立异：第一要有创新精神，第二要有敏锐的发现问题的能力，第三要有敢于提出问题的勇气；（3）要善于大胆设想：第一要敢想，第二要会想。

二是确立科学思维：（1）相似联想；（2）发散思维；（3）逆向思维；（4）侧向思维；（5）动态思维。

齿圈火车

最初的火车车轮上装有齿圈，为的是与铁轨上的齿条相契合，以保证火车稳定前进。一些专家认为如果齿轮没有齿圈，火车就会打滑，甚至脱轨。火车的司炉工人斯蒂文森有一天看着车轨展开了想象，如果把齿圈和齿条去掉会怎样呢？他进行了大胆的尝试，结果发现火车不但没有脱轨，反而大大提高了行驶的速度。

读完这则故事，请分析斯蒂芬森为何能提高火车行驶的速度？

_____

_____

_____

3. 提高再学习能力

再学习能力是指一个人把知识运用到实践的能力，是那种在工作当中自学的能力，是把所学到的知识用活的能力，是那种能通过适当的培训与积极的自我不断发掘自身潜力的能力。在当今这个求职竞争日益激烈的浪潮中，我们应该很清晰地认识到：再学习是我们能够在平凡中脱颖而出的秘密武器，只有具备了这种能力，我们才有可能在胜利的大军当中占一席之地，否则仅仅依靠以前的旧知识的话，我们也只有与成功失之交臂了。在现代社会，提高再学习能力就等于提高创新的能力。

再学习能力的检验

据"教育人才网"统计报告：现在有很多的 HR 会在你面试的时候给到很多不同的面试考验，比如说，给你一本很厚的书，让你学习一个小时后，再开始考验你到底掌握了多少？

那么可以从这三个角度考察。以下分别阐述：

（1）通过观察现象分析理解事情的机理，即通过观察是怎么样的和如何做，主动地分析出为什么是这样和为什么要这样做。

【例子】在企业里面通常有很多制度，但很多人制定制度的时候知其然不知其所以然，那么只能笨拙地依葫芦画瓢；但是如果能够从法律、内控或者人情事理上分析条条框框有什么法律依据，为了达到什么目的，那么办事的时候就知道关键点在哪里，哪里可以松，哪里可以紧，哪些是锦上添花，哪些不可或缺；而对于类似的事情，条件变化在哪里，需要随之进行怎么样的调节也就清楚了。明事理，事情上就能触类旁通。

【考察方式】问考察对象他所熟悉的一样事情为什么会是这样，为什么要这样，看他如何分析。

（2）抓住事情本质——精准把握概念的内涵和外延。

【例子】以这么一个问题举例：上市公司所发起的并购基金是什么东西呢？首先，这是一个基金。那么是公募证券投资基金吗？并非如此，从已有上市公司发起的并购基金来看，这里的并购基金是私募性质，主要通过股权投资方式获益的基金。从法律主体来看，一般采用有限合伙企业为主体，和常见的 PE（基金）法律结构一致。为什么在基金前面要加上并购呢？这类基金和并购紧密联系，使用了并购的操作模式，包括并购打包 IPO、并购转让、提供并购贷款等盈利模式，于是被称为并购基金。故而并购基金的定义就是通过并购操作模式盈利的私募性质的一般采用有限合伙制的主要投资于股权的基金。知道了并购基金的概念后，对于并购基金是否像证券投资基金那样需要牌照，或者像九鼎投资这样的 PE 是不是并购基金，我们就清楚了。而对并购基金的盈利模式、股权结构、法律架构进行分析，我们就知道了并购基金的不同形态。

【考察方式】给考察对象一个文本让其阅读后将文本提炼出最精简的定义，或者让考察对象对其从事的一项工作内容准确下定义，并说明和类似概念的区别，可以很简单考察出考察对象抓住事情本质的能力。

（3）自主搜集所需要的信息，并为自己规划出相对科学合理的学习训练步骤。

【例子】我在象棋入门后就了解了如何学下国际象棋，知道怎么样一步一步安排学习杀法、技术组合、开局，我也大致知道在对于自己的各个弱项，应该学什么内容来弥补，这是我在象棋一类游戏上的学习能力。有这种能力，也就是说我摸清楚学习国际象棋的门道和套路了。只要有充足的时间和精力砸下去，不必有过人的天赋，我也能很高效率地成为相当强的国际象棋高手，尽管我目前算不上。这种知道自己该学什么，知道如何找到学习资源并且规划学习步骤的能力，是学习能力重要的组成部分。

【考察方式】问考察对象如何着手某一个领域的学习，先学什么，后学什么，为什么。

谈谈我们大学生应该怎么培养再学习能力？

_____

_____

_____

_____

4. 积极参与创新实践

青年创新素质的培养，要有创新思想和创新实践，允许在创新过程中犯错误。要大胆地试、大胆地闯，才会尽快成长起来。创新实践包含两个部分，一部分是基于现实问题解决方案调整进行的创新，创新的难度较低，需要的信息整合能力较强；一部分是基于现实问题解决方案并参照其他方面的知识进行的开创性创新，创新难度大，需要较好的信息整合能力和创造力。

书本知识不是护身符。今天的大学生已不再是以前的天之骄子、问鼎之才了，但也不是被遗弃者，而是社会给予的另一份测试。这需要敢于接受挑战，敢于伸开双臂接受新的考验，这样才能创造真正的业绩。否则的话，只有眼睁睁地看着，没有丝毫的奋斗能力。时代变迁，人们已对以前的知识观念完全改变了看法：要想生存，要想成功，仅仅靠学到的书本知识是远远不够的，它仅仅是一个引导线而已，要知道书本知识不能与再学习能力画等号。"学而不用不如不学"，更为重要的是我们应该能够从实践当中更新我们的知识，学到更多对我们更有用的知识，开拓自己的视野。丰富的经验是成功者不可缺少的资本，特别是对于刚刚出校门的年轻人来说，经验欠缺，这就要求他们不但要注重书本知识的积累，更要注重生活、工作、社会中的知识积累。

从生活实践中学习创新

19世纪20年代，英国要在泰晤士河下面修建地下隧道。如果用传统的支护开挖法，松软多水的岩层容易塌方。工程师布鲁内尔为此一筹莫展。一天，他无意中发现有只小虫使劲地向坚硬的橡树皮里钻。布鲁内尔注意到，那只小虫是在其硬壳保护下进行工作的，此情此景使工程师恍然大悟：河下施工，如果先将一个空心钢柱体打入松软岩层中，而后在这个"构盾"的保护下进行施工。通过相似思考，"构盾"代替"支护"，做出了发明创造。

阅读这则小故事，请思考生活中哪些原理可以应用于创新？

_____

_____

_____

_____

第三节　激发创新意识

一、创新意识的内涵

创新意识包括创造动机、创造兴趣、创造情感和创造意志。

创造动机是创造活动的动力因素，它能推动和激励人们发动和维持进行创造性活动。

创造兴趣能促进创造活动的成功，是促使人们积极探求新奇事物的心理倾向。

创造情感是引起、推进乃至完成创造的心理因素，只有具有正确的创造情感才能使创造成功。

创造意志是在创造中克服困难，冲破阻碍的心理因素，创造意志具有目的性、顽强性和自制性。

创新意识与创造性思维不同，创新意识是引起创造性思维的前提和条件，创造性思维是创新意识的必然结果，二者之间具有密不可分的联系。创新意识是创造人才所必须具备的。创新意识的培养和开发是培养创造人才的起点，只有注意从小培养创新意识，才能为成长、为创造人才打下良好的基础。教育部门应以此为教学改革的重点之一，一个具有创新意识的民族才有希望成为知识经济时代的科技强国。

所谓创新意识是人们对创新与创新的价值性、重要性的一种认识水平、认识程度以及由此形成的对待创新的态度，并以这种态度来规范和调整自己的活动方向的一种稳定的精神态势。创新意识总是代表着一定社会主体奋斗的明确目标和价值指向性，成为一定主体产生稳定、持久创新需要、价值追求和思维定式以及理性自觉的推动力量，成为唤醒、激励和发挥人所蕴含的潜在本质力量的重要精神力量。

二、创新意识的作用

第一，创新意识是决定一个国家、民族创新能力最直接的精神力量。创新能力实际就是国家、民族发展能力的代名词，是一个国家和民族解决自身生存、发展问题能力大小的最客观和最重要的标志。

第二，创新意识促成社会多种因素的变化，推动社会的全面进步。创新意识根源于社会生产方式，它的形成和发展必然进一步推动社会生产方式的进步，从而带动经济的飞速发展，促进上层建筑的进步。创新意识进一步推动人的思想解放，有利于人们形成开拓意识、领先意识等先进观念；创新意识会促进社会政治向更加民主、宽容的方向发展，这是创新发展需要的基本社会条件。这些条件反过来又促进创新意识的扩展，更有利于创新活动的进行。

第三，创新意识能促成人才素质结构的变化，提升人的本质力量。创新，实质上确定了一种新的人才标准，它代表着人才素质变化的性质和方向；它输出着一种重要的信息：社会需要充满生机和活力的人、有开拓精神的人、有新思想道德素质和现代科学文化素质的人；它客观上引导人们朝这个目标提高自己的素质，使人的本质力量在更高的层次上得以确证；它激发人的主体性、能动性、创造性的进一步发挥，从而使人自身的内涵获得极大丰富和扩展。

三、创新意识的培养

1. 创设宽松环境，培养创新意识

要创新就必须有"创新"欲望，创新欲望是创新思维发展的动力。"创新"欲望来自于学习动机，它是发展创新思维的必要条件。要把正确的学习动机和学习活动结合起来，自觉主动地学习，并运用已掌握的知识独立地分析问题和解决问题，积极开展创新思维活动。因此，在教学活动中必须充分发挥自我的主导作用，根据自己的心理特点，适时营造一种宽松、和谐、民主、合作的学习氛围，进入氛围之中，让自己始终处于一种学习的情绪状态，积极寻求思路，大胆创新。心理学研究表明："创设问题情景可以启发积极思维，培养兴趣，并能点燃思维的火花。"而问题是思维的起点，它孕育着极大的智慧潜力和创造性萌芽。创设问题情景就其内容形式来说，有故事法、生活事例法、实验操作法、旧知联系法、解决实际问题法等，充分引起注意，激发兴趣。在这种环境下学习，思想受到熏陶、情感受到感染、思维发展活跃、追求知识的主动性得以发挥，有利于创新意识的培养。

2. 突破禁锢，打破常规

在长期的思维实践中，每个人都形成了自己所惯用的、格式化的思考模型，当面临外界事物或现实问题的时候，我们能够不假思索地把它们纳入特定的思维框架，并沿着特定的思维路径对它们进行思考和处理，这就是思维定式。

首先，要破除"权威定势"。有人群的地方总有权威，权威是任何社会都实际存在的现象。对权威的尊崇常常演变为神化和迷信；在思维领域，人们习惯于引证权威的观点，不加思考地以权威的是非为是非，这就是权威定势。思维中权威定势的形成主要通过两条途径，第一条途径，在从儿童成长到成年过程中所接受的"教育权威"；第二条途径"专业权威"，即由深厚的专门知识所形成的权威。权威定势的强化往往是由于统治集团的有意识地培植，而且权威确立之后常会产生"泛化现象"，即把个别专业领域内的权威扩展到社会生活的其他领域内。权威定势有利于惯常思维，却有害于创新思维。在需要推陈出新的时候，它使人们很难突破旧权威的束缚。历史上的创新常常是从打倒权威开始的。

以退为进

在一场欧洲篮球锦标赛中，当时，根据小组赛各队的胜负和得分情况，保加利亚

队必须净胜捷克7分才能出线。比赛开始后，两队旗鼓相当，拼得你死我活，当比赛还剩下5秒钟即将结束的时候，保加利亚队领先2分。但是，他们必须还要赢下5分。

稍有篮球常识的人都知道，这是不可能完成的任务。因为即使你用最短的时间投进3分，而对手还有一次控制球权的机会，消耗掉剩余几秒简直易如反掌。这时，保加利亚队的主教练行使自己的最后权利，果断请求暂停。教练只是简单地向球员交代了两句，比赛继续开始。两位保加利亚队员从底线开球后，然后将球带向中场。捷克队员已无心恋战，全部退回到自己的半场，唯一想做的就是在防守中消耗掉转瞬即逝的5秒。这时，令人目瞪口呆的一幕发生了，带球的保加利亚队员突然转身，大步飞奔，纵身一跳，将球狠狠地扣进了自家的篮筐！在一片惊呼声中，哨声响起，双方战成平分。到底发生了什么？保加利亚人疯了吗？观众议论纷纷。直到加时赛开打的时候，所有人才恍然大悟，原来，保加利亚人利用反常规的做法，赢得了加赛5分钟的宝贵时间。接下来，保加利亚队势不可挡，连连得分。捷克队呢，队员似乎仍然没有从刚才那奇特的一幕中清醒过来，士气低迷，毫无斗志，被打得只有招架之功。结果，保加利亚队一举超出对手7分，顺利出线。

请试着分析一下，保加利亚队逆袭成功的原因是什么？

_____

_____

_____

其次，要破除"从众定势"。从众定势的根源在于，人是一种群居性的动物，为了维持群体生活，每个人都必须在行动上奉行"个人服从群体，少数服从多数"的准则；然而这个准则不久便会成为普遍的思维原则而成为"从众定势"。从众定势使得个人有归宿感和安全感，以众人之是非为是非，人云亦云随大流，即使错了，也无须独自承担责任。人们大部分的行为选择，其实都是从众的结果，而很少经过自己独立的深思熟虑。在传统社会中，统治阶级不断强化人们的从众定势，因而排斥那些惊世骇俗的言行和特立独行的人物。

富人与西瓜

一个青年向一个富翁请教成功之道，富翁却拿出三块大小不同的西瓜放在青年的面前："如果每块西瓜代表一定程度的利益，你选择哪块？"

"当然是最大那块，我相信所有人都会这么选择吧！"青年毫不犹豫地回答。

富翁一笑："那好，请吧。"

富翁把最大的那块西瓜递给青年，自己却吃起了最小那块。

很快富翁就吃完了，随后拿起了桌上的最后一块西瓜得意地在青年面前晃了晃，大口吃起来。

青年马上就明白了富翁的意思。

富翁吃的西瓜虽然没有青年吃得大，却比青年吃得多。如果每块代表一定程度的利益，那么富翁占的利益自然比青年的多。

吃完西瓜后，富翁对青年说："你知道我成功的秘诀了吗？"

请问富人成功的秘诀是什么呢？写写你的想法。

_____

_____

_____

再次，破除"知识—经验定势"。知识与经验有许多不同之处。简单的说，你掌握与了解的一些事物的现象与本质是知识；如何运用你了解的事物的现象与本质则是经验，一般把两种统称为"知识—经验定势"。知识经验与创新思维的关系，是个较为复杂的问题。知识经验具有不断增长、不断更新的特点，从而有可能使我们看到它们的相对性，经过比较发现其局限性，进而开阔眼界，增强创新能力。知识经验又是相对稳定的，而且知识是以严密的逻辑形式表现出来的，因而又有可能导致对它们的崇拜，形成固定的思维模式，由此削弱想象力，造成创新能力的下降。

思维上的"知识—经验定势"在以下三个方面构成了"思维枷锁"。

第一，知识经验本身是一种限定或框架，"任何肯定即否定"，因而使人难以想到框架之外的事物；

第二，知识与现实并不能完全吻合，而过去的经验也不一定能适用于现在和未来，因此"运用之妙存乎一心"；

第三，知识经过"纯化"之后，常常只提供唯一的标准答案，既不能完全符合现实，也会扼杀人的创新思维。为弱化"知识—经验定势"，或从根本上阻止其形成，人们应该经常进行创新思维训练，以便灵活地运用已有的知识和经验，让它们与自己的智慧同步增长。

企鹅出版社

1935 年之前，英国出版商出版的书大多数是精装书。他们有充分的理由这样做：精装书印在铜版纸上的字看起来比较舒服，大篇幅的图片也更加吸引人，大块的空白使读者省去了许多时间。更重要的是，读者基本都是贵族——他们有的是钱，并且精装书能够帮助他们展现自己的与众不同。出版商靠精装书挣了不少钱，他们的思路是把书做得更加精美，从而把书价格抬得更高。

企鹅图书创始人艾伦·莱恩开创性地用平装本的形式，将书籍的价格降到只有 6 便士，当时刚好是 10 支香烟的价格，从而让图书不再只是欧洲富人才消费得起的东西，而它制作的精良程度又不会让人觉得廉价，同时其新颖独特的封面设计足够吸引人。

企鹅很快便打开了大众阅读市场。在之后 80 年的时间里，它都坚持了这些传统原则，并成为一个经典的英国文化品牌。

作为英国最大的图书出版商，企鹅占有大概 28％的市场份额。而在美国市场，它和兰登书屋、哈珀科林斯（HarperCollins）出版社、西蒙与舒斯特（Simon & Schuster）出版社、桦榭（Hachette）出版社、麦克米伦（Macmillan）出版社一起出版了这个国家 2/3 的图书。当然，这都是在 2013 年 7 月之前，之后企鹅与兰登书屋合并，从而诞生了全球最大的出版巨头——企鹅兰登出版社，规模比上述其他四家出版加在一起还要大。

小组讨论，谈谈企鹅出版社的成功之道是什么？

_____

_____

_____

3. 扩展思维视角

"视角"就是思考问题的角度、层面、路线或立场。应该尽量多地增加头脑中的思维视角，学会从多种角度观察同一个问题。

首先，学会"肯定－否定－存疑"的思维过程。思维的肯定视角就是，当头脑思考一种具体的事物或者观念的时候，首先设定它是正确的、好的、有价值的，然后沿着这种视角，寻找这种事物或观念的优点和价值。思维中的"否定视角"正相反，否定，也可以理解为"反向"，就是从反面和对立面来思考一个事物，并在这种视角的支配下寻找这个事物或者观念的错误、危害、失败、缺少之类的负面价值。对于某些事物、观念或者问题，我们一时也许难以判定，那就不应该勉强地"肯定"或者"否定"，不妨放下问题，让头脑冷却一下，过一段时间再进行判定，这就是"存疑视角"。

其次，要构建"自我－他人－群体"的思维结构。我们观察和思考外界的事物，总是习惯以自我为中心，用我的目的、我的需要、我的态度、我的价值观念、情感偏好、审美情趣，等等，作为"标准尺度"去衡量外来的事物和观念。"他人视角"要求我们，在思维过程中尽力摆脱"自我"的狭小天地，走出"围城"，从别人的角度，站在"城外"，对同一事物和观念进行一番思考，发现创意的苗头。任何群体总是由个人组成的，但是，对于同一个事物，从个人的视角和从群体的视角，往往会得出不同的结论。

再次，要形成"无序－有序－可行"的思维逻辑。"无序视角"的意思是说，我们在创新思维的时候，特别是在思维的初期阶段，应该尽可能地打破头脑中的所有条条框框，包括那些"法则""规律""定理""守则""常识"之类的东西，进行一番"混沌型"的无序思考。"有序视角"的含义是我们的头脑在思考某种事物或者观念的时候，按照严格的逻辑来进行，透过现象，看到本质，排除偶然性，认识必然性。创意的生命在于实施，我们必须实事求是地对观念和方案进行可行性论证，从而保证头脑中的新创意，能够在实践中获得成功，这就是"可行视角"。

最后，我们应该牢记的是——创新意识是一种习惯。要想拥有这种习惯必须得通过认真地学习，掌握各种创新思维方法，科学有序的方法才是成功的坚实基础。

祭品

探险家带着一个挑夫深入蛮荒探险，探险家在切椰子时不小心将自己的一根手指切了下来。一旁的挑夫立刻大叫："太好了，上帝的恩典降临到你身上了。"

探险家对这挑夫所说的话十分恼火，一气之下，将这个挑夫丢到一个深坑里，独自前行。第二天，一群猎头族捉住了探险家，正打算割下他的人头作为祭品时，有人注意到他的手指不见了，认为这是不完美的祭品，于是放了他。

探险家赶忙回到坑边，救起挑夫并向他道歉。挑夫说："没必要道歉，你把我丢在这里也是上帝的恩典。"探险家问："怎么说?"挑夫说："因为如果我跟你一起走，那些猎头族可能就会拿我当祭品了。"

小组讨论，探险家最初的想法是什么? 这样的想法有什么缺陷? 挑夫的想法和探险家最大的区别是什么?

_____
_____
_____
_____

实战演练

废弃物再利用

请利用课余时间，收集生活中被淘汰的废弃物，将这些废弃物进行重新改造，实现废弃物再利用，将你自己的想法建构成简单的思路，形成实施方案。

_____
_____
_____
_____

本章学习收获

_____
_____
_____
_____

读书心得

书名:

作者:

读书心得:

_____
_____
_____
_____

文中经典妙句：

_____

_____

_____

_____

陌生人拜访（一）

姓名		性别		职业		联系方式	
职位		单位				拜访地点	

预计拜访中遇到的困难：

拜访目的：

预计拜访内容：

问题 1：

问题 2：

问题 3：

问题 4：

拜访总结：

拜访中遇到的实际困难：

第二章　激荡大脑，训练创新思维

18世纪，一位奥地利医生在给一位患者看病时，尚未确诊，患者突然死去。经过解剖发现，其胸腔化脓并积满了脓水。医生思考，能否在解剖前诊断出胸腔是否积有脓水？积了多少呢？一天，在一个酒店里，他看到伙计们正在搬吃酒桶，只见他们敲敲这只桶，敲敲那只桶，边敲边用耳朵听，他忽然领悟到，伙计们是根据叩击酒桶发出的声音来判断桶内还有多少酒的，那么人体胸腔内脓水的多少是否也可利用叩击的方法来判断呢？他大胆地做了试验，结果获得了成功。这样，一种新的诊断法——"叩诊法"，从此诞生了。

创新精神以敢于摒弃旧事物旧思想、创立新事物新思想为特征，同时创新精神又要以遵循客观规律为前提，只有当创新精神符合客观需要和客观规律时，才能顺利地转化为创新成果。

第一节　创新思维的概述

创新思维是一种敢于打破传统观念，突破旧的条条框框，大胆提出新见解的思维现象。创新思维是指有创见的思维。它是在创造性活动中，应用新的方案和程序，创造新的思维产品的思维活动。

一、创新思维的基本特征

创新思维是在一般思维的基础上发展起来的多种思维的综合，有如下四个特点：

1. 发散思维和集中思维的统一

创新思维主要是发散思维和集中思维的统一。我们要解决某一创造性问题，首先进行发散思维，设想种种可能的方案；然后进行集中思维，通过比较分析，确定一种最佳方案。在创造性思维中，发散思维和集中思维都是非常重要的，二者缺一不可。然而对于创造性思维来说，发散思维更为重要，它是思维的创造性的主要体现。发散思维可以突破思维定势和功能固着的局限，重新组合已有的知识经验，找出许多新的可能的解决问题方案。它是一种开放性的没有固定的模式、方向和范围，可以"标新立异""海阔天空""异想天开"的思维方式。没有发散思维就不能打破传统的框框，也就不能提出全新的解决问题的方案。

发散思维有三个指标：

（1）流畅性，指发散思维的量。单位时间内发散的量越多，流畅性越好。

用你能想到的所有定语形容某一个名词

以"学生"这个名词为对象，用上你所有能想到的定语来形容它。

_____

_____

想出一个故事的多个结局

请你想出丑小鸭这个故事的多个结局，并写在下列横线上。

_____

_____

_____

给一个故事拟定多个标题

起风了，风把窗帘掀起了。

窗帘拍倒了花瓶，花瓶的水洒到地板上了。

地板湿了，老婆婆滑倒了。

她撞坏了椅子，木匠来修椅子了。

木匠砍倒一棵树，大树把面包师的房子砸坏了。

面包师搬家了，老鼠没东西吃了。

老鼠不来了，小猫饿死了。

请给上面这则故事拟定一个标题，写在横线上。

_____

_____

_____

（2）变通性，指思维在发散方向上所表现出的变化和灵活。

变通性要求你重新解释信息，强调跨域转化，即用一种事物替换另一种事物，从一个类别跳转到另一个类别。转化的数目越多，速度越快，转化能力就越强。

词类组合

对给定的一系列词语按照一定的类别进行组合。比如蜜蜂、鹰、鱼、麻雀、船、飞机等，按照飞行的、游水的、凶猛的、活的等类别进行组合。

_____

_____

_____

_____

（3）独创性，指思维发散的新颖、新奇、独特的程度。

例如，让你说出"红砖"都有哪些用途，你可能回答：盖房子，筑墙，砌台阶，修路，当锤子，当武器，压纸，作画写字，磨红粉当颜料，练功，垫东西，吸水……在有限的时间内，提供的数量越多，说明思维的流畅性越好；能说出不同的用途，说明变通性好；说出的用途是别人没有说出的、新异的、独特的，说明具有独创性。发散思维的这三个特点有助于人消除思维定势和功能固着等消极影响，顺利地解决创造性问题。

开发想象力

请你尽可能多的写出冰淇淋的用途。

_____

_____

_____

_____

_____

集中思维在创造活动中发挥着集大成的作用。当通过发散思维，提出种种假设和解决问题的方案、方法时，并不意味着创造活动的完成，还需从这些方案、方法中挑选出最合理、最接近客观现实的设想，这一任务的完成是靠集中思维来承担的，集中思维具有批判选择的功能。集中思维，顾名思义就是将不同的事物组合起来，从而创造出新的事物的一种思考方法。

色彩方块

左边给定的是纸盒外表面的展开图，右边哪一项能由它折叠而成？

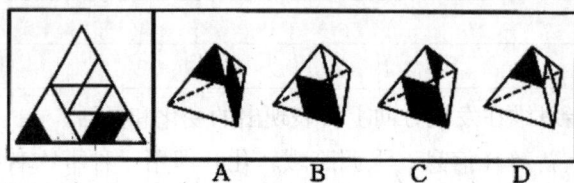

_____

_____

_____

_____

_____

花瓣组合

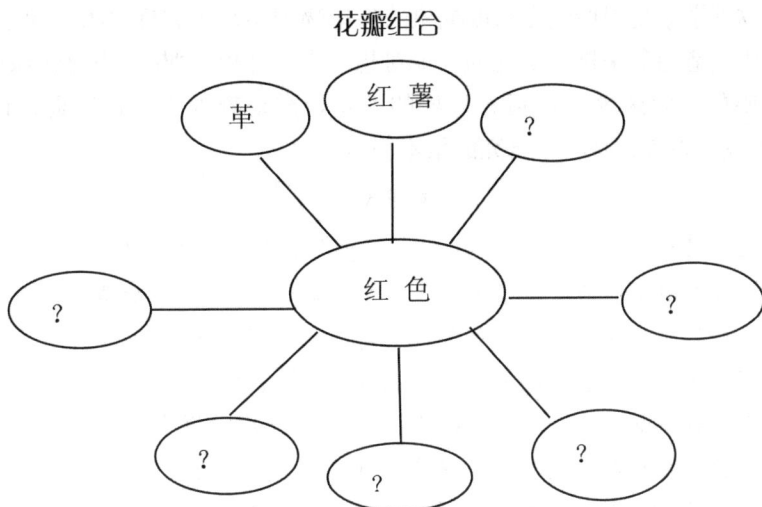

请问你还能想到什么？请写在横线上。

_____

_____

_____

2. 直觉思维的闪现

直觉思维是指不经过一步步地分析，而迅速地对问题答案做出合理猜测、设想或突然领悟的思维。它是创造性思维活跃的一种表现，它不仅是创造发明的先导，也是创造活动的动力。直觉思维的结果，是使用逻辑思维所得不到的预见、捷径，或是解决问题的最佳方案的雏形。它往往从整体出发，用猜测、跳跃、压缩思维过程的方式，直觉而迅速地领悟。许多科学家的发明创造都是从直觉思维开始的。例如，达尔文通过观察植物幼苗顶端向阳光弯曲，直觉提出"其中有某种物质跑向背光一面"的设想，后来随着科学的发展被证明确有"某种物质"，即"植物生长素"。数学领域中的哥德巴赫猜想、费尔马猜想等都是当初数学大师未经论证而提出的一种直觉判断，但为后人所确信，并为此进行了论证。直觉思维作为创造性思维中的一个重要思维活动，具有三个特点：一是从整体上把握对象，而不是拘泥于细枝末节；二是对问题的实质的一种洞察，而不是停留于问题的表面现象；三是一种跳跃式思维，而不是按部就班地展开思维过程。直觉思维是在知识经验的基础上形成和进行的，丰富的知识经验有助于人们形成深邃的直觉。

3. 伴有创造想象参与

创新思维有创造想象的参与。因为创新思维的成果都是前所未有的，而个体在进行思维时借助于想象，特别是创造想象来进行探索。创造性思维只有创造想象参与，才能从最高水平上对现有知识经验进行改造、组合，构筑出最完整、最理想的新形象。例如，牛顿的万有引力定律的提出就是以地球绕太阳运转、月亮绕地球运转、大海潮汐现象、苹果落地等事实为前提，先在头脑中进行创造想象，然后进行推理而产生的。

世界著名的物理学家爱因斯坦在高度抽象的理论物理领域中有许多杰出的创造性成果，他大多是运用创造想象来进行研究的。他对想象力的评价："想象力比知识更重要，因为知识是有限的，而想象力概括着世界的一切，推动着进步，并且是知识进化的源泉。"严格地说，想象力是科学研究的根本因素。

星球大战

2016年1月12日，华特迪士尼中国公司在上海介绍，其出品电影《星球大战：原力觉醒》自9日在中国内地上映以来，已取得3.42亿元人民币的票房。与此同时，星球大战的衍生产品同样热卖。作为美国最成功的系列影片之一，《星球大战》是电影史上最具影响力的科幻电影系列之一。自1977年问世以来，就以剧情、特效、配乐吸引了观众。在全世界造就了大批的"星战迷"。《星球大战：原力觉醒》作为该系列的最新影片，既充满致敬元素，还塑造了多名新时代的英雄形象，讲述他们与反派人物斗争的故事，谱写新的"星战史诗"。该影片视觉效果恢宏壮观，尤其是通过IMAX银幕呈现的一些立体化镜头，把人们对宇宙空间的想象推向新高度。而充满"星战"传统韵味的飞行战斗场面，也令人深刻印象。

《星球大战》的热映，不是孤立的事件，它只是美国好莱坞塑造的众多成功影视作品之一而已，观众在欣赏美国电影的同时，也潜移默化地接受了电影里的文化内涵，从这一方面讲，美国通过电影及其衍生品这样的媒介，达到了传播其文化的目的，间接增强了美国在全球的影响，提高了美国国家的"软实力"。

文化是一个社会重要的精神支柱，强调文化的力量，既能丰富人民的社会生活，也能创造不同于科技、经济等的新的发展动力。一个民族的复兴，必须有文化的复兴做支撑。

假如要结合我校文化拍摄一部宣传短片，谈谈你的想法。

_____

_____

_____

4. 灵感思维的产生

在创新思维过程中，新的解决问题的思路、方案的产生往往带有突然性，这种突然产生新思路、新方案的状态，称为灵感。它常给人一种豁然开朗、妙思突发的体验，使百思不得其解的问题顿释。一些对许多科学家的调查表明，他们在发明创造的过程中，大多出现过灵感。灵感并不是什么神秘之物，它是思考者长期积累知识经验、勤于思考的结果。研究表明，灵感的出现有一定的规律性。首先，灵感出现的基本条件是个体对所要研究的问题有一个长时间的思考，要反复考虑所要解决问题的一切方面、一切角度及一切可能。这种苦思冥想是灵感产生的前提。其实灵感的出现是对某问题的一切方面经过深入考虑之后达到的瓜熟蒂落、水到渠成的境界。其次，注意力高度集中在所要解决的问题上，甚至达到痴迷的程度。这样可以全心投入思考，使要解决的问题时时萦绕在心。第三，灵感出现的最佳时机是在长期紧张思考之后的短暂松弛状态下出现的，可能是在散步、洗澡、钓鱼、交谈、舒适地躺在床上的时候或其他比较放松的时刻。因为紧张后的放松之时，大脑灵活，感受力强，最易产生联想、触发新意。

灵光一闪

我国荣获戴维逊奖的青年数学家侯振挺有这样一段生动的描述："我一头扎进了对'巴尔姆断言'的证明。一次又一次似乎到了解决的边缘，但是一次又一次都没有达到最终的目的，我早起晚睡，夜以继日，利用了全部可以利用的时间，吃饭、睡觉、走路……头脑中也总是萦绕着'巴尔姆断言'。难啊，确实是太难！……时间一天一天地过去，一个证明的轮廓逐渐在头脑中形成了，但是一些问题还证明不了，又像一座大山挡住了去路。我把已经得到的进展整理成一篇文章。当时我正在外地实习，就托一位同学带回学校去请教老师。我送那位同学上火车站。就在火车将要开动之前，在我那始终考虑着这个证明的头脑里闪过了一星火花，似乎在那挡路的大山里发现了一条幽径。于是，我把那篇文章留下，立刻在车站旁的石条上坐下，拿出笔推导起来，果然一星火花照亮了前进的道路，曲折的幽径越走越宽。十几分钟后，这最后一座大山终于抛在我的身后，'巴尔姆断言'完全得到了证明。啊，好容易，只十几分钟就完成了。"

灵感经历

在日常生活中，你有没有用自发的灵感解决问题的经历呢？如果有，请写下来。

_____

_____

_____

二、创新思维的阶段

创新思维是以发现问题为中心，以解决为题为目标的高级心理活动。对这种心理活动的阶段和过程的研究理论有多种，其中最有影响的是四个阶段理论，即准备阶段、酝酿阶段、顿悟阶段和验证阶段，这一理论较为科学地描绘了创新思维过程。

1. 准备阶段

创新思维是从发现问题、提出问题开始的。"问题意识"是创新思维的关键，提出问题后必须着手解决问题做充分的准备。这种准备包括必要的事实和资料的收集，必需的知识和经验的储备，技术和设备的筹集以及其他条件的提供等。同时，必须对前人在同一问题上所积累的经验有所了解、对前人在该问题尚未解决时做深入地分析。这样既可以避免重复前人的劳动，又可以是自己站在新的起点从事创造工作，还可以帮助自己从旧问题中发现新问题，从前人的经验中获得有益的启示。准备阶段常常要经历相当长的时间。

2. 酝酿阶段

酝酿阶段要对前一阶段所获得的各种资料和事实进行消化吸收，从而明确问题的关键所在，并提出解决问题的各种假设和方案。此时，有些问题虽然经过反复思考、酝酿，仍未获得完美的解决，思维常常出现"中断"、想不下去的现象。这些问题仍会不时地出现在人们的头脑中，甚至转化为潜意识，这样就为第三阶段（顿悟阶段）打下了基础。许多人在这一阶段常常表现为狂热和如痴如醉，令常人难以理解。如我们非常熟悉的牛顿把手表当鸡蛋煮、陈景润在马路上与电线杆相撞。这个阶段可能是短暂的，也可能是漫长的，有时甚至延续好多年。创新者的观念仿佛是在"冬眠"，等待着"复苏""醒悟"。

3. 顿悟阶段

顿悟阶段也叫作豁朗阶段，经过酝酿阶段对问题的长期思考，创新观念可能突然出现，思考者大有豁然开朗的感觉，真是"山重水复疑无路，柳暗花明又一村"。这一心理现象就是灵感或灵感思维。灵感的来临，往往是突然的、不期而至的。如德国数学家高斯，为证明某个定理，被折磨了两年仍一无所得，可是有一天，正如他自己后来所说："像闪电一样，谜一下解开了。"

4. 验证阶段

思路豁然贯通以后，所得到的解决问题的构想和方案还必须在理论上和实践上进行反复论证和试验，验证其可行性。经验证后，有时方案得到确认，有时方案得到改进，有时方案甚至完全被否定，再回到酝酿期。总之，灵感所获得的构想必须经过检验。

三、常用的创新思维

1. 正向思维

依据现有的科学技术，按照时间顺序、事物与认识发展的自然进程进行的常规思维。

其特点是：

第一，与时间的方向一致，符合事物的自然发展进程和人类认识发展的顺序；

第二，能够发现、认识以正态分布出现的新事物及其本质与规律；

第三，提高了日常工作与生活中大量常规问题的处理效率；

第四，人类的绝大多数都普遍使用，是应用最广泛的思维活动。

大智若愚的哈里逊

美国前总统——哈里逊，小时候性格很内向，十分怕羞，大家便以为他智力有问题。有人在他面前丢下10美分和5美分的两块硬币，哈里逊只去拣那个5美分的，人们就嘻嘻哈哈地大笑一回。

后来。此事越传越广，很多人便纷纷来测试，每次哈里逊都是拣5分的，大家便一致认为他脑子有病。

一次，有个人问哈里逊："你为什么每次都拣5分的，难道不知道10分是5分的两倍吗？""当然知道。"哈里逊说，"可如果我拣10分的硬币，那还会有人在我面前扔钱吗？"

2. 逆向思维

逆向思维法是指为实现某一创新或解决某一因常规思路难以解决的问题、而采取反向思维寻求解决问题的方法，逆向思维也叫求异思维，它是对司空见惯的似乎已成定论的事物或观点反过来思考的一种思维方式。敢于"反其道而思之"，让思维向对立面的方向发展，逆向思维是相对于顺向思维而言的，它是让思维向对立面的方向发展，从问题的相反面深入地进行探索，树立新思想，创立新形象。人们习惯于沿着事物发展的正方向去思考问题并寻求解决办法。其实，对于某些问题，尤其是一些特殊问题，从结论往回推，倒过来思考，从求解回到已知条件，反过去想或许会使问题简单化，有时需要我们超越的只是小小的一步，这就像"哈桑借据法则"。

"垃圾桶"表演

加里·沙克是一个具有犹太血统的老人，退休后，在学校附近买了一间简陋的房子。住下的前几个星期还很安静，不久有3个年轻人开始在附近踢垃圾桶闹着玩。老人受不了这些噪音，出去跟年轻人谈判。"你们玩得真开心。"他说，"我喜欢看你们玩得这样高兴。如果你们每天都来踢垃圾桶，我将每天给你们每人一块钱。"3个年轻人很高兴，更加卖力地表演"足下功夫"。不料三天后，老人忧愁地说："通货膨胀减少了我的收入，从明天起，只能给你们每人五毛钱了。"年轻人显得不大开心，但还是接受了老人的条件。他们每天继续去踢垃圾桶。一周后，老人又对他们说："最近没有收到养老金支票，对不起，每天只能给两毛了。""两毛钱？"一个年轻人脸色发青，"我们才不会为了区区两毛钱浪费宝贵的时间在这里表演呢，不干了！"从此以后，老人又过上了安静的日子。

这则故事里，如果是使用强制性的方法肯定是行不通的，而沙克老人运用了逆向思维的方法，让3个年轻人觉得踢球对自己没有好处，这样事情的发展就在沙克的掌握之中了。

3. 发散思维

发散思维即从某一研究和思考对象出发，充分展开想象的翅膀，从一点联想到多点，在对比联想、接近联想和相似联想的广阔领域分别涉足，从而形成产品的扇形开发格局，产生由此及彼的多项创新成果。发散思维包括：一是组合扩散法，即几个物质的组合会产生出人意料的结果，会导致新事物或新产品的诞生。这就是组合发散法的基本内容。二是立体扩散法，又叫整体扩散法或空间扩散法，是指对认识对象从多角度、多方位、多层次、多学科、多手段地考察研究，力图真实地反映认识对象的整体以及这个整体和其他周围事物构成的立体画面的思维方式。如美国历经百年风化的自由神像翻新后，现场有200吨废料难以处理。一位叫斯塔克的人承包了这一苦差事，他对废料进行分类处理，巧妙地把废铜皮铸成纪念币，把废铅、废铝做成纪念尺，把水泥碎块、配木装在玲珑透明的小盒子里作为有意义的纪念品供人选购。所有废料，都与名扬天下的"自由女神"相联系。这样一来，就从那些一文不值、难以处理的垃圾中开发出了好几种十分俏销、身价百倍的纪念性新产品，斯塔克也由此大获其利。

这种变废为宝的发散式创新思维，启迪着许多企业家的产品开发行为。

曲别针的用途

1987年，我国在广西壮族自治区南宁市召开了我国"创造学会"第一次学术研讨会。这次会议集中了全国许多在科学、技术、艺术等方面的杰出人才。为扩大与会者的创造视野，也聘请了国外某些著名的专家、学者。

其中有日本的村上幸雄先生，在会议中为与会者讲学。他讲了三个半天，讲得很新奇，很有魅力，也深受大家的欢迎。其间，村上幸雄先生拿出一把曲别针，请大家动动脑筋，打破框框，想想曲别针都有什么用途？比一比看谁的发散性思维好。会议上一片哗然，七嘴八舌，议论纷纷。有的说可以别胸卡、挂日历、别文件，有的说可以挂窗帘、钉书本，大约说出了二十余种。大家问村上幸雄："你能说出多少种"？村上幸雄轻轻地伸出三个指头。有人问："是三十种吗"？他摇摇头，"是三百种吗?"他仍然摇头，他说："是三千种"，大家都异常惊讶，心里说："这日本人果真聪明"。然而就在此时，坐在台下的一位先生——中国魔球理论的创始人许国泰，心里一阵紧缩，他想，我们中华民族在历史上就是以高智力著称世界的民族，我们的发散性思维绝不会比日本人差。于是他给村上幸雄写了个条子说："幸雄先生，对于曲别针的用途我可以说出三千种、三万种"。幸雄十分震惊，大家也都不十分相信。

许先生说："幸雄先生所说曲别针的用途我可以简单地用四个字加以概括，即钩、挂、别、联。我认为远远不止这些。接着他把曲别针分解为铁质、重量、长度、截面、弹性、韧性、硬度、银白色等十个要素，用一条直线连起来形成信息的横轴，然后把要动用的曲别针的各种要素用直线连成信息标的竖轴。再把两条轴相交垂直延伸，形成一个信息反应场，将两条轴上的信息依次"相乘"，达到信息交合……"于是，曲别针的用途就无穷无尽了。例如，可制氢气，可加工成弹簧、做成外文字母、做成数学符号进行四则运算，等等。许国泰的讲说为中国人民在大会上创出了奇迹，使许多外国人十分惊讶！

4. 聚合思维

聚合思维又称收敛思维，是为了解决一个问题，尽量利用已有的知识和经验，把各种相关信息引导、集中到目标上去，通过选择、推理等方法，得出一个最优或符合逻辑规范的方案或结论。主要特点是同一性、程序性、封闭性与逻辑性。同一性是说，思维的目标同一、沿着求同方向进行；程序性是指不像发散思维那样灵活、自由，而是必须沿着一些程序进行；封闭性是指其思考范围有限、面向中心议题；逻辑性是指思维过程必须遵守逻辑规律。

飘柔广告

飘柔去油清爽洗发露，只要9.9。

广告内容：丝丝分明，柔顺美丽。蕴含洁净因子和柔顺因子，具有双效作用，洁净秀发并在表面形成顺滑膜，令秀发长时间保持洁净柔顺！只要9.9哦！

这是一则聚合思维的广告，既说明了该产品的功效好，又强调了它价格便宜这一优势，可谓物美价廉！

5. 横向思维

英国剑桥大学教授爱德华·德·博诺是横向思维的积极倡导者。他认为，生活中有时碰到的问题，当用常规办法无法解决时，人们应该尝试换个角度，使用迂回或反向的思考方式来寻求问题的解决之道。横向思维是通过明显的不合逻辑的方式寻求解决问题的方法。以一种不同的方式去看待问题的积极方法。它是一种新的思维方式，作为传统的批判和分析性思维方式的补充。横向思维是一种快速的、有效的工具，用于帮助个人、公司和团队解决疑难问题，并且创造新想法、新产品、新程序及新服务。横向思维最大的特点是打乱原来明显的思维顺序，从另一个角度找到解决问题的方法。

电梯事件

德博诺曾经讲过一个例子：某工厂的办公楼原是一片 2 层楼建筑，占地面积很大。为了有效利用地皮，工厂新建了一幢 12 层的办公大楼，并准备拆掉旧办公楼。员工搬进了新办公大楼不久，便开始抱怨大楼的电梯不够快、不够多。尤其是在上下班高峰期，他们得花很长时间等电梯。顾问们想出了几个解决方案：一是在上下班高峰期，让一部分电梯只在奇数楼层停，另一部分只在偶数楼层停，从而减少那些为了上下一层楼而搭电梯的人；二是安装几部室外电梯；三是把公司各部门上下班的时间错开，从而避免高峰期拥挤的情况；四是在所有电梯旁边的墙面上安装镜子。

德博诺先生说，如果你选了前 3 种方案，那么你用的是"纵向思维"，如果选了第 4 种，那么你是"横向思维"者，你考虑问题时能跳出思维惯性。这家工厂最后采用了第 4 种方案，并成功地解决了问题。博诺先生解释说："员工们忙着在镜子前审视自己，或是偷偷观察别人，人们的注意力不再集中于等待电梯上，焦急的心情得到放松。大楼并不缺电梯，而是人们缺乏耐心。"这说明在解决问题时，如果一种方法行不通，变换角度思考问题可能会得到柳暗花明的效果。

6. 纵向思维

纵向思维是从事物自身的历史发展——时间中来考察它的来龙去脉，掌握其变化的规律性，以便预测未来的发展趋势，因此，具有历史性、连续性和预测性三个特点。

股票预言家

一位年轻的股票经纪人即将开始经营他自己的业务，但是他没有客户。他如何使一些富有的人相信他能够准确地预计股票价格走势呢？他一开始列出 800 位富人，给其中一半人发送的预测中他预言 IBM 的股票将在下周上升，在给另一半预测中预言 IBM 的股票下周将下降。结果 IBM 的股票下降了，这样他就选中了收到正确预言的这 400 个人。他再向其中的 200 人预言通用电器的股票下周上升，向另外 200 人预言该股票将在下周下降……重复这个过程，直到他手里有 25 个人。对这 25 个人而言，他连续 5 次预言正确。他再和其中的每个人联系，劝说他们中的几个把他们的股票交给他来管理。

第二节　谁束缚了我们的大脑

什么束缚住了我们，束缚住了我们的身体和灵魂，想走不敢走，想做害怕做？谁束缚了我们的大脑，影响了我们的创新思维？接下来，让我们一起了解垂直思考法与平行思考法的模式，探寻束缚我们大脑的到底是什么因素。

一、垂直思考法的含义

垂直思考法的创始人是希腊时期的亚里士多德。垂直思考法称为逻辑思考法或收敛性思维。

为何称为逻辑思考法？思考问题答案的方式，往往是从问题本身出发，依循惯用的逻辑路线探索答案，此路不通换条思路。那么，为何称为收敛性思维？无论用了几条思路，也不管每条思路的复杂性，这些思路是针对着那个清楚又确定的答案集中收敛。

为何又称为垂直思维？因为问题与答案是一对一的，问题若是平面上一个点，答案就是空间中相对的一个定点，两点之间有条或长或短的思路，由面而起层层攀升，垂直射向答案。它是指用逻辑的、传统的思维方法来解决疑难问题的思维方法。

二、垂直思考法的特色

一是具有高度概然性。二是讲求按部就班、循序渐进，因此不仅仅要求每一步骤及每一阶段都必须是绝对，而且要求推论过程中的每一事物都需接受严格的定义及推论正确无误。三是顺乎人的自然本能，因为垂直思考法重视"高度可能性"，而人在面对问题时，往往会被可能性最高的解释吸引住，立刻沿其继续发展。

三、垂直思考的优点及重要性

借由垂直思考所获得的真理较具系统性、正确性及普遍性，故较适合学术研究，因此一般的学校教育较重视及鼓励这种思考。垂直思考亦具实用价值，因为若能彻底了解与掌握逻辑里的原理与原则，不仅可使自己在推理过程中避免犯错，而且也能辨认别人在推理过程中是否犯错。在我们的日常生活里，若缺少这种高度概然性的思考，将会问题百出，因为若每项举动、每种感觉都得一一深入分析，仔细思量才能被承认，即没有任何事情可以被视为当然的话，则很多事情均没办法顺利运作。

四、垂直思考法的缺点

1. 大前提保证结论的有效性

由于在逻辑思考时，大前提保证结论的有效性，因此虽然推论正确，但一旦前提有误时，则结论必跟着错误。

2. 容易画地自限

在逻辑思考时，往往预先设定一些限制，如以严密地定义、明确的范围为前提，并依此限制假想出答案的范围，但很多时候这种界限其实并不存在，故问题的解答也根本就在范围之外。

3. 妨碍新概念产生

基于逻辑思考的本质要求，即对脑中的思绪做严密地控制，对每一件事都加以逻辑分析和综合。如此头脑永远强制性地希求事事物物都简单、明白、有条不紊。所以将难以接受事情的变化。同时由于一旦找出一条通往正确结论的途径，便不再费神寻找其他更快的方式，形成产生新概念的最大障碍。

4. 易形成惯性及惰性的思考

惰性的思考是不愿舍弃过去；惯性的思考是渴望将过去继续推进到未来，以致无法发挥新观念的最大效用。很多人常以为，不管选择任何解决的途径，只要贯彻它，锲而不舍地以逻辑技巧寻求解答，必能水落石出，但往往事与愿违。恪遵现存的逻辑理则，不但常使我们在认识不清的时候便排斥一个新概念，甚至还可能使我们完全忽略一个极为有用的概念，只因为这个概念不合乎我们当时采用的逻辑关系。

第三节　打破与重塑

想要走出垂直思考法的误区，打破它对我们大脑的束缚，就必须学会另一种思维方式——平行思考法。只有打破常规，重新塑造我们的思维框架，才能更好地训练我们的创新思维，提高我们的创新能力。

一、平行思考法的形式

平行思考法的创始人是心理学家爱德华·德·波诺。平行思考法的源起是为弥补垂直思考之缺点应运而生，寻求自僵硬的成规中逃脱出来，但并非叛逆而是创新。它的目的在于产生一个有效用的、简单及理想的新概念，使一个有效的新概念自混沌之中升起，这个新出现的概念可能有个简朴的形象，及可能带着秩序性。其特色在于：

（1）不仅是一种技巧的知识，也是一种心智的运作方式，而心智是一种能让讯息自行组织成组型的特殊环境。

（2）平行思考和顿悟能力、创造力、以及幽默间的关系十分密切，这四种历程都有相同的基础。后三者都只是可遇不可求，但平行思考却在我们的能力范围之内。

（3）具有创意，敢于旁敲侧击，出奇制胜。平行思考法因其求解的思路是从各个问题本身向四周发，各指向不同的答案，故又称"发散性思考法"，这些发散式的思路，彼此间谈不上特别相关，每种答案也无所谓对错，但往往独具创意、别富巧思，令人拍案叫绝，玩味无穷。因为是一种创造性思考，故具"低度概然性"。不理会一般概念对可能性的预估，所谓"低度可能性"，敢于旁敲侧击，出奇制胜。由于其思想过程受意志控制，故并非胡思乱想。由于平行思考从不把思想限定在一个固定方向上，因此往往为了解决问题而暂时远离问题，另觅他途。

原则上平行思考系针对那些垂直思考无法化解的难题而产生。但如果我们只在垂直思考行不通时才动用平行思考，则往往会因为懒得多动脑筋，而使平行式的解决之道被忽略。平行思考的技巧之一就是刻意地运用这种把事情合理化的禀赋，不再遵循惯常垂直思考按部就班的步骤，首先选好一个新颖而大胆的观点来考量问题。然后，回过头去，再试着发掘这个新观点与问题起点之间是否合理的途径，可以彼此相通。

平行思考的原则：

首先，寻找观察物的不同角度：由不同观点解释问题的好处，可以在数学里找到最明显的例子。一个数学方程式的等号两边无非是两种表现相等数值的不同形式，以两种形式表达一种观念的等式非常有用，因而成为数学计算的基础。

其次，跳脱垂直式思考的严密控制。我们遇到问题的时候，不要急于去解释、去分类、去组织形式。只有这样我们的意识才能自由开放、从容不迫地接纳一切的可能性，也就是在这种情形下，才能产生新概念。

最后，多多利用机会，将关注的焦点落到偶发事件上。人类文明史上许多重大的贡献都是偶发事件促成的，原先根本未经设计。同时有许多重要的概念，都是由各种条件偶然的凑合发展出来的。我们可以做这样的尝试：

A. 促成巧合的产生最理想的办法就是在玩耍嬉戏中找机会，在我们没有思绪的时候，就放下心中的问题，去尽情玩耍；

B. 脑力激荡是另一种可促使念头在偶然中产生的办法，例如采用头脑风暴法；

C. 故意在某一琳琅满目、货品繁多的地方随意漫游、四处浏览，放松你的大脑；

D. 让不同思路的思绪交互应用，因为原为追求某个目标发展出来的念头，换条路线之后竟能推进其他的事物，同时往往在某一领域里看起来十分陈腐的概念，应用到其他范围以后，竟显得出其有意义；

E. 只有当心理有所准备（将之前对问题的假设进行归类整理），才能对偶发事件做出进一步合理的解释，这样才会有所收获；

F. 为了要形成一种新的概念，或对事物产生不同的看法，由周围环境中抽取一样物件，使它与环境脱节，然后再试着观察它和我们正在考虑的问题之间，能够重新构建出什么样的关系模型；

G. 间歇性的放松思考，考虑一些无关紧要的事情或者听任外在的因素自由进入思维，透过它们的作用而改变原来已经僵化的概念；

H. 当人们不局限于"垂直思考"时，往往会带来无边无际、千头万绪的漫想，而使心神涣散，但等到慢慢熟悉了平行思考的技巧后，这些"漫想"就会渐渐转为较为具体且有用的概念。

垂直思考与平行思考的区别与联系：

很多新发明的产生均是突破垂直思考法的窠臼，运用平行思考创造新概念。

垂直思考具有选择性，平行思考则具有创造性；垂直思考为依循某个方向而移动，平行思考则为创造某个方向而移动；垂直思考具有分析性，平行思考则具有触发性；垂直思考乃序列性，平行思考则为跃动式；垂直思考必须逐步修正，平行思考则无须如此；垂直思考必须利用错误阻绝某些途径，平行思考则无对错之分；垂直思考聚敛并排除无关项目，平行思考则迎接突如其来的干扰；垂直思考的种属和类别皆被固定，平行思考则否；垂直思考依循最有可能的途径，平行思考则探索最不可能的；垂直思考是有限的历程，平行思考则与或然率有关；垂直思考时，逻辑控制心灵，平行思考时逻辑退而听候心灵的差遣；垂直思考宛如是用来把同一个洞挖得更深的工具，而平行思考则宛如是用来在别的地方另外挖洞的工具。

垂直思考法与平行思考法两者应相辅相成，垂直思考里的逻辑判断有时会发生错误，但由于我们不可能把每一个念头逐一实验，故逻辑判断仍不失为一种取舍的基本方式。然而我们了解它有犯错的可能性之后，故可调节对它的使用，避免完全依赖它，并辅以平行思考方法。垂直思考法与平行思考法两者相互运用并不存在任何矛盾，因为运用这两种方法所发现的结论均需要精密严谨地证明解释，而逻辑的解释正符合这种要求。

二、平行思考法的具体方法——六顶思考帽

思考是人类最根本的资源。"六顶思考帽"的发明者爱德华·德·波诺博士说，"我们对思考方法的追求永无止境。不论我们已经有多好，我们总想变得更好。"他认为，我们传统的思维方法已经有数百年没有改变了，已经不足以应对当今社会的快速变化，所以德·波诺提出了"逆向思维"的方法。"六顶思考帽"是波诺博士开发的一种思维训练模式，或者说是一个全面思考问题的模型。它提供了"平行思考"的工具，避免将时间浪费在互相争执上。强调的是"能够成为什么"，而非"本身是什么"，是寻求一条向前发展的路，而不是争论谁对谁错。运用波诺的"六顶思考帽"，将会使混乱的思考变得更清晰，使团体中无意义的争论变成集思广益的创造，使每个人变得富有创造性。

1. "六顶思考帽"的内涵

"六顶思考帽"思维方法是一种将思考的不同方面分开，依次对问题的不同侧面给予足够的重视和充分考虑的方法。就像彩色打印机，先将各种颜色分解成基本色，然后将每种基本色彩打印在相同的纸上，就会得到彩色的打印结果。同理，我们对思维模式进行分解，然后按照每一种思维模式对同一事物进行思考，最终得到全方位的"彩色"思考。

黑色思考帽：黑色是逻辑上的否定，象征着谨慎、批评以及对于风险的评估，使用黑帽思维的主要目的有两个：发现缺点，做出评价。思考中有什么错误？这件事可能的结果是什么？黑帽思维有许多检查的功能，我们可以用它来检查证据、逻辑、可能性、影响、适用性和缺点。

思考的真谛：通过黑色思维也可以让你做出最佳决策；指出遇到的困难；对所有的问题给出合乎逻辑的理由；当用在黄色思维之后，它是一个强效有力的评估工具；

在绿色思维之前使用黑色思维，可以提供改进和解决问题的方法。总而言之，黑帽子问的是"哪里有问题"。

白色思考帽：白色是中立而客观的，代表信息、事实和数据；努力发现信息和增强信息基础是思维的关键部分；使用白帽思维时将注意力集中在平行的排列信息上，要牢记三个问题：我们现在有什么信息？我们还需要什么信息？我们怎么得到所需要的信息？这些信息的种类包括确凿的事实、需要验证的问题，也包括坊间的传闻以及个人的观点等。如果出现了意见不一致的情况，可以简单地将不同的观点平行排列在一起。如果说这个有冲突的问题尤其重要，也可以在稍后对它进行检验。

思考的真谛：白色思维可以帮助你做到像电脑那样提出事实和数据；用事实和数据支持一种观点；为某种观点搜寻事实和数据；信任事实和检验事实；处理两种观点提供的信息冲突；评估信息的相关性和准确性；区分事实和推论；明确弥补事实和推论两者差距所需的行为。

红色思考帽：红色的火焰，使人想到热烈与情绪。它是对某种事或某种观点的预感、直觉和印象；它既不是事实也不是逻辑思考；它与不偏不倚的、客观的、不带感情色彩的白帽思维相反。红帽思维就像一面镜子，反射人们的一切感受。

思考的真谛：使用红色思维时无须给出证明，无须提出理由和根据。红色思维可以帮你做到——你的情感与直觉是什么样，你就怎么样将它们表达出来。在使用红帽思维时，将思考时间限制在30秒内就给出答案。红帽的问题是：我对此的感觉是什么？

黄色思考帽：黄色代表阳光和乐观，代表事物合乎逻辑性、积极性的一面；黄色思维追求的是利益和价值，是寻求解决问题的可能性。在使用黄色思维时，要时刻想到以下问题：有哪些积极因素？存在哪些有价值的方面？这个理念有没有什么特别吸引人的地方？这样可行吗？

思考的真谛：通过黄色思维的帮助，可以让我们做到深思熟虑，强化创造性方法和新的思维方向。当说明为什么一个主意是有价值的或者可行时，必须给出理由。黄帽的问题是：优点是什么？利益是什么？

蓝色思考帽：蓝色是天空的颜色，有纵观全局的气概。蓝色思维是"控制帽"，掌握思维过程本身，被视为"过程控制"；蓝色思维常在思维的开始、中间和结束时使用。我们能够用蓝帽来定义目的、制订思维计划，观察和做结论，决定下一步。使用蓝色思维时，要时刻想到下列问题：我们的议程是怎样的？我们下一步怎么办？我们现在使用的是哪一种帽子？我们怎样总结现有的讨论？我们的决定是什么？

思考的真谛：蓝色思维可以让你发挥思维促进者的作用；集中和再次集中思考；处理对特殊种类思考的需求；指出不合适的意见；按需要对思考进行总结；促进团队做出决策。用蓝帽提问的是"需要什么样的思维""下一步是什么""已经做了什么思维"。

绿色思考帽：绿色是有生命的颜色，是充满生机的，绿色思维不需要以逻辑性为基础；允许人们做出多种假设。使用绿色思维时，要时刻想到下列问题：我们还有其他方法来做这件事吗？我们还能做其他什么事情吗？有什么可能发生的事情吗？什么方法可以克服我们遇到的困难？绿色思维可以帮助寻求新方案和备选方案，修改和去除现存方法的错误；为创造力的尝试提供时间和空间。

思考的真谛：绿色思维能激发行动的指导思想，提出解释、预言结果和新的设计。使用绿色思维，我们寻找各种可供选择的方案以及新颖的念头。用一句话来说，与绿色思维密切相关的就是"可能性"。"可能性"也许就是思维领域中最重要的词语。"可能性"包括了在科学领域使用假设的工具。"可能性"为人类感知的形成、观点与信息的排列提供了一个框架，包括了不确定性的存在，"可能性"也允许想象力的发挥。绿色思维提出了"我们有什么样的想法"的问题。

颜色不同的帽子分别代表着不同的思考真谛，我们要学会在不同的时间带上不同颜色的帽子去思考，创新的关键在于思考，从多角度去思考问题，绕着圈去观察事物才能产生新想法。

2. "六顶思考帽"的应用实例

1996年，欧洲最大的牛肉生产公司 ABM 公司由于疯牛病引起的恐慌一夜之间丧失了80%的收入。借助六顶思考帽，12个人用60分钟想出了30个降低成本的方法和35个营销创意，将它们用黄色帽子和黑色帽子归类，筛选掉无用的后还剩下25个创意。靠着这25个创意，ABM 公司度过了没有收入的6个星期。

全球最大的保险公司 Prudential（保德信）长期运用"六顶思考帽"，其总部的地毯就是用彩色的"六顶思考帽"图案编织而成。Prudential 保险公司运用波诺的思维方法把传统的人寿保险投保人死亡后支付保险金改革为投保人被确诊为绝症时即可拿到保险金。这种方法目前已经被许多国家的保险公司效仿，被认为是人寿保险业多年来最重要的发明。

六顶思考帽还曾经拯救了奥运会的命运，1984年洛杉矶奥运会的主办者就是运用了"六顶思考帽"的创新思维，使奥运会从烫手山芋变成了如今的炙手可热，并且获得了1.5亿美元的盈利，2002年5月，爱德华·德·波诺曾应邀来华为北京奥运组委会官员做"六顶思考帽"培训，当时中国媒体曾为"六顶思考帽"的神奇惊呼，并尊爱德华·德·波诺为"创新思维之父"。

挪威的著名的石油集团 Statoil，曾经遇到一个石油装配问题，每天都要耗费10万美元，引进六顶思考帽以后，这个问题在12分钟内就得到了解决，每天10万美元的耗费降低为零。

J. P. 摩根国际投资银行用"六顶思考帽"思维方式减少了80%的会议时间，并且改变了整个欧洲的企业文化。

西门子公司使用波诺的思维方式后，产品开发时间减少了30%。

波音公司将"六顶思考帽"引入罢工谈判，成功避免了两次工人罢工，第三次罢工谈判中，工会对公司管理层讲，除非用"六顶思考帽"，否则不愿谈判。

南非凯瑞白金矿每月有210次斗殴，这些从未上过学的矿工在上了一天波诺思维培训课后，冲突骤减为每月4次。

英国 Channel 4 电视台说，通过接受培训，他们在两天内创造出的新点子比过去六个月里想出的还要多。

英国政府为失业的年轻人进行了 6 个小时的波诺思维培训，结果就业率增加了 5 倍。

ABB（芬兰最大的跨国集团）讨论一个国际项目往往要花费 30 天，但运用了六顶思考帽以后，讨论时间缩短为仅仅两天。

3. "六顶思考帽"的使用原则

（1）基础原则。没有绝对正确的使用序列；六帽在序列中可多次使用或不使用；正确使用初始序列、中间序列和结尾序列；充分使用简单的短序列；问题就是思维的转换器；人不能同时戴两顶帽子；发问要讲究灵活性。

（2）"六顶思考帽"独立使用的原则与难点

①白帽思维：白色显得中立而客观。白帽思维代表客观的事实和数字。

例如：

今天很冷	今天气温是零下 4 度
美国的治安很差	美国的犯罪率为 10％
房地产最近不景气	房地产消费指数下降 15％
公司人员流动率很高	公司的流动率为 20％

与白帽相关的就是资料与信息：我们拥有哪些信息？我们希望拥有哪些信息？我们如何获得信息？

白帽思维的使用原则：你不能任意提高一件事实的层次，除非你有能力去验证它；在使用白帽思维时，你的态度必须是中立的；白帽的使用应该成为一种习惯；防止过度使用白帽。

白帽思维的难点：每个人都需要说出一个观点；让每个人意识到有责任而不是尽义务地提供正确的信息。

"大象"酒店

万科前不久在深圳大梅沙拿了一块地，准备投资建一个海滨度假酒店。目标客户群是香港白领阶层。为了增加更多卖点，万科打算从越南买一头大象到酒店。现在万科公开招标，委托一家策划公司进行策划。如果是你，你会提出什么方案？

_____

_____

_____

_____

②红帽思维：红色暗示愤怒、狂暴等情感特征，红帽思维代表情绪上的感觉、直觉和预感。例如：我戴上红帽。我不喜欢这个计划；我的红帽思维告诉我，这个做法行不通；不喜欢你们处理这件事情的方式；我的直觉告诉我，价格很快就会跌下来。

红帽思维的使用原则：正确认识和运用直觉与情绪；不要证明或解释自己的感觉；

认可预感，但非凭预感做决定；避免争辩；须在 30 秒以内做出回答，避免过度使用红帽。

红帽思维的难点：红帽思维如何让那些隐蔽的情感暴露出来？建立安全感，不用担心后果，不问原因。

关于"拐卖幼童"的判决

被告人陈某，男，1968 年 7 月 4 日生，汉族，文盲，四川省绵阳市游仙区某村人，在辛集市某村电缆厂打工。

被告人曹某，女，1970 年 3 月 29 日生，汉族，文盲，四川省绵阳市游仙区某村人，在辛集市某村电缆厂打工。

二被告人系夫妻关系。

辛集市人民检察院指控被告人陈某、曹某犯拐卖儿童罪，于 2003 年 7 月 17 日向辛集市人民法院提起公诉。

经审理查明，2002 年 4 月 12 日，被告人陈某、曹某将刚出生的女儿卖给辛集市某村的张某，得款 2300 元。2003 年 3 月 31 日，被告人陈某、曹某又将刚出生的儿子通过同厂工人苏某介绍卖给宁晋县某村的刘某，得款 8800 元。

辛集市人民法院认为，被告人陈某、曹某以营利为目的，出卖不满 14 周岁子女，情节恶劣，构成拐卖儿童罪。公诉机关指控事实清楚，证据确实充分，罪名成立，应予支持。两被告人出卖自己不满 14 周岁子女，获利 11100 元，情节恶劣，辩护人有关被告人犯罪情节显著轻微的辩护意见，与事实不符，本院不予采纳。根据《中华人民共和国刑法》第二百四十条、第二十五条第一款、第六十四条之规定，判决被告人陈某犯拐卖儿童罪，判处有期徒刑六年，并处罚金 5000 元；判决被告人曹某犯拐卖儿童罪，判处有期徒刑五年，并处罚金 3000 元；二人所得赃款全部予以追缴。判决后，二被告人提起上诉。2003 年 11 月 27 日，石家庄市中级人民法院做出二审判决：驳回上诉，维持原判。

对于以上的判决，谈谈你的想法。

_____

_____

_____

_____

③黑帽思维：黑色是阴沉、负面的。黑帽思维考虑的是事物的负面因素，它是对事物的负面因素进行逻辑判断和评估。黑帽思维的用途在于对事实和数据提出质疑；指出不符合经验的方面；合理地提出自己的个人经验；指出未来的危险与可能发生的问题；对黄色帽子的制衡。例如：它会起作用吗？它的缺点是什么？它为什么不能这样做？这样做会存在什么危险？

黑帽思维的使用原则：黑帽思维是一种强势思维，使用要谨慎；可以用黑色思考帽应付黑色思考帽；黑帽思维应该提出应对方式。

黑帽思维的难点：如何削弱黑帽思维的影响，避免成为一个批判会；黑帽思维不仅仅属于批判型的人，应该学会在恰当的时机合理使用黑帽思维；我们应该正确看待批判型的人和黑帽思维。

夜跑女教师

宝鸡文理学院音乐系舞蹈老师夜跑失踪，次日手机在离家3公里外胜利大桥附近的渭河公园内被人捡走。20日下午5时左右，女教师尸体在手机发现地附近的灌木丛中被发现，目击者称，尸体发现时下身没穿裤子，上身着蓝道道外衣。

失踪教师家人外出找人　家中几乎没人

20日下午，华商报记者来到了失踪教师吕某家所在的丽景家园小区。该小区位于宝鸡创业路，为繁华路段。

在小区内，华商报记者多方打听，小区内的住户表示，他们均听说过吕某失踪一事，但其家到底在哪座楼上，却并不清楚。小区住户王阿姨说，他们已经入住十多年，平时小区业主较多，所以相互并不太熟悉，所以她也并不认识吕某，但曾看到事发后，有民警曾在小区门口保卫室调取过监控。

王阿姨说，他们小区内的住户，有很多都有晚上锻炼的习惯，也有很多人选择去渭河边，但从小区到渭河边距离却并不近。"很多人都是晚上在小区门口集合，然后一块去锻炼。"王阿姨说。

随后，华商报记者来到了小区门口的保卫室，在门口的房檐下，安装着一只监控摄像头，而在保卫室内，屏幕上显示着小区内不同位置的实时监控视频。

一位工作人员说，业主吕某确实在小区住，而且失踪后警方还曾调取过监控，在监控内，他们发现吕某是10月14日晚上8时35分56秒从小区离开，再也没有回来。当华商报记者询问吕某所在楼栋时，这位工作人员说，"现在她们家人每天都在外边找人，家里几乎就没有人。"

小区到渭河边1.5公里　夜跑的渭河公园基本没监控

据知情人透露，由于吕某家所在小区位于南北向的创业北路与东西向的火炬路交汇处。而火炬路东西两侧约300米分别有峪泉路和清姜路都能通往渭河边，所以，吕某平时的夜跑路线为：小区出门后，先向东侧行进300米，然后向北一直走到渭河边，然后经过峪泉路渭河步行桥，再经过渭河北河堤行进到胜利大桥，然后向南过桥后到清姜路，再向东经过火炬路回到小区，刚好完成一圈。

20日下午2时许，华商报记者从吕某家所在小区重新走访了她平时夜跑的路线。从小区出门后，华商报记者先向北30多米走上火炬路，然后向东行走300米走到火炬路与峪泉路交汇处，然后一路向北往渭河方向走。

据商报记者看到，这一路均为繁华路段，沿途商家、银行以及企事业单位均比较多，而且沿途均有摄像头。而行走到峪泉路时，还分别将经过宝鸡市公安局渭滨分局和公安渭滨分局峪泉北路派出所。根据测量发现，从小区门口走到渭河边，正常速度步行需要12分钟，共1.36公里远。而上了渭河河堤后，要穿过渭河就需要走峪泉路渭河步行桥。华商报记者看到，桥上虽有路灯，但却没有监控摄像头。经过464米长的步行桥后，就到了渭河北河堤。

沿着北河堤，向东走 800 多米，就到了胜利大桥。按照吕某平常锻炼路线，她将翻过胜利大桥到达渭河南岸，然后回家。

根据警方介绍，吕某手机曾在事发后第二天被人捡走，而捡走的地点就在胜利大桥下的渭河公园内，距吕某家有 1.5 公里。而华商报记者从峪泉路渭河步行桥往胜利大桥方向走时发现，沿途也没有任何监控，但手机发现地，由于距胜利大桥很近，所以桥上灯光，以及公园内的灯光，事发当晚应该都能照亮。

利用黑色思考帽说说，为何会发生这样的惨案？

_____

_____

_____

④黄帽思维：黄色代表阳光和乐观，黄帽思维包含着希望与正面思想，积极寻找事物的闪光点。黄帽思维的用途：探求事物的优点；证明为什么某个观点行得通，但必须符合逻辑；当未来不确定的时候，黄帽思维通过一些问题建立可行性的基础。比如：寻求线索，预测趋势和其他可能性。例如：为什么可以做这件事情？优点是什么？这样做会带来哪些积极正面的影响？

黄帽思维的使用原则：以积极乐观的心态使用黄帽思维；积极肯定黄帽思维的作用；将黄帽思维的想法应用于实处。

黄帽思维的难点：避免过分使用黄帽思维；与黑帽思维相互制衡。

CCC 食品

阅读以下广告，然后写出你认为 CCC 食品的好处。

我们向您推荐一种好吃的食品 CCC，它可以计算热量。CCC 食品被整齐地分成小块。每块清楚地用可以食用的字母标上所包含的热量和脂肪数量。因此在你吃每一口时，都可以很方便地计算你摄入了多少能量！

_____

_____

_____

⑤绿帽思维：绿色代表生机，绿帽思维则代表创造力，产生新的想法和新的看待事物的方式。绿帽思维本身无法使人们变得具有创造力，在绿帽思维下，我们不能要求任何成果，我们只能要求一种心力的付出。例如：新的想法、建议和假设是什么？我们还有其他方法做这件事情吗？

绿帽思维的使用原则：利用发散性思维寻找解决的方案；不需要考虑太多现实性的因素；合适的时候可以使用头脑风暴法去产生初始想法，产生进一步的想法或更好的想法或者产生新想法；改变思维层次或去掉基本特征的联想。

绿帽思维的难点：脱离现实去想象；离开原有的固定逻辑去发现新的突破点；把新的想法与原来的事件建立联系。

特色餐馆

如果你想开一家有特色的餐馆，请用绿帽思维尝试解决这个问题。

桌子	椅子	服务员	厨房
食物	饮料	灯光	空调
冰箱	花	筷子	账单……

_____

_____

_____

⑥蓝帽思维：蓝色是冷静的，也是天空的颜色。蓝帽思维代表思维过程的控制与组织，它可以控制其他思维。例如：我们应当从哪里开始？我们的目标是什么？议程是怎样的？应该用哪些帽子？我们怎样去总结？

蓝帽思维的使用原则：在蓝色思考帽下，我们不再思考讨论的主题，我们考虑的是那些与主题有关的思维；蓝帽经常使用在思维的开始、中间和最后阶段；会议主席一般都有蓝帽思考功能，但也可以是指定另外的人；蓝帽思维有一个重要的工作就是打断争论。

蓝帽思维的难点：蓝帽运用于统筹全局，但绝对不能是"独断"，必须尊重各色帽子提供的信息，对信息做出有效的筛选，整合分类，做出符合全局利益的合理的总结。

下一步该怎么做

某公司是制造销售较复杂机器的公司，最近一些重要岗位的中层经理要离休。公司本来一贯是严格地从内部选拔人员，但不久就发现提拔到中层管理职位的基层员工缺乏相应的管理能力，导致业绩不断下滑。

这样，公司决定从外部招聘具有高学历的管理人才，并先放在基层管理职位上，以便为今后提为中层管理人员做好准备。不料在两天之内，这些人都离开了该公司。公司只好又回到以前，从内部提拔；但又碰到了过去同样素质欠佳的问题。

面对这一问题，公司想请咨询专家来出些主意。如你是咨询专家，你会有哪些建议？

_____

_____

_____

4. "六顶思考帽"的使用方法

六顶思考帽有两种用法：偶尔使用和系统地（按照一定顺序）使用。

（1）偶尔使用：这是最普遍的用法。你可能偶尔使用一顶或两顶帽子，在会议上或者在对话中，也可能有人在中途提议使用某一顶帽子，引入的帽子只使用两三分钟后，会议和对话继续进行。偶尔使用思考帽使我们可以提出进行某种思考或者转换思考类型的要求，六项思考帽为我们提供了转换思考的途径。

（2）系统地使用：在系统使用思考帽时，一般是先设立帽子的使用顺序，然后思考者按照这个顺序逐一使用帽子。当需要快速有效地考察事物时，就应该系统地使用思考帽。一般来说，先用蓝色帽子来设立帽子的使用顺序，这个顺序就成为考察事物的程序。在发生争论或争吵、思考变得没有意义的情况下，这个办法也是很管用的。

（3）"六项思考帽"的正确使用顺序。正确使用帽子的顺序并不是唯一的，因为使用顺序因情况的不同而不同。你可以自由设立帽子的使用顺序，但在这里，我们给出了一些规则和指导原则。

每顶帽子的使用次数不限。一般来说，最好是在使用黑色帽子之前使用黄色帽子，因为人们很难在批判一个事物以后再去积极地看待它。黑色帽子有两种用途：第一种用途是指出一个主意的缺陷，然后再运用绿色帽子来克服这些缺陷。第二种用途是进行评估。黑色帽子总是用来对主意进行最后的评估。在这个最后的评估后面，一般运用红色思考帽，以便在评估之后，看看我们对被评估的主意有什么感觉。如果你对某个事物有着强烈的感觉，那么最好是先使用红色帽子，以便把这些感觉公开表达出来。如果没有强烈的感觉，最好是先使用白色帽子以搜集信息。用完白色帽子之后，再使用绿色帽子提出其他的答案，然后分别使用黄色帽子和黑色帽子逐一评估这些答案。你也可以选择其中一个答案，分别用黄色帽子和黑色帽子进行评估，最后再用红色帽子来看看你的感觉。有两种情况会使帽子的使用顺序有所区别：①寻找主意；②对给定的主意做出反应。

首先，寻找主意。在寻找一个主意时，帽子的使用顺序可以如下：

白色：搜集可获得的信息。

绿色：做进一步地考察，并提出各种可能方案。

黄色：逐一评估每个方案的好处和优点。

黑色：逐一评估每个方案的缺陷和危险。

绿色：将最可行的方案做进一步的发展，然后做出选择。

蓝色：总结和评价目前的思考进展。

黑色：对被选择出来的方案做出最后的评判。

红色：表达对最终结果的感觉。

其次，是对给定的主意做判断。这时，思考帽的使用顺序有所不同，因为主意已经给定，而且其背景信息也通常是已知的。

红色：找出对给定主意的已有感觉。

黄色：努力找出这个主意的好处和优点。

黑色：指出这个主意存在的缺陷、问题和危险。

绿色：看看能不能改进这个主意，从而增强黄色帽子提出的优点，并克服黑色帽子提出的缺点。

白色：看看可获得的信息是否有助于改进主意，使之更容易被接受（如果红色帽子反对这个主意的话）。

绿色：对最后的建议做进一步的发展。

黑色：对最后的建议做最后的评判。

红色：表达对最终结果的感觉。

最后，简便的使用顺序。对于不同的目的，常常可以使用以下的帽子使用顺序。

黄色/黑色/红色：对主意做出迅速评估。

白色/绿色：产生创意。

黑色/绿色：改进既有的主意。

蓝色/绿色：总结并说出各种可能的选择。

蓝色/黄色：看看思考是否已经有成果。

综上所述，在思考过程中，通常会使用六项思考帽中的一顶，这是偶尔的使用。在系统地使用中，可以先设立帽子的使用顺序以指导思考。有一些指导原则可以帮助你安排帽子的使用顺序。

实战演练

大学生就业"难"

以"大学生就业难"为主题，召开一次班会，使用六项思考帽的方法讨论解决方案。

_____

_____

_____

本章学习收获

_____

_____

_____

_____

读书心得

书名：

作者：

读书心得：

_____

_____

_____

_____

文中经典妙句：

_____

_____

_____

_____

陌生人拜访（二）

姓名		性别		职业		联系方式	
职位		单位				拜访地点	

预计拜访中遇到的困难：

拜访目的：

预计拜访内容：

问题 1：

问题 2：

问题 3：

问题 4：

拜访总结：

拜访中遇到的实际困难：

第三章 行之有道，掌握创新方法

在中国小创伤护理市场，"邦迪"一度占领大部分市场，很多用户甚至不知道还有其他小创伤护理品牌的存在。云南白药抓住市场契机，在创伤护理产品中加入了能够给伤口止血消炎的创伤药。"邦迪"产品的性能只在于胶布的良好性能，而没有消毒杀菌功能，而云南白药对于小伤口的治疗效果可以让用户更快的愈合。于是，"邦迪"成为了云南白药第一个模仿同时发展创新实现超越的对象。

打破传统界限，云南白药抓住"含药"这个创新点成功占领市场。

进入21世纪，世界越来越平，不仅地域界限被打破，行业界限和专业界限也被打破，很多传统的行业分类和专业分类已经成了创新的障碍。我们可以看到制造业开始转变为服务业，银行业越来越接近零售业，通信企业越来越像互联网企业，汽车行业越来越像IT企业。

一个行业的挑战者和竞争者越来越多地来自于另外一个行业，例如，曾经风光无限的SONY和NOKIA这两个不同行业的企业都在苹果公司的强劲挑战中难以招架，尤其是曾经是全球手机制造的第一把交椅的诺基亚在竞争中难逃破产的命运，最终被微软收购。而原来作为全球软件业务的巨无霸微软也正在受到谷歌和苹果的威胁，很多零售银行的业务在全球范围内正被更多的连锁百货零售店分流，而实体的零售百货业也被电子商务分食更多的市场份额。这些都告诉我们，必须以全新的视角和眼光来看待世界和未来。那么，究竟如何实现创新呢？

20世纪初，美国经济学家J.A.熊彼得首次将"创新"视为经济增长的内生变量，他认为创新就是建立一种新的生产要素组合的生产函数，新组合包括：引入一种新产品或提供一种产品的新质量；采用一种新的生产方式；开辟一个新的市场；获得一种原料或半成品的新的供给来源；实行一种新的企业组织形式，例如，建立一种垄断地位或打破垄断地位。创新的关键在于"新"，而不熟悉的东西一般来自于另外一个领域或本领域未曾被发掘，以及未来可能才出现的部分，还有就是改变我们日常过分熟悉的基本常识及背后的基本假设。因此创新的生成，可以来自传统领域发生的新变革，也可以是开发新产品，彻底打破传统界限。

第一节 创新的生成

人员结构调整带来的新效果

有一家公司为了提高员工的劳动生产率，进行了很多的尝试，例如通过增加薪资，改善工作条件等，这些方法确实提高了劳动生产率，但是到一定程度后，公司的总经理就发现劳动生产率保持在一定水平止步不前了，总经理为此感到苦恼。这时候，有人给他出了一个主意，分析公司里四个车间的员工构成，发现第一个车间里都是男性员工，于是这个人就建议在这个车间增加几名女员工进去；第二个车间都是年轻人，于是就建议增加几个老成持重的中老年员工进去；第三个车间大多是中老年员工，就增加了几个有活力的年轻人；第四个车间有男有女，有老有少，怎么提高效率呢？仔细分析发现这个车间里的人都是本地人，于是增加了几个外地人进去。总经理听从了这个建议，将每个车间里的人员结构进行了调整，果然每个车间的劳动生产率进一步得到了提升。

一、由"有"至"新"——变革传统

从案例中我们就能发现，创新并不是无中生有，而是在现有的条件中寻找隐藏的突破口。

传统，是人们世代相传、从历史中沿传下来的思想、文化、道德、风俗、艺术、制度以及行为方式等。对人们的社会行为有无形的影响和控制作用。传统需要继承，但更需要发展，如果只是一味固守传统，那么传统就会对社会进步和创新起到阻碍作用。总的来说，传统是一个不断发展的进程，传统与创新是辩证的对立统一，传统是由被接纳的各种创新汇集而成。如果传统一成不变，没有创新的延长和弥补，传统就会中止；而创新分开了传统的基本，也必定会迷惑。

传统与创新是相互影响、相互依存并相互转化的，对传统的继承不是照搬照抄，而是加以合理地取舍，创新也不是离开传统另搞一套，而是对原有事物合理部分的发扬光大。只创新不继承，认为以前的经验和传统都已经完全过时，所以不用继承了，这样的创新是无根之木、无源之水，也不会得到持续发展的生命力。

从前文介绍的熊彼得的创新理论中我们不难发现，新的或重新组合的或再次发现的知识被引入经济系统的过程称之为"创新"。对创新的这种定义要比"首创""前所未有"的创造更加宽泛，它包容了"前所未有"，也包容着对原有的重新组合和再次发现。熊彼得给创新定义了三种不同层次的要素，创造当然是创新，但是"再次发现"和"重新组合"也是创新。

微软的创新

知识经济的代表人物比尔·盖茨就多次被人讥讽为没有自己的原创产品：其起家的 BASIC 语言并非自己发明的，而为他带来财源滚滚的当家产品 DOS 是从其他公司收购的，Windows 则借用了施乐公司和苹果公司的技术，IE 浏览器源于网景公司的创意，Office 办公系统的多数组件均出自于微软收购的公司。微软公司虽然没有自己的创造，但他们善于"再次发现"别人的创造，更重要的是"重新组合"为新的产品（如Office 重新组合了 Word，Excel，Powerpont 等软件），终于成为了知识经济时代的创新典范。

这一例证说明，创新并不等同于创造，创新的概念包含着创造而不是相反。人们通常所说的创造，属于最高层次的创新。

1. 跨领域、无界限带来的创新

在全球范围内，由于行业和地域的发展具有不均衡性、时差性、层次性和异构性，因此一个行业和地域的知识与特征如果被恰当地移植到另外一个行业，这个行业就会给原行业客户带来全新的面貌，也就完成了一次漂亮的创新。

跨界创新者通常最擅长的就是把某个行业最先进的思路或者发明完美地移植到另一个领域，他们最忌讳的话就是"隔行如隔山"。例如，近代的打字机和现在的电脑键盘的发明就是早期的发明者从钢琴键盘上汲取的灵感。

跨界创新者喜欢到不同的地域去旅行，尤其是国外，他们认为无论你来自何处，无论你多么爱国，我还是希望你能承认，在国外得到的新灵感会比国内更多。通常他们喜欢暂时忘记自己的身份，不站在本民族的立场去思考，而是尽可能站在被观察者的民族立场去思考他们的文化、习俗和各种观念的来源。人类学、考古学、宗教特征、社会结构是他们最感兴趣的思维领域。

跨界创新者通常爱好广泛，喜欢研究不同的专业领域，崇拜的人物通常会是达·芬奇之类的百科全书式、打破文理界限的嫁接能手。融合、打通、生态系统、联想是他们最喜欢挂在嘴边的词语。他们往往一边读着古典诗词和朦胧诗，另一边啃着生涩无比的逻辑哲学。

弗莱明与青霉素

现在医学上，青霉素已被使用得很普遍了，它可以杀灭病菌、消除炎症与感染。也许，你并不知道，青霉素是在一次偶然的机会中被发现的呢！

1928 年 9 月，英国细菌学家弗莱明正致力于葡萄球菌的研究，那是一种会让人致病的细菌。为了考察这种病菌的生活习性和致病机理，需要对它们进行培养观察。当时的设备比较简陋，工作是在一间闷热、潮湿的旧房子中进行的，实验过程中又需要多次开启培养皿，皿中的培养物很容易受污染。有一次，弗莱明打开培养皿观察细菌，偶然发现在培养皿口上长出了蓝绿色的霉菌，而就在霉菌旁边，葡萄球菌被溶化了，出现了清澈的水滴。

蓝绿色的霉菌为什么能抑制细菌的生长，并将细菌消灭呢？弗莱明紧紧抓住这次"偶然"的发现不放，全力以赴地对这种蓝绿色霉菌进行研究，终于找到了葡萄球菌的克星——青霉素，并进一步发现它对其他一些病菌同样具有杀灭作用。

1945 年，发现青霉素的弗莱明与研制出青霉素化学制剂的英国病理学家弗罗里、德国化学家钱恩一起获得了诺贝尔生理学和医学奖。

2. TRIZ（发明问题的解决理论）认为高级发明和创新通常都是来自另外领域和新创领域

伟大的苏联创新发明理论专家根里奇·阿奇舒勒认为人们在发明创造的过程中最大的问题就是从狭隘的专业角度看待创新，不断地用试错法来碰运气，最后凭借灵感乍现获得一项新发明，似乎创造发明完全无规律可循。但其实不然，在分析了 250 万份发明专利之后，根里奇·阿奇舒勒总结出创新发明的 5 个级别，从 1 至 5 逐渐升高，越高级的发明越有突破和创新性：

①级发明：问题及其答案在某个专业领域里（行业的一个具体分支）。

②级发明：问题及其答案在于某个行业领域里（如机器制造的问题由同一行业但不同领域的现有方法解决）。

③级发明：问题及其答案在于某个学科领域里（如机械问题用机械方法解决）。

④级发明：问题及其答案在于问题起源的学科边界之外（如机械问题由化学方法解决）。

⑤级发明：问题及其答案超出了现代科学的边界（现在首先需要一项新发现，然后根据新的科学数据来解决发明问题）。

他说："因此，一个合适的策略应该是找准那个被巫术迷惑的白雪公主，想办法唤醒她，还有领国（行业）里的其他白雪公主。"

二、由"无"至"有"——创造新品

创新是以现有的思维模式提出有别于常规或者常人思路的见解，利用现有的知识和物质，在特定的环境下本着满足社会需求的目的，去改进、创造新的事物、方法等。创新能否成功，最终的评判标准是在一定的社会条件下，创新是否满足了社会需求，为社会创造价值。有很多技术狂人，在创新的道路上创造出许多的产品，但是这些产品中真正能够满足当时社会中人们的实际需要的却很少，因此这些新产品并不能称为成功的创新。也有一些产品可能在当时的社会条件下人们没有对它的需求，但是几十年以后需求才慢慢出现，这种情况也不能称之为创新。

创造新品，是由无至有的过程，也是一个迎合时代潮流中人们的新型需求的过程。生产一种新的产品，要采取一种新的生产方法，对生产工艺进行创新，除此之外还需要在市场开辟和开拓上进行创新，因为作为一种新产品，社会大众还没有建立起对它的认知，这就需要找到有别于传统产品的方法去让社会大众了解。这一系列的创新行为，都是以满足社会大众的需求为导向的。

"需要是发明之母"这句话告诉我们一个最简单的事实，那就是创新的另外一个来源就是客户的需求。如果我们觉得客户现在的需求已经被满足得差不多了，那么请大家从现在开始把目光瞄准客户未来的需求，比竞争对手提早进行研究，那么创新发明就可能在你这里发生，在这个意义上我们说未来创造了现在，而不是现在创造了未来。

新需求当然不仅仅在于5年以后，现有客户的潜在需求和原有需求的重新排列、组合，也是创新的重要来源。例如，通讯工具，早期联系需求排在前，其他娱乐功能需求排在后，后来就变成了娱乐功能需求排在前了。微信的出现让人们认为联系功能是最重要的，但是随着人们需求的改变，娱乐功能渐渐变成人们生活中必不可缺的必需功能。

微信诞生记：从无到有的开发历程

（一）微信的诞生：张小龙给马化腾的一封邮件

腾讯副总裁、广州研发部总经理张小龙最喜欢说的一句话："世界是新的"。

2012 年 3 月 29 日，微信的用户数突破一亿。让用户数从零增长到一亿，微信用了433 天。此时，在广州南方通信大厦的 10 层，微信团队的成员们正在为庆祝用户数破亿的特别活动而紧张忙碌地工作着。

2012 年 3 月 31 日上午 10 点钟，特别活动准时上线。只要登陆 weixin. qq. com，用户就可以在屏幕上看到一个二维码。用自己的微信扫描这个二维码，用户就可以知道自己是第几个注册微信的人。对一名普通用户而言，整个活动的体验过程显得"有些神奇"，微信产品总监 Lake 将其形容为"隔空取物"。活动方案是微信团队成员们在凌晨 3、4 点钟吃宵夜时想出来的，在凌晨讨论产品构想对这个团队而言并不稀奇。他们不想用抽奖发 iPad 的方式来庆祝，他们想"折腾"出一些新东西。

此时距微信项目构想的提出还不到一年半的时间。2010 年 10 月，一款名为 Kik 的App 因上线 15 天就收获了 100 万用户而引起业内关注。Kik 是一款基于手机通讯录实现免费短信聊天功能的应用软件。腾讯广州研发部总经理张小龙 Allen 注意到了 Kik 的快速崛起。

一天晚上，他在看 Kik 类的软件时，产生了一个想法：移动互联网将来会有一个新的 IM，而这种新的 IM 很可能会对 QQ 造成很大威胁。他想了一两个小时后，向腾讯 CEO 马化腾 Pony 写了封邮件，建议腾讯做这一块的东西。Pony 很快回复了邮件表示对这个建议的认同。Allen 随后向 Pony 建议广州研发部来承担这个项目的开发。"反正是研究性的，没有人知道未来会怎么样，"Allen 回忆说，"整个过程起点就是一两个小时，突然搭错了一个神经，写了这个邮件，就开始了。"

2005 年 3 月，腾讯收购了国内知名电子邮件客户端 Foxmail。Foxmail 创始人张小龙及其研发团队 20 余人在不久后进入腾讯。2005 年 4 月腾讯广州研究院（后改称广州研发部，以下简称为"广研"）成立，主要负责邮件相关业务的研发和运营。经过三年打磨，QQ 邮箱以其简洁易用、安全稳定的特点获得用户欢迎，并于 2008 年 3 月成为国内使用人数最多的邮箱产品。在这一过程中，广研团队经历了从做客户端产品到做web 产品的艰难转型，在他们看来，"少即是多"的设计理念，是对用户体验的极端重视，团队磨合和梯队建设，技术能力的积累和敏捷开发的经验，都是团队在 QQ 邮箱开发过程中的收获。

张小龙则经历了从程序员到产品经理、再到管理者的角色转换。在不断与邮箱用户互动的过程中，他对于产品和用户的理解不断加深。在不断提高 QQ 邮箱易用性和稳定性的基础上，他将邮箱平台作为产品理念的试验田，做出了阅读空间、QQ 漂流瓶等产品。阅读空间提供了简单人际互动的功能，是他对"用户社区"和"社交类产品"的最初探索。漂流瓶为用户提供了全新的陌生人交友渠道和新奇有趣的体验，大幅提高了邮箱用户活跃度和用户粘性，这一产品形态后也被移植到微信中。

2011 年中旬，广研分设"邮箱产品中心"和"微信产品中心"，开始独立运作 QQ邮箱和微信两款产品。

（二）微信的开发历程

2010 年 11 月 19 日，微信项目正式启动。最初的人员基本都来自广研的 QQ 邮箱团队，开发人员没有什么做手机客户端的经验，唯一做过的手机产品是在 S60 平台上做的"手中邮"。

2011 年 1 月 21 日，微信 1.0 的 iOS 版上线。微信对于广研是个全新的领域，很多人一开始都并不看好这个项目。从 2 月份到 4 月份，用户的增长并不快，所有平台加起来每天也就增长几千人。此时，先于微信 1 个月推出的米聊已进入用户数快速增长的阶段，媒体的关注度也高于微信；而移动互联网 IM 工具市场由于开心"飞豆"、盛大"有你"、奇虎"口信"等功能类似产品的加入而呈现出复杂的竞争格局。这段时间团队内部许多成员对于微信的发展都抱有着一种非常不确定的心态。Allen 回忆起当时的情景说：

数据不好还不是最困难的，最困难的是他们老是跟我说，"我们做这么多都是没有意义的，因为我们所有做的事情手机 QQ 都可以做，并且手机 QQ 有更强的渠道、更多的用户覆盖量，而我们是没有渠道的。我们没有任何优势……我们做微信没有前途……"

1. 语音版——让微信活了下来

4 月份，Talkbox 突然火爆起来，Allen 敏锐地认为这个地方一定有很好的机会，当机立断决定在微信中加入语音功能。微信 1.0 版本很多的点是纯粹的短信的交互，产品比较成熟；2.0 版本则跨度比较大，对团队来说是不小的挑战。5 月 10 日，微信 2.0 版本发布。而在此之前，米聊已先行一步推出语音对讲功能，用户反响强烈；而 Talkbox 英文版也在国内拥有一批"高端粉丝"。

微信 2.0 的 iOS 版发布之后，用户增长量开始有一定的攀升，但并不是很大。团队成员心里也在打鼓，不知道到底有没有选对方向。Android 版发布以后，用户量开始快速增长。"其实语音在最终的消息数量中占的并不是特别大，"Harvey 说，"但是有一个好处就是很多用户是为了语音才尝试，一尝试之后形成了关系链，就开始一直使用了。"

为了使用户在更多场景下都能较好地使用语音功能，微信团队对产品做了许多改进。当距离感应器无感应，语音对讲会默认为扬声器播放；只要把手机贴近耳朵，马上就改为听筒模式，方便用户在开会或不方便扬声的时候接听。"我们会仔细思考用户使用的场景，"微信终端开发组总监 Justin 说，"怎么样的时间、怎么样的地点、怎么样的人在用到微信的哪一项功能的时候会有什么样的需求，思考这个很重要。"

语音版使微信成为了一个有一定影响力的产品，也使微信在竞争中占据了一个相对有利的位置。"我们确实还是把握住了这个方向。如果 5 月份这次机会没有把握住，"Harvey 回忆说，"微信项目应该撑不过 10 月份，很可能 8 月份就没戏了。"

2. 附近的人和"摇一摇"——附近的人成微信最大增加点

2011 年 8 月 3 日，微信 2.5 版本发布，支持查看附近的人。这一功能使用户可以查看到附近微信用户的头像、昵称、签名及距离，以便用户之间产生进一步的交流。这一功能使微信从熟人之间的沟通走向了陌生人之间的交友。

"对于微信而言，有三个重要的增加点，"Allen 说，"语音是一个，附近的人是最大的一个增加点，摇一摇也是一个增加点。"查看附近的人功能出来之后，微信新增好友数和用户数第一次迎来爆发性增长。

2011 年 10 月 1 日，微信发布 3.0 版本，支持"摇一摇"和漂流瓶。摇一摇可以让用户寻找到同一时刻一起在摇晃手机的人；漂流瓶则秉承了 QQ 邮箱漂流瓶的理念。"摇一摇"一推出就迅速成为许多微信用户非常喜爱的一个功能，现在"摇一摇"的日启动量已经超过 1 亿次。在 2011 年首届腾讯微创新奖中，"摇一摇"也榜上有名。

2011 年 12 月 20 日，微信推出 3.5 版本，其中一个最重要的功能，是加入了二维码，方便用户通过扫描或在其他平台上发布二维码名片，拓展微信好友。同时，微信也推出了名为 WeChat 的英文版。2012 年 4 月 25 日微信在香港、澳门、台湾三地均登上社交类的榜首。2012 年 6 月 5 日，微信在越南、泰国、马来西亚、沙特阿拉伯、新加坡等地也登上 App Store 社交类的榜首。

3. 朋友圈——社交化平台尝试

2012 年 4 月 19 日，微信 4.0 的 iOS 版发布，其中"朋友圈"功能引起业界颇多注意，有评论认为这是微信"社交平台化"的一种尝试。"微信 4.0 版本支持把照片分享到朋友圈，让微信通讯录里的朋友看到并评论；同时，微信还开放了接口，支持从第三方应用向微信通讯录里的朋友分享音乐、新闻、美食等。

提到"朋友圈"功能的推出，Harvey 说，"这个产品还完全没有达到成熟。""第一，用户还在激增，才一亿，如果到了两亿、三亿会不会有质变，因为用户数到一定程度会有一个质的变化。第二点，我们现在在尝试一些新的东西，因为微信是移动互联网全新的产品，对腾讯也是全新的平台，我们有没有可能在这个平台上做出更多的商务方向的东西，包括说更多的生活推广，比如媒体，媒体也在介入这个平台，所以这个上面是有很多可做的。"

我们每天的日常生活中存在着很多基本的常识和假设，当我们习以为常之后，就基本上变成了思维惯性，而这种思维惯性也就是我们在创新过程中的思维障碍。如果我们能经常换个角度来重新思考这些基本假设，就会发现随着时间和时代的变化，很多过去的假设可能都会有历史的局限性，需要我们根据新的情况进行调整和改变，或者学习接受、接纳和包容新的思想和价值观。例如，中国传统对人的基本假设就是"人之初，性本善"，而西方基督教伦理则认为人是有"原罪"的，这种对人的基本假设导致了一系列不同的制度规范和行为伦理规范，比如中国人倾向"情理法"，而西方则倾向"法理情"。

在企业竞争战略上，欧美国家的基本假设是"竞争理论"，企业要获胜就必须拥有竞争优势，获取"相对价值"，因此战略理论中借鉴了很多的战略理论和原则。而日本很多企业崇尚的不是相对价值理论，而是绝对价值理论，或者我们可以称之为理想价值理论，他们更多关注的是如何开发和创造出客户心目中理想的产品，而不是把心思过多地放在竞争对手身上。

在电脑销售领域，早期的 IBM、惠普和康柏的基本假设是"先设计好电脑，再通过各种经销渠道销售出去"，而戴尔电脑的基本假设则是"电脑可以按照客户定制来生产，通过直销方式卖给客户"，这一新的战略假设开创了新的蓝海。

在咖啡销售领域，雀巢、麦斯威尔等传统的企业基本假设是"我们销售的是各种形态的咖啡产品"，而星巴克的新逻辑则是"我们销售的是咖啡文化体验"，这一新的假设也实现了价值的创新。

IKEA 家私则改变了传统的设计师设计家居的高档高价逻辑，提出了"让大众都能享受的高品位设计师设计家私"新假设，最终成为全球最大的家私品牌。

CNN 则重新定义了新闻业，提出 24 小时全球新闻的新概念，成为突破创新者。

实战演练

请从下列企业中任选 5 家，搜集他们的资料，向同学们分享这些企业的创新之处在哪里，并总结启示。

第二节 创新的方法

一、头脑风暴法

有一年，美国北方格外严寒，大雪纷飞，电线上积满冰雪，大跨度的电线常被积雪压断，严重影响通信。过去，许多人试图解决这一问题，但都未能如愿以偿。后来，电信公司经理应用奥斯本发明的头脑风暴法，尝试解决这一难题。他召开了一种能让头脑卷起风暴的座谈会，参加会议的是不同专业的技术人员，要求他们必须遵守以下原则：

第一，自由思考。即要求与会者尽可以解放思想，无拘无束地思考问题并畅所欲言,不必顾虑自己的想法是否"离经叛道"或"荒唐可笑"。

第二,延迟评判。即要求与会者在会上不要对他人的设想评头论足,不要发表"这主意好极了!""这种想法太离谱了!"之类的"捧杀句"或"扼杀句",至于对设想的评判,留在会后组织专人考虑。

第三,以量求质。即鼓励与会者尽可能多而广地提出设想,以大量的设想来保证质量较高的设想的存在。

第四,结合改善。即鼓励与会者积极进行智力互补,在增加自己提出设想的同时,注意思考如何把两个或更多的设想结合成另一个更完善的设想。

按照这种会议规则,大家七嘴八舌地议论开来,有人提出设计一种专用的电线清雪机;有人想到用电热来化解冰雪;也有人建议用振荡技术来清除积雪;还有人提出能否带上几把大扫帚,乘直升机去扫电线上的积雪。对于这种"坐飞机扫雪"的想法,大家心里尽管觉得滑稽可笑,但在会上也无人提出批评。相反,有一位工程师在百思不得其解时,听到用飞机扫雪的想法后,大脑突然受到冲击,一种简单可行且高效率的清雪方法冒了出来。他想,每当大雪过后,出动直升机沿积雪严重的电线飞行,依靠调整旋转的螺旋桨即可将电线上的积雪迅速扇落。他马上提出"用干扰机扇雪"的新设想,顿时又引起其他与会者的联想,有关用飞机除雪的主意一下子又多了七八条。不到一小时,与会的 10 名技术人员共提出 90 多条新设想。

会后,公司组织专家对设想进行分类论证。专家们认为设计专用清雪机,采用电热或电磁振荡等方法清除电线上的积雪,在技术上虽然可行,但研制费用大,周期长,一时难以见效。那种因"坐飞机扫雪"激发出来的几种设想,倒是一种大胆的新方案,如果可行,将是一种既简单又高效的好办法。经过现场试验,发现用直升机扇雪真能奏效,一个久悬未决的难题,终于在头脑风暴会中得到了巧妙地解决。随着创造活动的复杂化和课题涉及技术的多元化,单枪匹马式的冥思苦想将变得软弱无力,"群起而攻之"的战术则显示出攻无不克的威力。

头脑风暴法出自"头脑风暴"一词。所谓头脑风暴(Brain-storming)最早是精神病理学上的用语,针对精神病患者的精神错乱状态而言的,现在转而为无限制地自由联想和讨论,其目的在于产生新观念或激发创新设想。头脑风暴法又称智力激励法、BS 法、自由思考法,是由美国创造学家 A. F. 奥斯本于 1939 年首次提出、1953 年正式发表的一种激发性思维的方法。此法经各国创造学研究者的实践和发展,已经形成了一个发明技法群,如奥斯本智力激励法、默写式智力激励法、卡片式智力激励法,等等。

当一群人围绕一个特定的兴趣领域产生新观点的时候,这种情境就叫作头脑风暴。由于会议使用了没有拘束的规则,人们就能够更自由地思考,进入思想的新区域,从而产生很多的新观点和问题解决方法。当参加者有了新观点和想法时,他们就大声说出来,然后在他人提出的观点之上建立新观点,所有的观点被记录下但不进行批评,只有头脑风暴会议结束的时候,才对这些观点和想法进行评估。头脑风暴的特点是让参会者敞开思想,使各种设想在相互碰撞中激起脑海的创造性风暴,其可分为直接头脑风暴和质疑头脑风暴法，前者是在专家群体决策基础上尽可能激发创造性，产生尽可能多的设想的方法，后者则是对前者提出的设想，方案逐一质疑，发现其现实可行性的方法，这是一种集体开发创造性思维的方法。

头脑风暴力图通过一定的讨论程序与规则来保证创造性讨论的有效性，由此，讨论程序构成了头脑风暴法能否有效实施的关键因素，从程序来说，组织头脑风暴法关键在于以下几个环节。

1. 确定议题

一个好的头脑风暴法从对问题的准确阐明开始。因此，必须在头脑风暴前确定一个目标，使与会者明确通过这次会议需要解决什么问题，同时不要限制可能的解决方案的范围。一般而言，比较具体的议题能使与会者较快产生设想，主持人也较容易掌握；比较抽象和宏观的议题引发设想的时间较长，但设想的创造性也可能较强。

2. 会前准备

为了使头脑风暴畅谈会的效率较高，效果较好，可在会前做一点准备工作。如收集一些资料预先给大家参考，以便与会者了解与议题有关的背景材料和外界动态。就参与者而言，在开会之前，对于待解决的问题一定要有所了解。会场可做适当布置，座位排成圆环形的环境往往比教室式的环境更为有利。此外，在头脑风暴会正式开始前还可以出一些创造力测验题供大家思考，以便活跃气氛，促进思维。

3. 确定人选

一般以 8～12 人为宜，也可略有增减（5～15 人）。与会者人数太少不利于交流信息，激发思维。而人数太多则不容易掌握，并且每个人发言的机会相对减少，也会影响会场气氛。只有在特殊情况下，与会者的人数可不受上述限制。

4. 明确分工

要推定一名主持人，1～2 名记录员（秘书）。主持人的作用是在头脑风暴畅谈会开始时重申讨论的议题和纪律，在会议进程中启发引导，掌握进程。如通报会议进展情况，归纳某些发言的核心内容，提出自己的设想，活跃会场气氛，或者让大家静下来认真思索片刻再组织下一个发言高潮等。记录员应将与会者的所有设想都及时编号，简要记录，最好写在黑板等醒目处，让与会者能够看清。记录员也应随时提出自己的设想，切忌持旁观态度。

5. 规定纪律

根据头脑风暴法的原则，可规定几条纪律，要求与会者遵守。如要集中注意力积极投入，不消极旁观；不要私下议论，以免影响他人的思考；发言要针对目标，开门见山，不要客套，也不必做过多的解释；与会者之间相互尊重，平等相待，切忌相互褒贬，等等。

6. 掌握时间

会议时间由主持人掌握，不宜在会前定死。一般来说，以几十分钟为宜。时间太短与会者难以畅所欲言，太长则容易产生疲劳感，影响会议效果。经验表明，创造性较强的设想一般要在会议开始 10～15 分钟后逐渐产生。美国创造学家帕内斯指出，会议时间最好安排在 30～45 分钟之间。倘若需要更长时间，就应把议题分解成几个小问题分别进行专题讨论。

一次成功的头脑风暴除了在程序上的要求之外，更为关键的是探讨方式，心态上的转变。概言之，即充分、非评价性的、无偏见的交流、具体而言、则可归纳为以下几点：

（1）自由畅谈。

参加者不应该受任何条条框框限制，放松思想，让思维自由驰骋。

从不同角度，不同层次，不同方位，大胆地展开想象，尽可能地标新、创新，与众不同，提出独创性的想法。

（2）延迟评判。

头脑风暴，必须坚持当场不对任何设想做出评价的原则。既不能肯定某个设想，又不能否定某个设想，也不能对某个设想发表评论性的意见。一切评价和判断都要延迟到会议结束以后才能进行。这样做一方面是为了防止评判约束与会者的积极思维；另一方面是为了集中精力先开发设想，避免把应该在后阶段做的工作提前进行，影响创造性设想的大量产生。

（3）禁止批评。

绝对禁止批评是头脑风暴法应该遵循的一个重要原则。参加头脑风暴会议的每个人都不得对别人的设想提出批评意见，因为批评对创造性思维无疑会产生抑制作用。有些人习惯于用一些自谦之词，这些自我批评性质的说法同样会破坏会场气氛，影响自由畅想。

（4）追求数量。

头脑风暴会议的目标是获得尽可能多的设想，追求数量是它的首要任务。参加会议的每个人都要抓紧时间多思考，多提设想。至于设想的质量问题，自可留到会后的设想处理阶段去解决。在某种意义上，设想的质量和数量密切相关，产生的设想越多，其中的创造性设想就可能越多。

（5）头脑风暴的设想处理。

通过组织头脑风暴畅谈会，往往能获得大量与议题有关的设想。至此任务只完成了一半。更重要的是对已获得的设想进行整理分析，以便选出有价值的创造性设想来加以开发实施，这个工作就是设想处理。

头脑风暴法的设想处理通常安排在头脑风暴畅谈会的次日进行。在此以前，主持人或记录员（秘书）应设法收集与会者在会后产生的新设想，以便一并进行评价处理。设想处理的方式有两种：一种是专家评审，可聘请有关专家及畅谈会与会者代表若干人（5 人左右为宜）承担这项工作；另一种是二次会议评审，即由头脑风暴畅谈会的参加者共同举行第二次会议，集体进行设想的评价处理工作。

避免误区，在使用头脑风暴的过程中，有一些问题需要引起注意。头脑风暴是一种技能，一种艺术，头脑风暴的技能需要不断提高。如果想使头脑风暴保持高的绩效，必须每个月进行不止一次的头脑风暴。有活力的头脑风暴会议倾向于遵循一系列陡峭的"智能"曲线，开始动量缓慢地积聚，然后非常快，接着又开始进入平缓的时期。头脑风暴主持人应该懂得通过小心地提及并培育一个正在出现的话题，让创意在陡峭的"智能"曲线阶段自由形成。头脑风暴提供了一种有效的就特定主题集中注意力与思想进行创造性沟通的方式，无论是对于学术主题探讨或日常事务的解决，完全可以并且应该根据与会者情况以及时间、地点、条件和主题的变化而有所变化，有所创新。

参与头脑风暴的好处：

（1）极易操作执行，具有很强的实用价值。

（2）非常具体地体现了集思广益及团队合作的智慧。

（3）每一个人的思维都能得到最大限度的开拓，能有效开阔思路，激发灵感。

（4）在科学的时间段内可以批量生产灵感，会有大量意想不到的收获。

（5）几乎不再有任何难题。

（6）面对任何难题，举重若轻。对于熟练掌握"头脑风暴法"的人来讲，再也不必一个人冥思苦想，孤独"求索"了。

（7）因为头脑越来越好用，可以有效锻炼一个人及团队的创造力。

（8）使参加者更加自信，因为，他会发现自己居然能如此有"创意"。

（9）可以发现并培养思路开阔、有创造力的人才。

（10）创造良好的平台，提供了一个能激发灵感、开阔思路的环境。

（11）因为良好的沟通氛围，有利于增加团队凝聚力，增强团队精神。

（12）可以提高工作效率，能够更快更高效地解决问题。

头脑风暴的基本要求：

（1）组织形式。

参加人数一般为5～10人（课堂教学也可以班为单位），最好由不同专业或不同岗位者组成；会议时间控制在1小时左右；设主持人一名，主持人只主持会议，对设想不做评论。设记录员1～2人，要求认真将与会者每一设想不论好坏都完整地记录下来。

（2）会议类型。

设想开发型：这是为获取大量的设想、为课题寻找多种解题思路而召开的会议，因此，要求参与者要善于想象，语言表达能力要强。设想论证型：这是为了将众多的设想归纳转换成实用型方案召开的会议。要求与会者善于归纳、善于分析判断。

（3）会前准备。

会议要明确主题。会议主题提前通报给与会人员，让与会者有一定准备；选好主持人。主持人要熟悉并掌握该技法的要点和操作要素，摸清主题现状和发展趋势。参与者要有一定的训练基础，懂得该会议提倡的原则和方法。会前可进行柔化训练，即对缺乏创新锻炼者进行打破常规思考，转变思维角度的训练活动，以减少思维惯性，从单调的紧张工作环境中解放出来，以饱满的创造热情投入激励设想活动。

（4）会议原则。

为使与会者畅所欲言，互相启发和激励，达到较高效率，必须严格遵守下列原则：

①禁止批评和评论，也不要自谦。对别人提出的任何想法都不能批判、不得阻拦。即使自己认为是幼稚的、错误的，甚至是荒诞离奇的设想，亦不得予以驳斥；同时也不允许自我批判，在心理上调动每一个与会者的积极性，彻底防止出现一些"扼杀性语句"和"自我扼杀语句"。诸如"这根本行不通""你这想法太陈旧了""这是不可能的""这不符合某某定律"以及"我提一个不成熟的看法""我有一个不一定行得通的想法"等语句，禁止在会议上出现。只②有这样，与会者才可能在充分放松的心境下，在别人设想的激励下，集中全部精力开拓自己的思路。

②目标集中，追求设想数量，越多越好。在智力激励法实施会上，只强制大家提设想，越多越好。会议以谋取设想的数量为目标。

③鼓励巧妙地利用和改善他人的设想，这是激励的关键所在。每个与会者都要从他人的设想中激励自己，从中得到启示，或补充他人的设想，或将他人的若干设想综合起来提出新的设想等。

④与会人员一律平等，各种设想全部记录下来。与会人员，不论是该方面的专家、员工，还是其他领域的学者，以及该领域的外行，一律平等；各种设想，不论大小，甚至是最荒诞的设想，记录人员也要认真地将其完整地记录下来。

⑤主张独立思考，不允许私下交谈，以免干扰别人思维。

⑥提倡自由发言，畅所欲言，任意思考。会议提倡自由奔放、随便思考、任意想象、尽量发挥，主意越新、越怪越好，因为它能启发人推导出好的观念。

⑦不强调个人的成绩，应以小组的整体利益为重，注意和理解别人的贡献，人人创造民主环境，不以多数人的意见阻碍个人新的观点的产生，激发个人追求更多更好的主意。

步骤技巧：

（1）会议实施步骤。

①会前准备：参与人、主持人和课题任务三落实，必要时可进行柔性训练。②设想开发：由主持人公布会议主题并介绍与主题相关的参考情况；突破思维惯性，大胆进行联想；主持人控制好时间，力争在有限的时间内获得尽可能多的创意性设想。③设想的分类与整理：一般分为实用型和幻想型两类。前者是指目前技术工艺可以实现的设想，再用脑力激荡法去进行论证、进行二次开发，进一步扩大设想的实现范围。后者幻想型设想再开发，指对幻想型设想，再用脑力激荡法进行开发，通过进一步开发，就有可能将创意的萌芽转化为成熟的实用型设想。这是脑力激荡法的一个关键步骤，也是该方法质量高低的明显标志。

（2）主持人技巧。

主持人应懂得各种创造思维和技法，会前要向与会者重申会议应严守的原则和纪律，善于激发成员思考，使场面轻松活跃而又不失脑力激荡的规则；可轮流发言，每轮每人简明扼要地说清楚一个创意设想，避免形成辩论会和发言不均；要以赏识激励的词句语气和微笑点头的行为语言，鼓励与会者多出设想，如说："对，就是这样!""太棒了!""好主意! 这一点对开阔思路很有好处!"等；禁止使用下面的话语："这点别人已说过了!""实际情况会怎样呢?"遇到人人皆才穷计短，出现暂时停滞时，可采取一些措施，如休息几分钟，自选休息方法，如散步、唱歌、喝水等，再进行几轮脑力激荡。或发给每人一张与问题无关的图画，要求讲出从图画中所获得的灵感。根据课题和实际情况需要，引导大家掀起一次又一次脑力激荡的"激波"。如课题是某产品的进一步开发，可以从产品改进配方思考作为第一激波、从降低成本思考作为第二激波、从扩大销售思考作为第三激波等。又如，对某一问题解决方案的讨论，引导大家掀起"设想开发"的激波，及时抓住"拐点"，适时引导进入"设想论证"的激波。要掌握好时间，会议持续 1 小时左右，形成的设想应不少于 100 种。但最好的设想往往是会议要结束时提出的，因此，预定结束的时间到了可以根据情况再延长 5 分钟，这是人们容易提出好的设想的时候。在 1 分钟时间里再没有新主意、新观点出现时，会议可宣布结束或告一段落。

风暴形式：

（1）传统形式。

当人们想起新观点时，他们就在房间里大声说出观点，这是对头脑风暴的普遍的观点。告诉他们消除他们的拘束，任何观点都不会被评判，这样他们就能自由地大声说出任何观点，而此时没有感到任何不舒适。人们的观点应该建立在其他参与者的观点之上。这样做的目的是为后面的分析得到尽可能多的观点。在提出的众多观点中会有一些非常有价值的。因为这个自由思考的环境，头脑风暴会帮助促进产生那些突破普通思考方式的激进的新观点。

（2）高级形式。

高级头脑风暴是传统头脑风暴的扩展，它使整个过程更容易和更有效。高级头脑风暴基于头脑风暴的现行方式上，以更有效的方式产生更新颖的观点。当使用一个更为有效的过程的时候，大部分与传统头脑风暴相关的问题就消失了。继续阅读更多的细节，了解如何为你自己和你组织的利益进行高级头脑风暴。高级头脑风暴使用时，要有新过程和新培训，以减少拘束；有创造力的和横向思考的技巧头脑风暴软件（计算机支持的创造力）；新的材料来激发和记录观点。但是，首先让我们学习传统头脑风暴的细节，以便我们能使我们自己做好适当准备。

在进行头脑风暴的具体实施中必须要有君子协议，称为"臭皮匠协议"。它包含四个方面的内容：

（1）不许评价。

要到头脑风暴会议结束时才能对观点进行评判。要知道头脑风暴是一个高耗能的活动，对观点的评估要占用珍贵的脑力，何不把脑力用在更有价值观点的产生上呢?这是遵循了最经济的原则。而且，如果没有做到延迟的评价，又怎么有精力继续头脑风暴呢?

（2）异想天开。

说出想到的任何主意。让大家闭嘴容易，开口难。驯服一个狂热的想法比率先想出一个立即生效的观点要容易得多。所以观点越"疯狂"就越要给予鼓励，现在就大声说出你脑子里闪过的任何奇异的、不可行的观点，看看它们能引出什么超赞的点子。没有任何观点是荒谬的，也没有什么观点是夸张的，在头脑风暴中说出口的点子就是好点子。

（3）越多越好。

重数量而非质量。讨论的核心目的就是一网打尽所有可能的观点和不可能的观点，寻求观点的量，浓缩观点清单是以后的事情。如果头脑风暴结束时有大量的观点，那么发现一个非常好的观点的概率就会大大增加。

（4）见解无专利。

鼓励综合数种见解或在他人见解上发挥。鼓励每个人参与，但是呈现出来的每个观点属于团体，只有所有参与者能够自由地和自信地贡献，才是进行头脑风暴的最终目的。当然，每个人的独特视角在相互的碰撞中很可能会产生新的火花，如果你的观点是建立在其他人的观点之上，只要进行了拓展和发挥，也能受到鼓励，这与生成一系列观点一样有意义。

二、系统思维的多屏幕法

1946年，苏联发明家G. S. Altshuller完成了他的第一项成熟的发明——在没有潜水服的情况下，从被困的潜水艇中逃生的方法，也正是在这一年，TRIZ（发明问题解决理论）开始萌芽。

1946年之后，Altshuller逐渐展开发明问题解决理论的研究工作。当时Altshuller在苏联里海海军的专利局工作，在处理世界各国著名的发明专利过程中，他总是考虑这样一个问题：当人们进行发明创造、解决技术难题时，是否有可遵循的科学方法和法则，从而能迅速地实现新的发明创造或解决技术难题呢？Altshuller坚信这样的发明创造方法一定存在。在发现从心理学角度不能很好地揭示发明创造的客观规律之后，他逐渐认识到发明的实质就是技术系统发生根本性变化，因此将注意力转移到专利文献的分析研究上。他从来自世界各地的20多万项专利中挑选了4万已产生发明成就的专利开始进行严格分析。这一工作成果铸就了TRIZ的理论基础，也为日后将要开发的问题解决工具奠定了基础。

Altshuller在研究过程中发现任何领域的产品改进、技术的变革、创新和生物系统一样，都存在产生、生长、成熟、衰老、灭亡的过程，都是有规律可循的。人们一旦掌握这些规律，能动地进行产品设计并预测产品的未来发展趋势便成为可能。以后数十年中，Altshuller穷其毕生的精力致力于TRIZ理论的研究和完善。在他的组织参与下，苏联的数十家研究机构、大学、企业组成了TRIZ的研究团体，分析研究了世界200万项发明专利。经过多年努力，Altshuller及其团队总结出各种技术发展进化遵循的规律模式，以及解决各种技术矛盾和物理矛盾的创新原理和法则，建立一个由解决技术问题，实现创新开发的各种方法、算法组成的综合理论体系，并综合多学科领域的原理和法则，建立起 TRIZ 理论体系。

相对于传统的创新方法，比如试错法，头脑风暴法等，TRIZ 理论具有鲜明的特点和优势。它成功地揭示了创造发明的内在规律和原理，着力于澄清和强调系统中存在的矛盾，而不是逃避矛盾，其目标是完全解决矛盾，获得最终的理想解，而不是采取折中或者妥协的做法，而且它是基于技术的发展演化规律研究整个设计与开发过程，而不再是随机的行为。实践证明，运用 TRIZ 理论，可大大加快人们创造发明的进程而且能得到高质量的创新产品。它能够帮助我们系统地分析问题情境，快速发现问题本质或者矛盾，它能够准确确定问题探索方向，不会错过各种可能，而且它能够帮助我们突破思维障碍，打破思维定势，以新的视觉分析问题，进行逻辑性和非逻辑性的系统思维，还能根据技术进化规律预测未来发展趋势，帮助我们开发富有竞争力的新产品。

在苏联，大多数有工程专业的高等学府，都长期为学生提供 TRIZ 理论课程。TRIZ 同时也广泛应用于苏联的工程领域中。苏联解体后，随着大批 TRIZ 理论研究者移居美国等西方国家，TRIZ 也在西方迅速流传开，并受到极大重视，而 TRIZ 的研究与实践随之得以普及和发展。之后不久，西北欧、美国、日本、中国台湾等地出现了以 TRIZ 为基础的研究、咨询机构和公司，一些大学将 TRIZ 列为工程设计方法学课程。经过半个多世纪的发展，如今 TRIZ 理论和方法已经发展成为一套解决新产品开发实际问题的成熟的理论和方法体系。经过无数实践检验的 TRIZ 理论，具有工程实用性强等显著特征，如今正在被全世界广泛应用，创造出成千上万项重大发明，为众多知名企业取得了重大的经济效益和社会效益。

TRIZ 理论进入中国应该在 20 世纪 70～80 年代，但对其深入研究和应用则是近些年的事情。近年来，TRIZ 理论已经逐渐得到国内诸多科研机构、公司和专家的重视。

TRIZ 九宫格法，又称作 TRIZ 九屏幕法，是 TRIZ 理论里非常独特而有效的一种创新思维方法，它的目的是解决系统矛盾，克服思维惯性。

那九屏幕是哪几个屏幕呢？所谓 TRIZ 九屏幕其实是由超系统、系统、子系统，在过去、现在、未来三个维度而形成的九个面向。以汽车为例，如果把汽车作为系统，那么轮胎、发动机、方向盘都是汽车的子系统，因为每辆汽车都是整个交通系统的一个组成部分，交通系统就是汽车的一个超系统。当然，大气、车库等也是汽车的超系统。然而系统只是一个相对的概念。如果我以轮胎作为"系统"来研究的话，那么轮胎中的橡胶、子午线，充气嘴等就是轮胎的子系统，而汽车却变成了超系统。

在上面的这个例子当中，我们再将时间这个因素放进去，也就是从过去、现在、未来三个维度来看这些系统，那么就形成了九屏幕。比如当前系统——汽车，在过去可能是传统的内燃机汽车，而未来可能是新能源汽车，还可能是无人驾驶的智能汽车；相应的子系统，汽车轮胎，从木轮发展到现在的橡胶轮，着眼未来可能发展成为免充气轮胎，甚至某种智能轮胎；超系统层面呢？过去，可能是坑坑洼洼的土路，甚至没有路，发展到现代的交通系统，往后看，可能是兼具海陆空的超级庞大而复杂的交通系统。那么在这种交通系统下，当前系统的汽车要如何发展才能适应呢？例如这样的问题，就是我们所要思考并寻求的解答方案。利用九屏幕法分析问题的时候，要把问题当成系统来研究。它的思维逻辑建立在时间维度，即过去、现在、未来，以及空间维度，即系统级别两个维度上。

所以九屏幕法，不仅考虑系统，还要考虑它的超系统和子系统，并且要考虑系统的过去与将来，以及超系统与子系统的过去与将来。

Altshuller 要求从事创新的工程技术人员从时间和空间三个不同维度对存在问题的技术系统的现状进行全面的分析和思考，并从中发现克服系统缺陷（功能缺陷）所需要，并可利用的各种资源。然而要怎么使用九屏幕法呢？表 3-1，详细地介绍了要怎么样定义九宫格的九个面相：

表 3-1　九屏幕法九个面相的定义

系统的"超系统的过去"和"超系统的未来"		
指分析发生问题之前和之后超系统的状况，并分析如何利用和改变这些状况来防止或减弱问题的有害作用。		
系统的过去	当前系统（问题）	系统的未来
考虑如何利用过去的各种资源来防止此问题的发生，以及如何改变过去的状况来防止问题发生或减少当前问题的有害作用。		指考虑发生当前问题之后该系统可能的状况，考虑如何利用以后的各种资源，以及如何改变以后的状况来防止问题发生或减少当前问题的有害作用。
系统的"子系统的过去"和"子系统的将来"		
指分析发生问题之前和之后子系统的状况，并分析如何利用和改变这些状况来减弱问题的有害作用。		

九屏幕法的使用步骤：

（1）设身于九个格子之中，从此开始思考。

（2）从当前系统开始，依序从邻近的格子以两两之间的界面关系（例如系统与子系统的关系），找出可用的资源或可能面临的问题。

（3）列出所有的资源，可用来消除有害的效果，以提高理想性。

（4）列出所有的资源，可用来增加有用的效果，以提高理想性。

（5）重复步骤 2～4。

（6）分析各种可能的解答方向或须面临的矛盾。

三、矛盾矩阵解决法

TRIZ 认为创造性问题至少包含一个矛盾，当技术系统某个特征或参数得到改善时，常常会引起另外的特征或参数劣化，该矛盾称为"技术矛盾"。为了解决由参数变化引起的技术矛盾，Altshuller 从他所研究的专利解决方法中概括出了 39 个参数，每个问题可以描述为 39 个参数中任意两个之间的冲突，而这些参数两两组合就构成了矛盾矩阵。

知识经济的高速发展，使企业面临的竞争越来越激烈。仅靠扩大生产规模，利用优化技术完善现有产品已不能保证企业获得竞争优势。利用有限的资源，快速实现产品的创新，成为制造业企业生存的关键。然而，创新的实现并不容易。众所周知，由于创新的产生逻辑是很难确实掌握的，属于创新中的非理性思考，尽管人们常利用以往的经验和案例去引发新的思考，但仍可能受限于本身的习惯性思维、有限的知识面等不利因素的制约，从而产生想法上的盲点，无法全面地思考。通过 39 矛盾矩阵找到相应的创新原则，从而可以理性且快速地提出设计思考的方向以及拟定产品未来概念，最后能有系统地帮助人们找到创造性的想法以缩短产品开发的时间。

39 矛盾矩阵作为 TRIZ 理论的一种主要工具，是用来解决技术上的矛盾。在 39 矛盾矩阵中，行和列分别是在大量专利分析基础上总结出来的 39 项标准参数，用这 39 项标准参数中的两项分别表示矛盾体中的两个方面，也就是使系统性能改善的特性和导致系统性能恶化的特性。那么在矩阵中这两项标准参数所在行列的交叉点就对应着实践证明最为有效的矛盾解决原理，基于这些矛盾解决原理的启发就可以寻求具体解决的方案。而这些创新原则也有更具体的说明可以辅助设计者有正确的思考方向。比如，想要设计一个能够有省电模式却不影响照明效果的灯具，那么使用 39 矛盾矩阵（如图 3-1），这个例子要改善的特性为 20（物体消耗能量），要避免恶化的特性为 18（明度变差），从矩阵找出特性经由两者相交可以发现 4 个可能解决该矛盾的创新原则，分别是 19（周期性的作用）、2（抽离）、32（性质的转变）、35（改变颜色）。此处采用周期性的作用原则，增加一个声电感应装置就可以解决以上矛盾。

防止恶化参数 欲改善参数		1	····	18	··· 39
		运动物体重量		光照强度	生产率
1	运动物体重量				
:					
20	静止物质的能量利用	→		19,2 35,32	
: 39	生产率				

图 3-1　39 矛盾矩阵

39 矛盾矩阵解决创新性问题的思路在于它采用科学的问题求解方法，具体办法就是将特殊的问题归结为 TRIZ 的一般性问题，然后应用其带有普遍性的创新理论和工具寻求标准解法，在此基础上演绎形成初始问题的具体解法，如图 3-2。

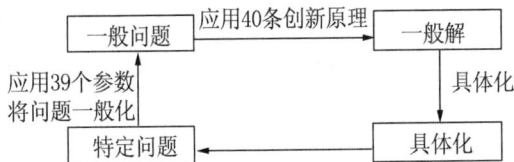

图 3-2　应用思路

这种从特殊到一般的方法，充分体现了科学解决问题的思想。为了使 39 矛盾矩阵在导入创新的过程中具有更强的可操作性，分析了如何规范从需求分析到方案提出等一系列过程，给出了各阶段解决具体问题的方法和工具，步骤如下：

（1）确认设计主题的范围条件。

（2）收集设计主题相关资料，包含市场调查、使用分析、现有产品优缺点等。

（3）明确定义出设计主题必须解决的问题，并且将问题解决的重要性，由高至低做一个排序，然后记录下来。

（4）从这些问题中，找到矛盾参数中相符合的特征参数。

（5）从顺序最高的问题开始，找出解决此问题之后，是否有其他问题的参数会恶化，而从矛盾矩阵表中，找出解决两个矛盾参数的解题原则。

（6）利用解题原则的说明与图例，引导思考出创新设计的方案，并且记录下来。解题原则的顺序并不是依照序号排列，而是依照该矩阵中两个矛盾参数所产生的解题方式，在专利分析中出现的多少，所排列出的顺序，因此参考顺序最好依照解题原则出现的顺序，依序思考。

（7）重复比对所列举出来的问题冲突，然后借由解题原则加以思考，找出创新解决方案。

（8）从想出的所有解题构想中，再定义出新的问题，重复使用 39 矛盾矩阵与 40 创新原则，直到设计的产品，解决了所有问题为止，如图 3-3。

防止恶化参数 / 欲改善参数		1	····	23	··· 39
		运动物体重量		物质的损失	生产率
1	运动物体重量				
:					
33	操作的便利性	→		32,2 28,24	
: 39	生产率				

图 3-3　39 矛盾矩阵与 40 创新原则

【案例分析】

当要设计一款老年人使用的带有拐杖功能的雨伞，必须先找出设计过程中会遇到的矛盾问题，例如，这种雨伞强度要高、重量要轻、体量不能过大，便于携带，还要能够帮忙老人的坐及站，结构要简化，以及对于面料和流行趋势的把握，如果要引入新技术，要考虑其便利性和老人的接受能力，使用过程中还要考虑到安全性，是否能提供安全警示，等等。接着将上述需要解决的问题依其重要性排序：

（1）帮助支撑坐及站；

（2）新技术的便利性；

（3）简化结构；

（4）安全防护；

（5）行动过程中有安全感。

接着将以上具体问题转化成表现一般性问题的参数，运用到 39 矛盾矩阵中，解决后会产生矛盾的情况，两两列出，例如，具有安全防护功能的伞，成本就会增加。因此我们便将这两个问题找到对应的矛盾参数后，利用矛盾矩阵表，找出矩阵中的建议解题原则，然后进行新的思考与找出创新解题方式。以图 3-3 而言，当参数 33（操作的便利性）改进时，参数 23（物质的损失）就会恶化，因此根据矩阵表中的 40 创新原则，得到解决此矛盾的方式有原则 32：色彩的变化；原则 2：抽出；28：机械系统的替换；原则 24：中介物。上述的解题原则是阿利赫舒列尔根据分析专利后，按照其被使用的解题次数多少来排序，因此首先考虑顺序为原则 32（色彩的变化），以及原则 2（抽出），其中解题的具体原则分别为：

原则 32（色彩的变化）：改变物体或周遭环境的颜色；改变物体或周遭环境的透明度；在物体中加入有色的材料以便观察，如果加了有色的材料还是难以观察，就利用荧光色。

原则 2（抽出）：将会妨碍的属性或者零件从物体中分离出来，或者将唯一必要的属性或零件从物体中萃取出来。

接着根据以上两原则，参照 40 创新原则的具体图例和说明，来刺激设计师产生新思维与创新设计构想，产生类比等联想。例如，配置分离式警报按钮，卫星定位于通信产品上，按钮颜色鲜艳或具荧光。这样的构思可以简化雨伞本身的结构，不至于成本增加太多。

最后找出新产生的设计构想，其设计上仍会产生的新问题，重复上述定义问题、寻找解题原则的动作，直到将设计问题完全解决为止。在这个过程中，将会出现很多新构想，这些构想都有可能突破旧有思维，产生出创新发明或新设计。

实战演练

回形针的用途

人们很容易被旧有的思维和行为模式"套牢"，然而缺乏创造力是这个日新月异的时代最忌讳的弱点。其实，不是你不会创造，而是缺乏创造的习惯和激情。所以，让"头脑风暴"来帮助你。

目标：给我们练习创造性解决问题的机会。

时间：10 分钟

教具：回形针，可移动的桌椅

人数：4～6 人一组为最佳

过程：

1. 调查研究表明，创造力可以通过简单、实际的练习培养。可很多时候，创新的想法往往被诸如"这个我们去年就已经试过了"或"我们一直就是这么做的"的想法扼杀。为了让参与者发挥与生俱来的创造力，需进行头脑风暴的演练。

头脑风暴的基本准则如下：

（1）不允许有任何批评意见；

（2）欢迎异想天开（想法越离奇越好）；

（3）要求的是数量而不是质量；

（4）寻求各种想法的组合和改进。

2. 将全体人员分成每组 4～6 人的若干小组。他们的任务是在 60 秒内尽可能多地想出回形针的用途（也可以采用其他物品或题目）。每组指定一人负责记录想法的数量，而不是想法本身。

3. 一分钟之后，请各组汇报他们所想到的主意的数量，然后举出其中"疯狂的"或"激进的"主意。有时，一些"傻"念头往往会被证实是有意义的。

讨论：

在进行头脑风暴时你有什么顾虑？

你认为头脑风暴最适合于解决哪些问题？

在工作中哪些时候可以利用头脑风暴？

_____

_____

_____

_____

本章学习收获

_____

_____

_____

_____

读书心得

书名：

作者：

读书心得：_____

_____

_____

_____

文中经典妙句：

_____

_____

陌生人拜访（三）

姓名		性别		职业		联系方式	
职位		单位				拜访地点	

预计拜访中遇到的困难：

拜访目的：

预计拜访内容：

问题 1：

问题 2：

问题 3：

问题 4：

拜访总结：

拜访中遇到的实际困难：

第四章　循序渐进，提升创新创业能力

中药在煎熬过程中总是有些药液从罐口外溢，既浪费了药液，又不卫生，还影响燃烧。江西一名中医师立志要解决这个问题，他观察到泡菜坛子的结构特点，坛子上口周围有一圈槽，将碗倒扣槽上，然后将槽中灌满水，水起到了密封的作用。他将药罐做成泡菜坛的样式，在罐边加了浅槽，又开了一个通向罐内的小孔，当药液外溢到槽里后，即能沿小孔再流向罐里，不受损失。这个发明获得国家专利，也被运用到产品中，大量推广。

创新是以新思维、新发明和新描述为特征的一种概念化过程，创新无处不在，可能是灵机一动，也可能是智慧碰撞。将创新转变为创业，是一个自我提升的过程，需要的不仅仅是个人的努力，可能更需要的是一个可以自由发展的平台。

第一节　创新的能力

"永不停息是耐克的公司文化""塑造企业和产品完美和充满活力的形象是公司的战略目标"，正是这种贯穿于生产经营活动并已经渗透到员工内心深处的企业文化理念促进了耐克的营销战略的创新。

1. "永不停息"的企业文化使公司有了鲜明而独特的市场定位

"体育、表演、洒脱自由的运动员精神"是具体鲜明特征的个性化文化，使公司形成一反传统的企业形象，使消费者一想到运动就自然而然地想到耐克，使公司具有鲜明的市场定位。

2. "永不停息"的文化推动了耐克的产品创新

脲烷橡胶的、弹性更强的新型鞋底新产品迅速地打开了耐克的市场，随后公司不停地进行产品创新，如"公司为开发新样式跑鞋而花费巨资"，"公司为此而拥有雄厚的研究力量，开发出不同式样的产品，其中不少产品是市场最新颖和工艺最先进的"。后来又推出了一系列的新款跑鞋和训练用鞋，增加产品线，扩大产品阵营，从而增强了公司的核心竞争力。核心竞争力是企业超过竞争对手并能为企业带来超额利润的独特能力。如果说先进的技术、先进的管理、先进的设备都是可以被模仿和复制的，那么唯有企业的核心竞争力是不能被模仿和复制的，它使企业长期保持竞争优势。

3. "永不停息"的企业文化推动了公司的市场调研和市场细分

公司在永不停息的文化熏陶下，在市场调研的基础上对市场进行不断的细分，"根据不同的脚型、体重、跑速、训练计划、性别和不同技术水平"设计出"风格各异、价格不同的多种用途的产品"，在消费者心目中形成了一个"耐克是提供品种最齐全的跑鞋制造商"的良好印象，增强了产品的竞争力。

4. "永不停息"的企业文化推动了公司营销组织的重组

迫于竞争压力，耐克把一个大的鞋类部门分成几个较小的部门，每个小部门分管一种体育项目的运动鞋，加快了产品开发的过程。通过建立一套生产、销售、广告宣传相连的体系把公司组成一个整体，于是公司团结一致开发产品。耐克同时不断改革公司的文化，克拉克的管理方式更为现代化，加强企业内部的沟通，大胆采纳员工的意见和建议。

5. "永不停息"的企业文化推动了企业的促销创新

它善于利用名人效应来塑造自己与众不同的品牌形象，而且人员的选用都用围绕其反传统的企业文化来进行，以加强自己独特的市场定位。并不断"改变销售方式"，"调整了广告形式"。

6. "永不停息"的企业文化促使耐克改革它的存货控制体系

避免了过多的库存，从而减少了资金占用，加速了资金的周转，同时也降低了出厂价，使产品更具竞争力。

7. "永不停息"的企业文化促使耐克进行渠道变革

买断了世界各地的分销业务，最终对渠道取得了更多的控制权。这样有利于控制终端，可以使产品以最快的速度、最低的成本进入市场。

一、创新能力的分类

创新能力是民族进步的灵魂、经济竞争的核心；当今社会的竞争，与其说是人才的竞争，不如说是人的创造力的竞争。

如果这个世界没有创新能力，便不会有今日人类的文明，可能还同猩猩们一起过着钻木取火的原始生活；如果爱因斯坦，爱迪生等人没有创新能力，他们何以取得巨大的成就与收获；如果一个人不具备创新能力，可以说是庸才；如果一个民族没有了创新人才，那么它便是一个落后的民族。

综观近十年的研究成果，虽然国内学者对创新能力的理解各不相同，但他们对创新能力内涵的阐述基本上可以划分为三种观点：第一种观点以张宝臣、李燕、张鹏等为代表，认为创新能力是个体运用一切已知信息，包括已有的知识和经验等，产生某种独特、新颖、有社会或个人价值的产品的能力。它包括创新意识、创新思维和创新技能三部分，核心是创新思维。第二种观点以安江英、田慧云等为代表，认为创新能力表现为两个相互关联的部分，一部分是对已有知识的获取、改组和运用；另一部分是对新思想、新技术、新产品的研究与发明。第三种观点从创新能力应具备的知识结构着手，以宋彬、庄寿强、彭宗祥、殷石龙等为代表，认为创新能力应具备的知识结构包括基础知识、专业知识、工具性知识或方法论知识以及综合性知识。上述三种观点，尽管表述方法有所不同，但基本上能将创新能力的内涵解释清楚。

总的来说，创新能力是技术和各种实践活动领域中不断提供具有经济价值、社会价值、生态价值的新思想、新理论、新方法和新发明的能力。

在科学技术飞速发展的今天，创新意识和创新能力越来越成为一个国家国际竞争力和国际地位的重要决定因素。改革开放以来，我国创新能力有了很大提高，少数科学研究和技术创新在世界上也占有一席之地。但无可置疑的现实是，我国创新能力和国际先进水平的差距较大。根据2001年的有关分析数据，中国在49个主要国家中，科技创新综合能力处于第28位，也就是中等偏下的水平。如果中国2020年要进入创新型国家行列，意味着要从当前的水平再前进10位，进入世界前20位。21世纪，中国的科技人力资源达到3850万人，名列世界第一；研发人员109万人，名列世界第二。这是中国进入创新型国家行列的、任何国家无法比拟的最可宝贵的资源。

分众传媒创始人江南春的创业与创新

江南春的创业之路总是被人津津乐道，这位靠着3厘米的液晶显示屏成为身价20亿元人民币的亿万富翁的传奇人物，正是靠着灵机一动的创新思维而发家的。

一次，江南春在等电梯的时候，注意到电梯门上贴着一张舒淇的海报，江南春很喜欢舒淇，正想仔细地欣赏一下那张海报的时候，电梯来了。江南春不得不走进电梯，在电梯门关上的那一刹那，他突然迸发出一个灵感：有多少人像我一样，在这个封闭的空间里看不到自己想看的东西？这是人们不方便的地方，可别人的麻烦就是我们的商机。而在等电梯的时候也是如此，大家都是非常无聊，只能干瞪眼，这时候如果在电梯的壁上放上一台屏幕，播放点内容，肯定会有很高的"收视率"。

江南春没有迟疑，回到公司就开始着手操作，经过努力他成功地实践了自己当初的创意，在很多城市都可以看到江南春的楼宇电视广告，而江南春的公司现在也家喻户晓，成为传媒界的一朵奇葩，那就是分众传媒。

这的确是一个非常好的创意，对于等候电梯的人来说，楼宇广告使大家走出无聊，对于投放的楼宇而言，能够把地方充分利用起来，赚取不菲的收益，对于广告客户来说，投放广告有针对性，而且因为收视率高，所以广告效应更好，对于江南春自己而言他也得到了丰厚的利润回报。

不得不说的是在创业中给予江南春事业最大支持的是软银集团。在江南春最需要钱的时候，软银提供了1000万美元的投资，使之能够将新媒体业务迅速从上海扩展到四个城市。软银中国负责人说，很少有商业模式会在短时间内就开始盈利，这是我非常感兴趣的一点。这个项目最大的价值就是它整个商业模型的独创性，他有这样一个眼光和组织能力去发现这样一个平台，这是一个价值。所以我很快就有一个决定，我想投资这个项目。

因此我们可以说，江南春之所以走到今天的辉煌，靠的就是独创性。所以一个人要想取得成功，有大的发展，就必须去创新，努力做到人无我有，人有我新。只有这样才能立于不败之地。

创新能力是一个综合性概念，包括了很多的内容，具体来说有以下几点：

（1）学习能力。

学习能力指获取、掌握知识、方法和经验的能力，包括阅读、写作、理解、表达、记忆、搜集资料、使用工具、对话和讨论等能力。学习能力还包括态度和习惯，比如活到老、学到老的终身学习的态度和信念。个人具有学习能力，组织也具有学习能力，人们把学习型组织理解为"通过大量的个人学习特别是团队学习。形成的一种能够认识环境、适应环境、进而能够能动地作用于环境的有效组织。也可以说是通过培养弥漫于整个组织的学习气氛，充分发挥员工的创造性思维能力而建立起来的一种有机的、高度柔性的、扁平的、符合人性的、能持续发展的组织。在如今竞争的时代，一个人或一个组织的竞争力往往取决于个人或组织的学习能力，因此无论对于个人还是对于组织而言，其竞争优势就是有能力比你的竞争对手学习得更多更快。所以管理大师德鲁克说："真正持久的优势就是怎样去学习，就是怎样使得自己的企业能够学习得比对手更快。"

（2）分析能力。

分析能力是指把事物的整体分解为若干部分进行研究的技能和本领。事物是由不同要素、不同层次、不同规定性组成的统一整体。认识事物的有效方式之一就是把它的每个要素、层次、规定性在思维中暂时分割开来进行考察和研究，弄清楚每个局部的性质、局部之间的相互关系以及局部与整体的联系。做到由表及里、由浅入深、由易到难地认识事物和问题。分析能力的高低强弱与三个因素有关，一是个人的知识、经验和禀赋；二是分析工具和方法的水平；三是共同讨论与合作研究的品质。随着科学技术的发展，高性能计算机和各种科学仪器以及新的分析方法的出现和应用，有效地提高了人们的分析能力。当然，分析能力也有局限性和片面性，容易使人只见树木，不见森林，忽视从整体上把握事物。因此通常把分析能力与综合能力结合起来运用，将会取长补短，相辅相成。

（3）综合能力。

综合能力是指强调把研究对象的各个部分结合成一个有机整体进行考察和认识的技能和本领。综合是把事物的各个要素、层次和规定性用一定线索把它们联系起来，从中发现它们之间的本质关系和发展的规律。具体讲，综合能力包括三项内容：一是思维统摄与整合，就是把大量分散的概念、知识点以及观察和掌握的事实材料综合在一起，进行思考加工整理，由感性到理性、由现象到本质、由偶然到必然、由特殊到一般，对事物进行整体把握；二是积极吸收新知识，综合能力需要多方面的知识和方法，不断吸收新知识，不断更新知识都是必要的，特别是要学会跨学科交叉，把不同学科的知识、不同领域的研究经验融会贯通，才能更好地综合；三是与分析能力紧密配合，仅有综合能力，也有局限性和片面性，即缺少深入地、细致地分析，细节决定成败，在认识事物时也是如此，只有与分析能力相互配合，才能正确认识事物，实现有价值的创新。

（4）想象能力。

想象能力指以一定知识和经验为基础，通过直觉、形象思维或组合思维，不受已有结论、观点、框架和理论的限制，提出新设想、新创见的能力。想象力往往是发现问题和解决问题的突破口，在创新活动中扮演突击队和急先锋的角色，缺乏想象力很难从事创新工作。

（5）批判能力。

批判能力指表现在两个方面，在学习、吸收已有知识和经验时，批判能力保证人们不盲从，而是批判性地、选择性地吸收和接受，去粗取精、去伪存真；在研究和创新方面，则质疑和批判是创新的起点，没有质疑和批判就只能跟在权威和定论后面亦步亦趋，不可能做出突破性贡献。科学技术史表明，重大创新成果通常都是在对权威理论进行质疑和批判的前提下做出的。

（6）创造能力。

创造能力是创新能力的核心，它是指首次提出新的概念、方法、理论、工具、解决方案、实施方案等的能力，是创新人才的禀赋、知识、经验、动力和毅力的综合体现。

（7）解决问题的能力。

解决问题的能力包括提出问题和凝练问题，针对问题选择和调动已有的经验、知识和方法，设计和实施解决问题的方案，对于难题，能够创造性地组合已有的方法乃至提出新方法来予以解决。解决问题分狭义和广义，狭义的解决问题就是人们通常认为的各种问题的解决，如物理问题、数学问题、技术问题；广义的问题解决则包括各种思维活动，这种情况下，创新能力就等同于创新性解决问题的能力。

（8）实践能力。

实践能力特指社会实践能力。提出创造发明成果，只是创新活动的第一阶段，要使成果得到承认、传播、应用，实现其学术价值、经济价值和社会价值，必须要和社会打交道，实践能力就是为实现这一目标而进行的各种社会实践活动的能力。

（9）组织协调能力。

组织协调能力的实质是通过合理调配系统内的各种要素，发挥系统的整体功能，以实现目标。对于创新人才来说，要完成创新活动，就要协调各方，当拥有一定资源时，就可通过沟通、说服、资源分配和荣誉分配等手段来组织协调各方以最终实现创新目标。

（10）整合多种能力的能力。

创新人才的宝贵之处不仅在于拥有多种才能，更重要的是能够把多种才能有效地整合在一起发挥作用。整合多种能力的能力是能力增长和人格发展的结果，这需要通过学习、实践和人生历练。能否完成重大创新，拥有整合多种能力的能力是一个关键。

二、创新能力的激发

特斯拉：开源与企业创新联盟

特斯拉的成功被业界归为是互联网思维的成功，而马斯克的开放专利之举，也正是体现了互联网"自由、平等、开放、分享"的精神，但他真的就是活雷锋吗？

特斯拉开源所有专利的目的就在于——让更多的人或企业，在一个较低门槛上，就可以站在巨人的肩膀上，投入到世界电动汽车发展和普及的浪潮当中。开放专利表面上看，是让竞争对手占了便宜，然而此举却无形中提高了特斯拉技术的普适性，使得它在未来标准制定中抢占了有利的地位。

因此，隐藏在背后的效应便是，倘若特斯拉专利开源一旦达到一定规模，其技术盟友成长到一定体量之时，他们不得不兼容特斯拉的充电标准。显然，如果特斯拉建立了一个以特斯拉技术为支持的产业联盟，那么相信超级电池工厂的富余产能将会被特斯拉的盟友所消化，这时特斯拉不仅是一个电动汽车的制造者，更是上游核心电池资源的掌控者。

2015年1月23日，马斯克现身底特律北美车展。这一次，马斯克说道特斯拉真正面对的敌人，未必是传统厂商和经销商，而是已经习惯了内燃机车的用户，以及根植于传统业态的庞大产业惯性。要打破这个桎梏，联盟是最好的手段。

因此，特斯拉欢迎其他汽车商进入电动汽车行业，是想形成一个"电动汽车的矩阵"，而不再单打独斗，这样一来，整体的电动汽车行业就会有更大的势能，在市场培育、政策突破、技术积累、电动汽车产业链的形成等方面，就会形成群体的生态效应，增大电动汽车体量。

所以，特斯拉需要盟友，而不是敌人。此前特斯拉开放专利，也是出于这一目的。特迷们认为，特斯拉有望组建类似Open Handset Alliance的联盟机构，当初Google、三星等公司就是靠这个联盟从苹果嘴里掏出大部分披萨的。

正如马斯克所说，电动汽车要想成功，需要汽车行业之外，其他很多领域的技术，这种整合、创新的能力，特斯拉比其他任何传统汽车制造商更擅长。特斯拉是个很好的例子，告诉我们通过开放与合作的形式，可以获得一个产业生态圈的发展，可以建立企业技术创新联盟，从而带动整个电动汽车行业的创新。

创新源于生活而又高于生活，我们已经生活在一个知识爆炸的时代，各种创新层出不穷，所以我们必须不断地学习各方面的知识来提升自己，了解各方面的信息来丰富自己的想象力，使自己的创新思维立足于更高的平台，倘若受知识的局限我们做了前人早已实现过的，那就没有任何意义。所以创新也要站在巨人的肩膀上创新，要充分发挥自己的想象力，不能因循守旧，不能受到习惯和群体意识地限制，别人做什么我们就做什么。"想象力比知识更重要"是爱因斯坦的经典名言，充分发挥自己的想象力是创新的关键所在，我们在任何时候都不要禁锢自己的想象力，而应放飞自己的想象，在想象的空间找到不同于别人的感觉，这就是创新。所以有时候反其道而行之或打破常规的思维往往是创新的开始，但创新不能脱离和违背前人的经验和总结，否则会耗费大量的时间和精力，兜了一大圈却回到了起点。一个人的创新能力由两方面组成。一方面是智力，包括知识和能力。知识学得越多、学得越活，这个人的创新能力可能就越强。所谓能力就是理解力、记忆力和想象力等，这些构成创新能力的第一方面，就是一个人的智力。智力超群的人创新能力可能比较强，但是也不一定。创新能力还有第二方面，就是这个人在面对复杂的局面时，是否能够迅速地抓住要害，找出办法来，这是一种能力，这种能力还包括在复杂的工作中，善于发现机遇并抓住机遇的能力。

当今时代的发展对创新能力提出了更高的要求，在迎接挑战的过程中把握机遇，实现人生价值是我们每一个人的责任。创新要有一定的思考和想象空间，一个人如果老是不停地忙碌，他就失去了想象的空间和精力，只能像老驴拉磨一样机械地工作，一个疲劳的人哪有精力去灵机一动，所以适当地创造时间和空间，给自己留出一部分想象的精力，才能有所创新。创新是社会发展的基础和源泉，失去了创新，社会将停滞不前，因此任何一个国家无不把创新当作一项重要的工作来对待。要提高个人的创新能力，需要从以下几个方面入手：

1. 不畏常规，敢于超越，增强创新意识

创新是真正意义上的超越，是一种敢为人先的胆识。在小学、中学接受教育大多是老师机械地灌输，学生被动地接受，课堂上缺乏热烈宽松的气氛，学生很少有自己独立思考的空间，即使是掌握得很好的知识，也只是运用于考试之中，换句话说，学习的目的是为了考试，平时学习的方式也很单调，基本上都是做题目。悟性、灵感在经过"千锤百炼"之后基本上被埋没了，思维被严重地束缚。在超越中求发展，创新能力的提高应该从增强创新意识开始。

2. 要注意总结前人的经验和教训

任何一项创新都不是无源之水、无本之木，因此如何利用前人的知识和智慧在创新工作中是非常重要的。也只有如此，创新工作才可以少走弯路，才可以避免很多不必要的麻烦。前人的经验和教训使我们拥有创新的基础，通过借鉴前人的工作，我们可以站在巨人的肩膀上看待问题、考虑问题和解决问题。失败是成功之母，但是如果一味地失败而不是去考虑失败的原因则对我们的工作没有任何的帮助。通过前人失败的经验我们可以发现很多的问题，还可以通过改变方法和途径，成功的解决一些我们目前遇到的问题。

3. 重视基础研究工作

一个人的创新意识可以在短时间内快速得到增强，但是一个人创新能力的提高是一个日积月累、循序渐进的过程。创新需要基础，一些世界级的重大科技成果都是从基础研究开始的，目前我国高度重视基础研究工作，就是因为没有了基础研究，超越便没有可能，要真正做好基础研究工作，为创新做好准备，必不可少的一个环节是脚踏实地地学好知识，掌握真才实学，在此基础上融会贯通，构建健全合理的知识体系。

4. 热爱生活，关注生活，享受生活

热爱生活，关注生活，享受生活是创新的前提和基础，试想一下，如果自己都不热爱生活，对生活是一种漠视和冷淡，又怎会去关注生活呢，不关注生活创新又从何而来，创新不可能凭空而来，它不是神话，它是实实在在存在于现实中的东西。我们只有热爱生活、关注生活，并好好享受生活，我们创新的灵感源泉才会永葆青春，永不枯竭，我们的生活也才会日新月异，丰富多彩。

标新立异的文化衫

有一个厂子，常年生产一种汗衫。随着人们生活方式的改变，穿这种老式汗衫的人越来越少，所以这家厂子汗衫的销路越来越差，几年下来，厂里积压了不少货。可是转产的资金又严重不足，甚至连工人的工资都发不出来，工厂已经面临破产的境地。这时，有位年轻的技术员提出在积压的白汗衫后面和前胸印上一些字，如"朋友，你伤害了我""烦着呢，离我远点""退一步海阔天空""毛主席万岁"等这些词汇，再加上汗衫的款式很老，这种鲜明的对比让汗衫更加具有特色，正符合年轻人标新立异的心态，这样做就把老式汗衫变成了时尚 T 恤。

当时厂子里有很多人不看好，认为这只是旧瓶装新酒，不会有人买，到时候还把本来能穿的汗衫变成了废品，简直就是一个笑话。幸好厂长却很看好，于是决定先做出来一小部分投放市场。很快，一批印有字句的汗衫投放市场，厂长给它取了响亮的名字"文化衫"。让人惊喜的是，这些文化衫很快就销售一空。

于是，第二批、第三批印着句子的文化衫纷纷上市，一时间无人问津的文化衫变成了一种时尚，风靡一时，而该厂的积压产品也全都销售一空。

5. 正视创新的核心——创新思维

创新能力一般被视为智慧的最高形式。它是一种复杂的能力结构，在这个结构中创新思维处于最高层次，它是创新能力的重要特性。创新能力实质就是创造性解决问题的能力。除此之外，创新能力还包括认识、情感、意志等许多因素。创新能力意味着不因循守旧，不循规蹈矩，不故步自封。随着知识经济时代的来临，知识创新将成为未来社会文化的基础和核心，创新人才将成为决定国家和企业竞争力的关键。创新的思维是综合素质的核心。知识既不是智慧也不是能力，大量的事实表明，古往今来许多成功者既不是那些最勤奋的人，也不是那些知识最渊博的人，而是一些思维敏捷、最具有创新意识的人，他们懂得如何去正确思考，他们最善于利用头脑的力量。在当今的知识经济时代，一个人要想在激烈的竞争中生存，不仅需要付出勤奋，还必须具有智慧。

6. 从多方面考虑和解决问题

遇到问题要注意从多方面考虑，而且要持之以恒，更要养成思考的习惯。只有这样，创新才能在不知不觉中出现。但是单纯的为创新而创新，出现的可能性也不会很大。只有从多方面考虑和解决问题，才能出现解决问题的灵感，才能创新。千万不要把灵感放走，生活中每个人都是有灵感的，一旦产生就要记录下来，时间一长，新的思路、方法和途径自然就出现了。

7. 具有强烈的事业心和责任感

具有高度使命感的人，才会有强烈的忧患意识，才能"先天下之忧而忧"，战胜自我，不断寻求新的突破。不可想象一个对自己所从事的工作毫无责任心的人，会积极主动地开动思维机器，创造性地解决遇到的问题。

8. 坚持思维的相对独立性

思维的相对独立性是创造性思维的必备前提。爱因斯坦说过，应当把发展独立思考和独立判断的一般能力放在首位。提高创新思维能力必须在思维实践中不迷信前人，不盲从已有的经验，不依赖已有的成果，独立地发现问题，独立地思考问题，在独辟蹊径中找到解决问题的有效方法。

9. 树立秩序意识

一个随心所欲的人，是不可能真正创新的，这样的个性所导致的可能是极端的自私自利。秩序意识主要包括民主与法制意识、诚信与礼仪意识。现在人们的法制观念正在逐步建立起来，但是从社会角度讲，这种法制意识还是相当淡薄的。无法制就无秩序，无秩序就会产生内耗，一个内耗过大的民族，很难有大量精力去创新。人们常常感觉到不公平，就是内耗的一种表现。

法制与民主是一对孪生兄弟，法制意识薄弱，民主意识也必然是薄弱的。没有强烈的民主意识，同样会产生内耗。民主与法制不健全，必然导致诚信大量丧失。如果没有了诚信，谁还愿意去创新？赚起钱来，假冒伪劣多么便捷。没有了诚信，礼仪也就自然丧失。礼仪是秩序的道德表现，没有了礼仪，秩序也会混乱。

10. 要有高度的合作意识和公民意识

詹天佑：爱国是创新的动力

詹天佑，字眷诚，江西婺源人。1861年（清咸丰十一年）出生在一个普通茶商家庭。儿时的詹天佑对机器十分感兴趣，常和邻里孩子一起，用泥土仿做各种机器模型。有时，他还偷偷地把家里的自鸣钟拆开，摆弄和捉摸里面的构件，提出一些连大人也无法解答的问题。1872年，年仅十二岁的詹天佑到香港报考清政府筹办的"幼童出洋预习班"。考取后，父亲在一张写明"倘有疾病生死，各安天命"的出洋证明书上画了押。从此，他辞别父母，怀着学习西方"技艺"的理想，来到美国就读。

在美国，出洋预习班的同学们，目睹北美西欧科学技术的巨大成就，对机器、火车、轮船及电讯制造业的迅速发展赞叹不已。有的同学由此对中国的前途产生悲观情绪，詹天佑却怀着坚定的信念说："今后，中国也要有火车、轮船。"他怀着为祖国富强而发奋学习的信念，刻苦学习，于1867年5月考入耶鲁大学土木工程系，专攻铁路工程。在大学的四年中，詹天佑刻苦学习，以突出成绩在毕业考试中名列第一。1881年，在一百二十名回国的中国留学生中，获得学位的只有两人，詹天佑就是其中的一个。

1888年，詹天佑几经周折，转入中国铁路公司，担任工程师，这是他献身中国铁路事业的开始。

刚上任不久，詹天佑就遇到了一次考验。当时从天津到山海关的津榆铁路修到滦河，要造一座横跨滦河的铁路桥。滦河河床泥沙很深，又遇到水涨急流。铁桥开始由号称世界第一流的英国工程师担任设计，但失败了；后来请日本工程师实行包工，也不顶用，最后让德国工程师出马，不久也败下阵来。詹天佑要求由中国人自己来搞，负责工程的英国人在走投无路的情况下，只得同意詹天佑来试试。

詹天佑是一个认真踏实的人，他分析总结了三个外国工程师失败的原因后，身着工作衣与工人一起实地调查、测量。夜晚，借着幽暗的油灯，又仔细研究滦河河床的地质构造，反复分析比较，最后才确定桥墩的位置，并且大胆决定采用新方法——

"压气沉箱法"来进行桥墩的施工。詹天佑果然成功了，滦河大桥建成了。这件事震惊了世界：一个中国工程师居然解决了三个外国工程师无法完成的大难题。

詹天佑初战告捷后，立刻遇到了更为严峻的考验。1905 年，清政府决定兴建我国第一条铁路京张铁路（北京至张家口）。英俄都想插手，由于中国人民的强烈反对，他们的企图没能得逞。英俄使臣以威胁的口吻说："如果京张铁路由中国工程师自己建造，那么与英俄两国无关。"他们原以为这么一来，中国就无法建造这条铁路了。在这关键时刻，詹天佑毫不犹豫地接下了这个艰巨的任务，全权负责京张铁路的修筑。消息传来，一些帝国主义分子及英国报刊挖苦说："中国能够修筑这条铁路的工程师还在娘胎里没出世呢！中国人想不靠外国人自己修铁路，就算不是梦想，至少也得五十年。"他们甚至攻击詹天佑担任总办兼总工程师是"狂妄自大""不自量力"。詹天佑顶着压力，坚持不任用一个外国工程师，并表示："中国地大物博，而于一路之工必须借重外人，我以为耻！""中国已经醒过来了，中国人要用自己的工程师和自己的钱来建筑铁路。"

1905 年 8 月，京张铁路正式开工，紧张的勘探、选线工作开始了。詹天佑带着测量队，身背仪器，日夜奔波在崎岖的山岭上。一天傍晚，猛烈的西北风卷着沙石在八达岭一带呼啸怒吼，刮得人睁不开眼睛，测量队急着结束工作，填个测得的数字，就从岩壁上爬下来。詹天佑接过本子，一边翻看填写的数字，一边疑惑地问："数据准确吗？""差不多"，测量队员回答说。詹天佑严肃地说："技术的第一个要求是精密，不能有一点模糊和轻率，'大概''差不多'这类说法不应该出于工程人员之口。"接着，他背起仪器，冒着风沙，重新吃力地攀到岩壁上，认真地复勘了一遍，修正了一个误差。当他下来时，嘴唇也冻青了。

不久，勘探和施工进入最困难的阶段。在八达岭、青龙桥一带，山峦重叠，陡壁悬岩，要开四条隧道，其中最长的达一千多米。詹天佑经过精确测量计算，决定采取分段施工法：从山的南北两端同时对凿，并在山的中段开一口大井，在井中再向南北两端对凿。这样既保证了施工质量，又加快了工程进度。凿洞时，大量的石块全靠人工一锹锹地挖，涌出的泉水要一担担地挑出来，身为总工程师的詹天佑毫无架子，与工人同挖石，同挑水，一身污泥一脸汗。他还鼓舞大家说："京张铁路是我们用自己的人、自己的钱修建的第一条铁路，全世界的眼睛都在望着我们，必须成功！""无论成功或失败，决不是我们自己的成功和失败，而是我们国家的成功和失败！"

为了克服陡坡行车的困难，保证火车安全爬上八达岭，詹天佑独具匠心，创造性地运用"折返线"原理，在山多坡陡的青龙桥地段设计了一段人字形线路，从而减少了隧道的开挖，降低了坡度。列车开到这里，配合两台大马力机车，一拉一推，保证列车安全上坡。

詹天佑对全线工程曾提出"花钱少，质量好，完工快"的三项要求。京张铁路经过工人们地艰辛奋斗，终于在 1909 年 9 月全线通车。原计划六年完成，结果只用了四年就提前完工，工程费用只及外国人估价的五分之一。一些欧美工程师乘车参观后喷喷称道，赞誉詹天佑了不起。但詹天佑却谦虚地说："这是京张铁路一万多员工的力量，不是我个人的功劳，光荣是应该属于大家的。"

京张铁路建成后，詹天佑又继任了粤汉铁路督办兼总工程师。这时，美国决定授予他工科博士学位，要他亲自去美国参加授衔仪式。为了全力参加祖国铁路建设，他放弃了这一荣誉。

辛亥革命后，詹天佑为了振兴铁路事业，和同行一起成立中华工程学会，并被推为会长。这期间，他对青年工程技术人员的培养倾注了大量心血，他除了以自己的行为做出榜样外，还勉励青年"精研学术，以资发明"，要求他们"勿屈己徇人，勿沽名而钓誉。以诚接物，毋挟褊私，圭璧束身，以为范例。"

詹天佑从事铁路事业三十多年，几乎和当时我国的每一条铁路都有不同程度的关系。到晚年，因积劳成疾，不幸于 1919 年病逝。周恩来同志曾高度评价詹天佑的功绩，说他是"中国人的光荣"。

社会发展到今天，人文科学和自然科学都发展到了一个这样的高度，即在此基础上的创新常常不是一个人能够独立完成的。这就要求创新者必须有合作意识、公民意识，这是创新的最根本动力。公民意识的核心是爱国主义，一个真正爱祖国、爱人民的人，他会有不竭的创新动力，他能产生克服困难的持久意志。我们有为中华崛起而读书的前辈，有为人民利益而赴汤蹈火的先烈，有为国家利益而甘愿放弃优厚待遇和舒适生活、回国参加建设的学者。公民意识也是主人公意识，如果我们每个人真正把自己看成是国家的主人，而不是旁观者，真正懂得国家的兴衰与每个人息息相关，他也就愿意去创新。

11. 要有冒险精神和承受挫折的能力

冒险精神和承受挫折的能力，这是保证创新不息的开拓意识。道家主张清静无为，儒家则主张中庸之道，这两种思想其实殊途同归，即都是主张做人要四平八稳。创新常常是要冒风险的，一个四平八稳的人怎么会去创新呢？追求四平八稳往往是为了避免遭受挫折，而冒险常常要遭受挫折，一个孩子冒险，常常要遭受到师长严厉呵责甚至惩罚，很难得以鼓励。正因为如此，我们常常对西方国家所出现的一些冒险事件觉得不可思议。当然，我们并不是没有冒险，李时珍尝百草不就是一种冒险？但是我们具有这种精神的人太少了。冒险常常要付出代价，我们有勇气愿意付出这样的代价吗？不愿意付出代价，恐怕就只能跟在别人后面亦步亦趋了。

三、创新方法与创新思维

进入 21 世纪以来，人类已经跨入一个崭新的时代，这个时代与以往的任何一个时代都不一样，有两个基本特点：第一，科学技术的发展更加迅猛，知识大爆炸。早在20 世纪 80 年代、90 年代，就有科学家、教育家、企业家、政治家对新世纪进行了种种预测，但是现在看来都太保守了。因为现在发展的速度远超出了人们的想象，科学技术的发展带来的直接后果就是知识大爆炸。据专家估算，大概现在的新知识每年要增长 15％以上，5 年左右知识翻一番。因此，不管是学生还是职员，不管是官员还是商人，如果你不再学习，你学的那么一点东西大部分已经过时了。第二个特点是国力的竞争日趋激烈，经济全球化给中国人带来机遇的同时也带来了严峻的挑战。任何一个国家、任何一个民族、任何一个企业，乃至于个人，不管你的主观意愿是什么，你都卷入了全球范围的激烈竞争当中，当竞争的胜利者高举酒杯庆祝的时候，有更多的失败者不得不体会失败的苦果，怎么样赢得竞争的胜利，是每个人需要关注的问题。

要想赢得竞争，创新能力必不可少，创新是人类特有的认识能力和实践能力，是人类主观能动性的高级表现，是推动民族进步和发展的不竭动力。一个民族要想走在进代前列，就一刻也不能没有创新思维，一刻也不能停止各种创新，身为民族中的一员更应如何。

创新思维之所以有别于一般思维而成为一种新的思维形式的主要特点是思维形式的反常性，思维过程的辩证性，思维空间的开放性，思维成果的独创性和思维主体的能动性。

1. 思维形式的反常性

思维形式的反常性又经常体现为思维发展的突变性、跨越性或逻辑的中断，这是因为创新思维主要不是对现有概念、知识的循环渐进的逻辑推理的结果和过程，而是依靠灵感、直觉或顿悟等非逻辑思维形式。

2. 思维过程的辩证性

思维过程的辩证性主要是指它既包含有抽象思维，又包含有非逻辑思维；既包含有发散思维，又包含有收敛思维；既有求同思维，又有求异思维，等等。由此形成创新思维的矛盾运动，从而推动创新思维的发展。创新思维实际上是各种思维形式的综合体。

3. 思维空间的开放性

思维空间的开放性主要是指创新思维需要从多角度、全方位、宽领域地考察问题，而不再局限于逻辑的、单一的、线性的思维，要形成开放式思维。

4. 思维成果的独创性

思维成果的独创性是创新思维的直接体现或标志，具体表现为创新成果的新颖性及唯一性。

5. 思维主体的能动性

思维主体的能动性表明了创新思维是创新主体的一种有目的的活动，而不是客观世界在人脑内简单、被动地直映，充分显示了人类活动的主动性和能动性。

创新思维与创新方法属于我们对事物认识的不同层面，创新思维是我们对事物进行思维活动的内容，而创新方法则体现了我们将创新思维应用在实践活动中所要采用的具体方法。创新方法来源于创新思维，同时创新思维不能够取代创新方法。

创新方法来源于创新思维：摩根财团的故事

一流员工做别人想不到的；

二流员工做别人想到的；

三流员工原地踏步。

美国纽约是世界金融中心，而华尔街是纽约金融界的晴雨表，它是美国经济繁荣的象征。华尔街的真正大佬就是约翰·皮尔庞特·摩根，发展至今，摩根财团已经是有百年历史的世界富豪。

虽然世界经济几度风云变幻，但是摩根财团却始终巍然屹立，其地位从未发生过动摇。摩根财团有这样的地位，应该首先归功于它的创始人，摩根。因为他，摩根财团才得以叱咤风云，才拥有了今天的富贵荣华。

当时美国产业界最重要的运输手段是铁路，摩根看到了这一点，于是他开始一点一点地进军铁路，这让他不仅赚到了巨额的财富，而且也为他自己赢得了伦敦和美国金融界的信任与肯定。19世纪后期，铁路的发展非常迅速，但也存在着较为严重的问题。重复建设，各个铁路之间难以衔接，这些造成了人力、物力、财力的浪费。高瞻远瞩的摩根意识到这样发展下去是不行的，他决心对铁路进行一次大整合，从而彻底实现对铁路业的垄断。他说服了铁路局巨头搁置恶性竞争、化解纠纷。接着，又趁经济萧条时期铁路公司大量倒闭时期，对几大铁路运营机制进行了重新规划。

为了实现对破产铁路企业的控制，摩根组建了一个专门对债权人负责的信托委员会，委员会由四五个人组成，实际的控制权在摩根一人手里。就这样，他用这种别人根本从未想过的方法，开创了一个全新的体制，这就是后来的摩根化体制。

很多伟大的商人，他们拥有超越一般人的想象力，尤其是在金钱上面他们有着特殊的敏锐和精细。亿万富豪，著名石油大王约翰·戴维森·洛克菲勒从小就有着超人的想象力，他的父母也是一位精明的商人，从小就培养他做生意的本领，在别人的孩子整天看电视、玩游戏的时候，他的父母已经教会洛克菲勒如何写商业文书，如何清晰记账，如何准确而迅速地收款。洛克菲勒自小就有一个自己的存钱柜，里面装着平时省吃俭用攒下的零钱，他整天都想着多赚钱，将存钱柜装的更满一些。在七岁那年，洛克菲勒在树林里玩，发现了一窝火鸡蛋，而他立刻就从火鸡蛋上琢磨出了生财之道。

一般人可能会直接把火鸡蛋卖掉，而洛克菲勒想到村里人都喜欢吃火鸡，火鸡比蛋值钱多了，不如将火鸡蛋孵出小火鸡，等火鸡长大后再卖，赚的钱肯定更多。于是他自作主张在自己的房间里孵出了小火鸡，再把这些小火鸡养大，当这一窝火鸡卖出去后，他的存钱柜里的钱就增加了不少。他又琢磨如何把存钱柜的死钱变成活钱，让钱生钱，于是他将钱借给农户，等秋收后再让农户还钱和利息。他父亲知道后，惊讶地瞪圆了眼睛，随后便开心地哈哈大笑起来，夸儿子比自己还精明。能想到别人没有想到的，并将想法付之行动，这就是一个出类拔萃的人所要做的。只有永远走在别人前面，想在别人前面，才能拉开与他人的距离，才能使自己的事业走向辉煌。

日本有一个成功的企业家大原总一郎，他常常能够力排众议出奇制胜，他的成功秘诀来自父亲给他的一句话："一项新事业，在10个人中有一两个赞成就可以开始了，有四五个人赞成，就已经迟了一步，如果有七八个人赞成，那就太晚了。"

可见，一切商机都孕育在先见之中，真正赚到大钱的人都做在别人之前，那些总是跟着别人走，缺乏独创性思维的人总是赚不到钱的。而摩根正是一位充满想象力的人，他总是保持着对商机的敏感，甚至在简单的对话中就可以想到绝佳的时机。所以，当我们的创新想法总是超出别人的想象时，那我们就会远远走在别人前面。

第二节　创业的能力

任正非与华为

　　任正非，1944 年出生于贵州省镇宁县。华为技术有限公司创始人、总裁。1963 年就读于重庆建筑工程学院（现已并入重庆大学），毕业后就业于建筑工程单位。1974 年为建设从法国引进的辽阳化纤总厂，应征入伍加入承担这项工程建设任务的基建工程兵，历任技术员、工程师、副所长（技术副团级），无军衔。任正非也因工程建设中的贡献出席了 1978 年的全国科学大会和 1982 年的中共第十二次全国代表大会。1987 年，任正非集资 21000 元人民币创立华为公司，1988 年任华为公司总裁。

　　"偏执狂才能生存"，华为就是偏执地认为，研发就是生命，自己的技术才是核心竞争力。于是，华为的偏执成就了今天的华为。

　　关于华为，说得已经太多了，但是，有一个细节却是业界很少提及的。那就是，任正非创办华为的故事也颇为奇特。从军队离开后，任正非无所事事地漫步在深圳的街头，改革开放的春风让任正非感到这是一个有故事的时代，但是，故事该怎么开始呢？一个"很偶然"的机会，一个做程控交换机产品的朋友让任正非帮他卖些设备，任正非于是"偶然"地做起了程控交换机的代理。当时，任正非连程控交换机是什么都不知道。那时中国的通信业刚起步，交流的需求与日俱增。但是，通信线路资源却很紧销，大家想必都还记得为了装一部电话机排队等半年的故事吧，那时就是这样。

　　任正非很有商业头脑，在卖设备的过程中，他看到了中国电信对程控交换机的渴望，于是，他拉起队伍开始踏踏实实搞研发。当时的中国交换机市场，大型局用机和用户机基本上都来自国外的电信企业和他们在中国境内的合资企业，在通信圈中的人都非常清楚这个行业的风险性。所以很多人不理解华为公司为何放着轻而易得的钱不赚，却去劳神费财地搞科研。任正非不乏商人的精明，但更有军事家的雄才大略。任正非说："外国人到中国是为赚钱来的，他们不会把核心技术教给中国人，而指望我们引进、引进、再引进，企业始终也没能独立。以市场换技术，市场丢光了，却没有哪样技术被真正掌握了。而企业最核心的竞争力，其实就是技术。"任正非是军人出身，他经常和员工讲毛泽东、邓小平，谈论三大战役、抗美援朝，而且讲得群情激奋。他讲到，在战场上，军人的使命是捍卫国家主权的尊严；在市场上，企业家的使命则是捍卫企业的市场地位。而现代商战中，只有技术自立，才是根本，没有自己的科研支撑体系，企业地位就是一句空话。因此，任正非选择了走技术自立、发展高新技术的实业之路。

　　电信是一个竞争残酷的行业，世界上任何电信公司不是发展，就是灭亡，没有第三条路可走。华为同样如此，没有退路，要生存，就得发展，在压力面前任正非发下誓言："处在民族通信工业生死存亡的关头，我们要竭尽全力，在公平竞争中自下而上发展，决不后退、低头"；"不被那些实力雄厚的公司打倒"；"十年之后，世界通信行业三分天下，华为将占一分。"带着这些信念，任正非的管理显得强硬甚至几近偏执。

事实上，偶然进入通信领域并不奇怪，但是，让人们惊奇的是，偶然之举却成就了一家如此强大的公司，这其后的故事里又有哪些传奇呢？华为成长的传奇更多的是来源于一种反差。华为所打造的新锐的网络技术，所建立的是透明而现代化的企业总部，所追求的是高度竞争的企业文化，但任正非却用中国最传统的方式管理华为。革命化的团结大动员、唱军歌式的管理模式在华为是一种有趣的特殊现象。事实上，华为就是任正非，而任正非就是华为，正如"文如其人"一样，企业也如其创始人。在企业中任正非显现了军人雷厉风行的性格，说话直来直去，态度有些显得暴躁和不留情面。据说在某次中层干部会议上，任正非对财务总监说："你的长进非常大，"而下半句却是，"从水平特别差变成比较差！"经历了多次大环境起伏，任正非对危机特别警觉，在管理理念中也略带"血腥"，认为做企业就是要发展一批狼。因为狼有让自己活下去的三大特性，一是敏锐的嗅觉，二是不屈不挠、奋不顾身的进攻精神，三是群体奋斗。任正非还有些"狡猾"，他不满足于只像狼，而是要求华为的每个部门都要有一个狼狈组织计划，既要有进攻性的狼，又要有精于算计的狈。

或许正是这些凶悍的企业文化，使华为成为连跨国巨头都寝食难安的一匹"土狼"。

一、创业能力的内涵

创业能力是一种特殊的能力，这种特殊能力往往影响创业活动的效率和创业的成功。创业能力包括决策能力、经营管理能力、专业技术能力、创新能力与交往协调能力。

1. 决策能力

决策能力是创业者根据主客观条件，因地制宜，正确地确定创业的发展方向、目标、战略以及具体选择实施方案的能力。决策是一个人综合能力的表现，一个创业者首先要成为一个决策者。创业者的决策能力通常包括分析、判断能力和创新能力。大学生要创业，首先要从众多的创业目标以及方向中进行分析比较，选择最适合发挥自己特长与优势的创业方向和途径、方法。在创业的过程中，能从错综复杂的现象中发现事物的本质，找出存在的真正问题，分析原因，从而正确处理问题，这就要求创业者具有良好的分析能力。所谓判断能力，就是能从客观事物的发展变化中找出因果关系，并善于从中把握事物的发展方向，分析是判断的前提，判断是分析的目的，良好的决策能力是良好的分析能力加果断的判断能力。创业实际就是一个充满创新的事业，所以创业者必须具备创新能力，有创新思维、无思维定势，不墨守成规，能根据客观情况的变化，及时提出新目标、新方案，不断开拓新局面，创出新路子，可以说，不断创新是创业者不断前进的关键环节。

2. 经营管理能力

经营管理能力是指对人员、资金的管理能力。它涉及到人员的选择、使用、组合和优化；也涉及到资金聚集、核算、分配、使用、流动。经营管理能力是一种较高层次的综合能力，是运筹性能力。经营管理能力的形成要从学会经营、学会管理、学会用人、学会理财几个方面去努力。

（1）学会经营。创业者一旦确定了创业目标，就要组织实施，为了在激烈的市场竞争中取得优势，必须学会经营。

（2）学会管理。要学会质量管理，要始终坚持质量第一的原则。质量不仅是生产物质产品的生命，也是从事服务业和其他工作的生命，创业者必须严格树立牢固的质量观。要学会效益管理，要始终坚持效益最佳原则，效益最佳是创业的终极目标。可以说，无效益的管理是失败的管理，无效益的创业是失败的创业。做到效益最佳，要求在创业活动中人、物、资金、场地、时间的使用，都要选择最佳方案运作。做到不闲人员和资金、不空设备和场地、不浪费原料和材料，使创业活动有条不紊地运转。学会管理还要敢于负责，创业者要对本企业、员工、消费者、顾客以及对整个社会都抱有高度的责任感。

（3）学会用人。市场经济的竞争是人才的竞争，谁拥有人才，谁就拥有市场、拥有顾客。一个学校没有品学兼优的教师，这个学校必然办不好，一个企业没有优秀的管理人才、技术人才，这个企业就不会有好的经济效益和社会效益，一个创业者不吸纳德才兼备、志同道合的人共创事业，创业就难以成功。因此，必须学会用人。要善于吸纳比自己强或有某种专长的人共同创业。

（4）学会理财。学会理财首先要学会开源节流。开源就是培植财源，在创业过程中除了抓好主要项目创收外，还要注意广辟资金来源。节流就是节省不必要的开支、树立节约每一滴水、每一度电的思想。大凡百万富翁、亿万富翁都是从几百元、几千元起家的，都经历了聚少成多、勤俭节约的历程。其次，要学会管理资金。一是要把握好资金的预决算，做到心中有数；二是要把握好资金的进出和周转，每笔资金的来源和支出都要记账，做到有账可查；三是把握好资金投入的论证，每投入一笔资金都要进行可行性论证，有利可图才投入，大利大投入、小利小投入，保证使用好每一笔资金。总之，创业者心中时刻装有一把算盘，每做一件事、每用一笔钱，都要掂量一下是否有利于事业的发展，有没有效益，会不会使资金增值，这样，才能理好财。

（5）要讲诚信。就创业者个人而言，诚信乃立身之本，"人而无信，不知其可也。"创业者在创业过程中，如不讲信誉，就无法开创出自己的事业；失去信誉，就会寸步难行。诚信，一是要言出即从；二是要讲质量；三是要以诚信动人。

3. 专业技术能力

专业技术能力是创业者掌握和运用专业知识进行专业生产的能力。专业技术能力的形成具有很强的实践性。许多专业知识和专业技巧要在实践中摸索，逐步提高发展、完善。创业者要重视创业过程中知识积累的专业技术方面的经验和职业技能的训练，对于书本上介绍过的知识和经验在加深理解的基础上予以提高、拓宽；对于书本上没有介绍过的知识和经验要探索，在探索的过程中要详细记录、认真分析，进行总结、归纳，上升为理论，形成自己的经验特色，积累起来。只有这样，专业技术能力才会不断提高。

4. 交往协调能力

交往协调能力是指能够妥善地处理与公众（政府部门、新闻媒体、客户等）之间的关系，以及能够协调下属各部门成员之间关系的能力。创业者应该做到能妥当地处理与外界的关系，尤其要争取政府部门、工商以及税务部门的支持与理解，同时要善于团结一切可以团结的人，团结一切可以团结的力量，求同存异共同协调地发展，做到不失原则、灵活有度，善于巧妙地将原则性和灵活性结合起来。总之，创业者搞好内外团结，处理好人际关系，才能建立一个有利于自己创业的和谐环境，为成功创业打好基础。

协调交往能力在书本上是学不到的，它实际上是一种社会实践能力，需要在实践活动中学习，不断积累总结经验。这种能力的形成：一是要敢于与不熟悉的人和事打交道，敢于冒险和接受挑战，敢于承担责任和压力，对自己的决定和想法要充满信心、充满希望；二是养成观察与思考的习惯，社会上存在着许多复杂的人和事，在复杂的人和事面前要多观察多思考，观察的过程实质上是调查的过程，是获取信息的过程，是掌握第一手材料的过程，观察得越仔细，掌握得信息就越准确。观察是为思考做准备，观察之后必须进行思考，做到三思而后行；三是处理好各种关系，可以说，社会活动是靠各种关系来维持的，处理好关系要善于应酬。应酬是职业上的"道具"，是处事待人接物的表现。心理学家称：应酬的最高境界是在毫无强迫的气氛里，把诚意传达给别人，使别人受到感应，并产生共识，自愿接受自己的观点。搞好应酬要做到宽以待人、严于律己，尽量做到既了解对方的立场又让对方了解自己的立场。协调交往能力并不是天生的，也不会在学校里就形成，而是走向社会后慢慢积累社会经验，逐步学习社会知识而形成的。

5. 创新能力

创新是知识经济的主旋律，是企业化解外界风险和取得竞争优势的有效途径，创新能力是创业能力素质的重要组成部分。它包括两方面的含义，一是大脑活动的能力，即创造性思维、创造性想象、独立性思维和捕捉灵感的能力；二是创新实践的能力，即人在创新活动中完成创新任务的具体工作的能力。创新能力是一种综合能力，与人们的知识、技能、经验、心态等有着密切的关系。具有广博的知识、扎实的专业基础知识、熟练的专业技能、丰富的实践经验、良好的心态的人容易形成创新能力，它取决于创新意识、智力、创造性思维和创造性想象等。

二、创业能力的培养

郭敬明的创业之路

郭敬明，这个伴随着80后长大的名字，如今他的小说也影响着90后，并开始被00后所喜爱，我们在这里不评判小四的文学水平，导演水平，以及身高，单以一个创业者的身份来看，他是极其成功的。

郭敬明大学时期便开始创业，虽然他常年霸占着中国作家收入排行榜榜首，但是他在商业上的成功甚至让他的作家身份也黯然失色。如果你只是觉得这个瘦弱的男人只会玩弄一些小女生喜欢的华而不实的文字，那么你就太小看他了，郭敬明绝对有着惊人的商业嗅觉。郭敬明在大学时便成立"岛"工作室，出版一系列针对自己小说受众的杂志与期刊，而后成立柯艾文化传播有限公司，逐渐建立起自己的商业版图。

以今天各个期刊纷纷转型成产业链服务来看，郭敬明早在 2005 年就察觉了这一点，从那时起他就为刊物读者提供"立体服务"，例如推出音乐小说《迷藏》，推出小说主题的写真集，拍摄《梦里花落知多少》偶像剧，在青春读物的基础上打造了一条属于自己受众的文化消费产业链，开始深耕产业布局。而今，郭敬明已经用自己的小说《小时代》拍出了电影，第一部便直奔 5 亿的票房……

知乎上有人这么描述郭敬明"其实中国的年轻人并没有什么本质的变化。对于大学和社会的幻想，对于爱情和成功的畅想，对于华服美食的渴望，是每一代中学生的必由之路。真正重要的其实仍是郭敬明本人。他或许是中国这二十年来唯一一个认真去满足上述需求的作者。"——真正伟大的创业者是干什么的？满足大众的需求。

观念是行动的向导和指南，创业者只有从思想上接受创业，认识到创业也是就业的一条出路，这样才能重视创业，选择和支持创业。

1. 家庭要转变观念，帮助创业者树立正确的创业观

家长的教育观念、教育态度以及教育能力是创业能力培养中的重要资源。良好的教育观念、态度和能力对孩子创业思想和理念的形成会产生积极的影响。

首先，家长要多了解当今的就业形势，多与孩子沟通。摒弃传统的知识观、学业观和学生观，要充分认识到实践知识和书本知识同样重要，经验、教训、失败是孩子必不可少的知识。在生活中要避免事无巨细、事事包办；在与孩子交流时切忌权威自居，严厉说教；对于孩子的行为既不放纵，也勿专制。使孩子在和谐、友好的家庭氛围中健康成长，塑造出良好的性格和心理。家长要积极关注，鼓励孩子大胆实验和尝试，激发他们的创业意愿和热情，在创业过程中要及时纠正他们的一些不切实际或者是错误的想法，使之朝着正确的方向进行。

其次，家长要帮助孩子树立正确的创业观。由于家长相对于孩子来说有着丰富的经验，对于其在创业过程中遇到的一些价值观问题能给予正确地引导。特别是在创业中涉及到的财富观、信用观和成败观这"三观"，家长可以通过具体的事例以及利用多种渠道为孩子讲解财富、信用、成功和失败的关系，在金钱诱惑面前保持清醒的头脑，不能为了金钱丢了信用，遵守信用是创业成功的关键，哪怕失败，从头再来也要时刻谨记信用的重要性。

2. 创业者要转变传统的就业观，树立十大创业观

首先，要转变终身就业观，树立动态就业观，树立"先就业，后择业，先生存，后发展"的观念，在工作中不断学习发展，寻找适合自己的工作；转变"专业对口"的观念，树立多元化的就业观，拓展知识面，在不同的领域有所发展；转变被动的就业观，树立自主创业观，充分认识到创业也是一条发展之路。

其次，树立创业所需的十大观念。在大学生创业的过程中，资金和经验是十分重要的，正是因为大部分学生缺乏这两方面，使创业之路频频受阻，因此，在创业之前，大学生应树立以下十大观念：积极寻求有力支持的创业观念；脚踏实地的观念；积攒资本的观念；积极面对挫折和困难的观念；时刻保持平和心态的观念；不忽视"小项目"创业的观念；突出领导者与组织者的观念；不屈不挠、坚持不懈、勇往直前的观念；学好专业技能的观念；提升理财能力，对工作兢兢业业的观念。

3. 大学生要学会自我培养，为创业做准备

首先，大学生要增强创业意识和创业精神的自我培养。创业意识和创业精神是创业的前提和基础。愿创业、敢创业就迈出了创业的第一步。因此，大学生在校时要增强做事情的主动性，善于发现问题，敢于质疑，充分运用自己的想象力、观察力，发挥自己的创造力。创造机会发挥自己的创新精神、冒险精神，锻炼自己的工作能力和社交管理能力。

其次，大学生要参与创业实践活动，积累创业经验，提高创业能力。大学生有了创业意识和创业精神还不够，要积极参加校内外的实践活动来积累经验、锻炼自己，培养创业所需的组织、管理、协调等综合能力。例如，担任学生干部，在管理班级，组织活动，上台演讲的过程中就锻炼了自己的领导能力、组织能力、协调能力、合作能力、社交能力等；兼职，虽然大部分学生的兼职工作与自己的专业不符，并且多是端盘子、推销之类的简单、重复性工作，但是在这些工作中却锻炼了自己的忍耐力、销售商品、处理问题的能力和交际能力；参加社会实践活动，在这个全面的、系统的活动中能锻炼自己的团队合作能力、策划能力、收集信息的能力等；参加行业协会，这里有良好的商业氛围，能掌握全面的信息，结识更多志趣相投的朋友，模拟创业，发挥自己的创业能力；参与创业实践活动，积累创业经验，提高创业能力；参与学校的科研项目，可以提高自己的实际动手能力，提高自己的创业科技水平；进入企业实习，在此过程中，能积累管理企业的经验，为创业做准备。

第三节　创新向创业能力的转化

创业最核心的就是技术、知识，还有就是你能不能找到合作伙伴和市场。在这方面，创新给创业搭建了一个很好的平台，创业是一刻也离不开创新的。团队同样很重要，有一个很好的团队，再加上政府的支持，一定能使自己的创业通过千锤百炼，有的人可能失败十次，有的可能是一百次，有的可能一次就成功，都取决于你在市场当中的摸爬滚打。

一、创新能力与创业能力的区别与联系

创业不等于创新。创业就是用一种合理的商业模式，创造一个可以连续生产能满足社会需求的产品和服务的机构，从而使这个机构平稳运行和不断扩张的过程。在这个过程中，最重要的元素是满足市场需要从而产生利润，通过摄取利润获得企业的存续和发展。创新不是这个过程的必要元素，满足市场需求才是必要元素。所以，成功

的创业往往只需要复制成功的商业模式，利用现成的技术和设备，只要复制得好，满足了市场需求了，创业就成功了。反而，创新，无论是技术的创新还是服务模式的创新，对于创业者来说，创新与否，完全是看企业的发展阶段和市场竞争的需要。所以，我们可以看到，大部分的创业行为不是创新也不需要创新，如果一定要用完全新的商业模式去创业，如果这个商业模式没有经过市场的充分检验，其创业风险是很大的。所以，大众创业和万众创新不是同一件事。

创业和创新属于不同的专业和领域。创业造就的是企业家和经营管理人才，创新造就的是发明家、科学家、工程师和其他专家；创业需要完成的是组合一个可以自我生存自我复制的社会经济组织，创新需要完成的是发现自然界、人类社会的新的规律，找到更高效的产品、服务的生产方式，满足人们不断增长的和更高层次的物质和精神需求。创业和创新需要不同的资源。创业必须要有足够的资金，并且以盈利为目的，只有产生足够的盈利，企业才能够生存发展，所以，各种支持创业的政策无不围绕着资金这个主题展开。创新当然也需要资金，但是，决定创新最重要的资源是人才及其团队，拥有专业知识的人就是创新的动力之源。创新需要的是各种实验，是把各种新的元素打乱重新组合以便观察任何新的结果的过程。创新就是摘取皇冠上的明珠，就是在所有前人取得的成就的基础上把科学再往前推进一步。

李彦宏：没有创新，企业就死了

李彦宏商业独白：

创新就是我们的生命线。

如果这一点没有了，

企业就死了。

我们的资产、办公室，

这些都不值钱，

最最值钱的就是有创新能力的人才，

这是创新力生生不息的来源。

中国互联网企业在国际市场中悠然仰泳，百度的那条泳道既平坦又泛波澜。

李彦宏对极致的追求有目共睹，他是百度最疯狂的首席体验官，是百度 bug 邮件组的投篮高手，更曾是百度 QA 团队的噩梦。在李彦宏的眼里，即使是对于 Keynote 的一点点疑惑，就足以构成他深夜折返的理由。

2005 年，百度成为首个登陆纳斯达克成分股的中国公司，10 年间，中国互联网环境风云诡谲，面对市场一个又一个美丽的诱惑，百度坚持"不出框"的原则，专注技术升级，不张牙舞爪，只默默布局，就像它的灵魂人物李彦宏一样，做一个安静的美男子。绚丽的机会实在太多，别想多吃多占，李彦宏知道，技术才是百度的第一生命线。

对于一个中国一线企业领袖而言，李彦宏的花边少得可怜。没晒过结婚照，没卷入过复杂的口水战，也不在公众场合参与赌博，甚至连心灵鸡汤都鲜有人愿意浪费时间往他身上安。他在 2012 年中国企业领袖年会上坦诚：我不喜欢跟别人打交道，不喜欢做政府关系，我就喜欢坐在电脑前面一点一点地琢磨那些产品的问题。在百度人眼里，李彦宏是那个风度翩翩的白马王子，也是那个为百度征程擂响战鼓的潇洒少帅。谋篇布局，为百度建立绵延不绝的生命线，才是他的第一责任。

2015年全国政协会议，李彦宏提交"中国大脑"议案，建议在国家层面开展人工智能发展计划。同年9月，百度发布旗下智能机器人"度秘"。道生一，一生二，二生三，三生万物，百度的15年，终究从"条条框框"的积累和探索中，打开了一条更宽更远的生命线。

常听人说想创业，却不知道做什么，甚至感叹中国已经没有创业的机会了。结果，肥了各种各样辅导别人创业的创业者。是的，现在创业不易，机会并不如上世纪八九十年代多。这些年，各级政府一直在采取各种办法鼓励创业，民众也跃跃欲试。李克强总理在第八届夏季达沃斯论坛致辞中还倡导："要掀起一个大众创业、草根创业的新浪潮。"但感叹没有创业机会的大有人在，为何如此？因为在这个时代，创新决定创业，而创新并非人人都具备。但凡创业成功者都有其独到之处，也就是人们常说的"一招鲜吃遍天"，这"一招鲜"就是创新。只是竞争激烈的今天，不仅要创新，还要持续创新，产品要不断换代升级，时间还不能间隔太长，否则也会被淘汰。市场的胃口实在太刁，人们太容易疲劳。从苹果出生到苹果6，短短数年时间，创新了多少？换代了多少？才能保证它是"我的小苹果"，而不至于像诺基亚一样哑掉。

要么在商业模式上创新，要么在管理机制上创新，要么在技术研发上创新……。最坏的，卖个烧饼，也要用所谓的"互联网思维"卖，你不创新都不好意思说是在创业。事实是，传统行业已经被人家玩到极致了，没有你后来者玩的空间，唯有创新可以屌丝逆袭，跨界奇袭，把旧的玩出新花样。看看那些风投，像狼一样的投资人，都把钱投给哪些公司，哪些创业者。可以说，基本上都投给以某一创新为看家本领的公司。以今日头条为例，2014年6月再获1亿美元C轮融资，使估值达到5亿美元，其创始人张一鸣凭此跃入亿万身家的行列。今日头条不生产内容，只是做内容的搬运工，但是人家的搬运方式有创新，对用户浏览习惯、兴趣方向进行一套独特的算法，获取用户感兴趣的分类，并向用户推送相关的内容，实现了精准推送，这个创业因创新而大获成功。

再举两个例子，国内最早做社区招聘的网站周伯通，2014年获得2800万元A轮融资，公司估值立即过亿元人民币，而与周伯通定位接近的拉勾网也获得了2500万美元B轮融资，公司估值将近8亿元人民币。周伯通和拉勾网相较于传统的招聘网站，就是改变了传统招聘中信息与人的交互方式，变成了人与人的交互，让企业方与用户方能够平等的对话，于是改变了传统招聘网招聘效率低的问题，满足了新兴行业的需求，结果就成功了。

事实一再证明，互联网创业更容易一夜暴富，这是一个不断产生神话的领域。为什么如此？因为互联网更适合于或更便于创新，互联网改变了人类生存最基本的关系模式，即人与物、人与人和人与自己这三种关系，因之也为创新提供了无限可能。互联网这个创业蓝海的价值还远没有被充分挖掘出来，而最令人痛并快乐着的是如何打开脑洞，找到创新的火种。因此，当你在感叹创业没机会时，你其实是感叹没有创新的能力。

创新可以点石成金，让稀缺变得丰盛。很多年以前，有人说电缆越来越多，铜要省着点用，免得下一代人无铜可用，可是，当光纤电缆被发明出来后，光纤电缆以玻璃（原料为石英砂）作介质代替铜，一根头发般细小的光纤，其传输的信息量相等于一条饭桌般粗大的铜"线"，这是在创新之前，人们不敢想象的。这反过来说明，当土地、矿藏、石油、甚至劳动力等资源变得稀缺时，再粗放地依赖这些资源来发展的模式势必走向穷途末路，经济发展必须寻求新的增长力量，它是什么？是创新。当个人创业、企业创业上升到"国家创业"时，国家也要创新，包括体制机制的创新、社会管理创新，比如如何对国有企业进行创新，如何在培养人力资源上创新，等等，没有"国家创新"，就没有"国家创业"，中国这样一个人均占有资源较低的国家，太需要创新了，而创新不足就是改革不足，这个需要决心和勇气。

二、创新能力向创业能力的有效转化

腾讯的创新发展之路

腾讯公司成立于 1998 年 11 月，是中国目前最大的互联网综合服务提供商之一。也是中国服务用户最多的互联网企业之一。成立的十多年里，腾讯依靠 QQ 的垄断地位，并将产品线无限延伸，以至于几乎成为所有互联网公司的"公敌"。不过我们常常听到有这样一种声音：腾讯就是一个抄袭专家。的确，腾讯公司是靠模仿起家的，而且马化腾从不讳言 QQ 当初是作为 ICQ 的一个模仿者出现在中国用户面前的，但是马化腾认为，QQ 的成功绝不是因为模仿。他说 QQ 本身是一个仿制品，但是像离线消息、QQ 群、魔法表情、移动 QQ、炫铃等都是腾讯的创新。正是有了创新的产品才有了 QQ 庞大的用户群，这成为撬动整个腾讯体系的支点。

腾讯的另外半壁江山，可以说完全依靠 QQ 的模仿发家产品才能在跟进的道路上一马平川。腾讯 QQ 模仿 ICQ、腾讯 TM 模仿 MSN、QQ 游戏大厅模仿联众、QQ 对战平台模仿浩方对战平台、QQ 团队语音模仿 UCTALK、QQ 堂模仿泡泡堂、QQ 音速模仿 O2JAM、QQ 三国模仿冒险岛、QQ 飞车模仿跑跑卡丁车、QQ 幻想模仿梦幻西游、QQ 飞行岛模仿雷电、QQ 寻仙模仿诛仙、穿越火线模仿 CS、腾讯拍拍模仿淘宝、财付通模仿支付宝，等等。全都是在别人后面跟进的，而且最大的亮点在于腾讯在每一个领域几乎都取得了成功，大有后来者居上的意思，然而正是腾讯这个被指抄袭的一方却总是胜过原创方，才使它成为众矢之的。

其实腾讯所走的路，自然都是每个企业都要走的路，因为任何一个企业都很难做到每个产品都是自己原创的。但是和众多尝试多元化而惨遭失败的互联网企业不同，大举扩张的腾讯几乎在所有的领域都取得了成功。马化腾认为腾讯之所以取得了前所未有的成绩，主要在于有效的创新，事实上，从产品本身来说这种话很难站住脚，因为后继的产品并未在可玩性上有特别之处，顶多美化了一下画面，多增加些免费的项目，吸引更多的玩家参与进来。同有些单靠一个产品发展的技术型企业不同，腾讯并不是主要开发新项目，而是把时兴的项目拿来主义，所以投入与产出就显得特别从容。不过，能够谈得上优势的还是具有垄断性的 QQ 平台，有着这样的平台，才能够从容的发展新的项目。

用一个浅显的武侠招式来比喻腾讯就是化功大法，不断地吸收别人的真气，但很多企业内功不足无法将吸收到的真气融会贯通，往往筋脉打乱，一命呜呼，而腾讯最强大的地方就是有 QQ 平台这一绝学，使他练就了强大的内功心法——整合升值商业模式，才最终成就了今日的腾讯。

近段时间以来，"大众创业、万众创新"成了高频词，而且热度未减。科技成果以及创意的转化依然是创新、创业的关键，从以往经验和教训来看，要让技术、创意"破茧成蝶"，须强化科技同经济对接、创新成果同产业配套对接、技术创新和制度创新的配套衔接等。国家提出"大众创业、万众创新"，将"创业""创新"的主体赋予"大众"，这本身就是一个突破，也将科技以及创意的转化置于一个更坚实的基础上。创新、创业不是一个"高山流水知音少"的事情，而是一个人人都可参与、都能参与的"下里巴人"的活动。这不是说把创新、创业的品质降低了，而是回归了创新、创业的本质。只有是大众的，才是有生命力的。同时，创新、创业只有和经济活动紧密结合，科技创新才能实现从创意到实践的飞跃。

创新要"仰望星空"，更要脚踏实地。比如，做电饭煲的，能不能让煮出来的米饭粒粒晶莹不粘锅；做吹风机的，能不能让头发吹得干爽柔滑；做菜刀的，能不能让每一个主妇手起刀落，轻松省力；做保温杯的，能不能让每一个出行者在冰天雪地中也能喝到一口热水；做马桶盖的，能不能让每一个人都能在使用产品过程中感到舒心满意，如沐春风。做任何产品，特别是这些传统产品，要有脚踏实地的专注精神，要有替用户着想的不断创新的理念，才能将产品做到极致。中共中央、国务院关于深化体制机制改革加快实施创新驱动发展战略的若干意见中，提出创新要坚持需求导向。只有符合了消费者的需求，产品才会畅销，也才会创造出高于同类其他产品的价值。创新的误区是，永远望着"新"东西，其实"旧"的产品，更需要创新和升级换代。

在这个日新月异的互联网时代，我们所缺失的，其实是符合社会发展需求、经得起现实考验的创新。几乎所有的创新都会很快地被更新的创新所取代。创新变得容易，同时又变得非常困难。原因其实很简单，就是创新的产品还只是一个先天不足地脱离了广泛实践基础的"早产儿"。我们看到现实中有很多是为了创新而创新，要么专门组建一个和实践关联不大的创新团队，要么成立一个只是空中楼阁的创新实验室，创新产品往往也会在集合公关下"批发"出来，可是这样的创新产品无论是质量还是市场都往往存在很大问题。

只有生长在坚实产业基础上的创新，才是健康的、可持续的。创新"车间"就在每一个厂房车间里、在每一条生产线上。2015 年以来，美国出现了所谓的制造业回流的趋势，像玩具产品、电脑硬件等这类低成本、低附加值、劳动密集型的产品，曾经入不了一向视高技术、高附加值为圭臬的美国制造业的"法眼"，可是长期缺乏制造业这个基础，在专利产品数量上虽然有增无减，专利转化却遭遇困难。一些美国的有识之士指出，缺乏制造业基础，美国的创新力正在衰退。

创新的氛围和环境非常重要，但是所谓的氛围和环境表述往往很空泛，它一定要有个载体才行。这个载体就是成熟的产业链配套，在这个产业链条上，关联企业众多，这是一个好的点子生根发芽的土壤。即使创新的口号喊得震天响，如果没有一个成熟的市场转化平台，科技转化就只能停留在理论层面。有了成熟的产业配套，就会要资金有资金、要人才有人才、要技术有技术、要专利有专利……这些要素共同形成了创新元素的"集市"。在这个"集市"里，创业团队密集程度比较高，智能硬件比较先进，一些有关创新的活动、沙龙举办也很多，创业者之间也可以经常交流、碰撞。

创新、创业一定要有"集市"的概念，在创新元素"集聚"的地方，创新、创业才会成为常态。举个例子，一个人到大型的菜市场比到只有几个人卖菜的地方更容易买到满意的菜品，而一个卖菜人在大型菜市场也更容易把菜卖出去，因为买家会很多。也就是说，大量商家集聚的地方才是理想的创新创业平台。其实，一些科技成果之所以在转化上出了问题，实际上是配套上没有做好，创新元素集聚得还不够充分，因此这个转化平台还没有足够的支撑力。这个平台不仅仅是科技成果转化的物质基础，也是形成真正创新、创业氛围的物质基础。只有在这里，创新、创业的成功才不会是一个小概率事件。政府要做的，就是把这个平台硬件建设好、交易规则制定好、交易秩序维护好、平台口碑宣传好。

在如火如荼的创新创业氛围下，科技创新成果转化如何进一步寻求突破？我们可借鉴国外先进经验，提升我国科技成果转化的速度与效率。

来自美国的启示：

美国高校的科技成果转化主要是通过各个大学的技术转移办公室来进行推动。美国最早一批大学技术转移办公室是在第二次世界大战之前成立，但大部分是在20世纪80年代建立，主要是为了响应政府提出的提高产业竞争力的号召，特别是拜杜法案颁布后对技术管理的需求上升。

美国大部分的技术转移办公室是大学中的独立部门，有时与项目管理办公室（受基金或合同资助的科研项目）有联系，有时则完全独立，主要负责受理教职员工们的成果申报、申请专利和实施专利许可。最具代表性的是斯坦福大学的技术许可办公室（Office of Technology License，OTL）模式。斯坦福大学OTL成立于1970年，现有员工35名，负责知识产权管理和经营。自收自支，其办公费用全部从知识产权经营收入中开支，约占知识产权经营收入的15%；全程专人负责，工作人员均为技术经理，拥有关键决策权，包括是否申请专利、把技术许可给哪家企业等；发明人及所在院系均参与分享专利许可收入。

少数大学有独立的基金会负责技术转移，最著名的就是威斯康星大学WRAF基金会。笔者所在的威斯康星大学密尔沃基分校（UWM）就专门设有UWM Research Foundation基金会，负责该校的科技成果转化工作。该基金会主要职责包括负责学校专利、版权、商标在内的知识产权评估、保护和许可；为教职员工和学生提供包括商业模式对话、创业信息、创业指导等创业支持；将研发人员与产业界建立联系。其专利转让收入返还政策是成果转让后许可证利润的40%归基金会所有，40%归学校所有，20%归研发人员或专利发明人。

据了解，在美国排名前50的大学中，87%的学校技术转移办公室入不敷出，美国高校的科技成果通过专利许可进行转化只占很小的一部分，更多的是形成创业企业。也正是这种技术创业的思想同社会对新技术的要求相融合，形成了强大的新技术经济潮流，从而诞生了以斯坦福科学园为核心的"硅谷模式"。"硅谷模式"首创产学研合作，融科学、技术、生产为一体，以斯坦福大学、加州大学伯克利分校、加州理工等世界知名大学为依托，以中小型高技术企业群为基础，培育了思科、英特尔、惠普、朗讯、苹果等知名企业。研究机构、大学的技术研发和人才培养，与产业发展和企业需求紧密结合，形成了利益共同体。企业出资金、出题目，以较低成本获得和使用先进技术；科研机构、大学出智力、出技术，使科研成果更贴近市场需求。

众所周知，美国是一个移民国家。这些移民来自全球各地，将各自文化中的先进部分带到这片陌生的大陆，并在激烈的生存压力下抛弃了各自文化中的落后因素。乔布斯出现在硅谷，既有其偶然性，也有其必然性。美国从法律、政策、大学、企业和风险投资等各方面，都为技术创新和成果转化搭建了较为完善的平台。

由于市场规律的驱动，并不需要政府特别的动员和号召，就涌现出大量像微软、苹果、谷歌这样从个人和小团队开始的创新和创业，并在合适的环境中迅速发展壮大为国际性行业巨头。当然，这与比尔·盖茨、乔布斯等人的个人特质也有很大关系，但美国鼓励创新、宽容失败的文化是其存在和发展的土壤。也正是基于文化的包容和对创新、创业的宽容，吸引了全世界最杰出的人才通过创造性工作实现他们的美国梦，这也是美国在创新能力方面保持强大竞争力的重要因素之一。

科技成果转化的最直接途径就是科技人员自己创办企业。企业作为社会财富的直接创造者，是将价值链要素连接在一起的最有效的组织方式，是科技成果转化的最终实现者。从某种意义上讲，企业的竞争力代表了国家的经济实力和竞争力。以中关村为例，从1984年由中科院相关科技人员创办的联想、汉王、曙光、龙芯等一批高新技术企业，到2000年以百度为代表的IT创业企业，再到新经济环境下政府和市场催生的大众创业潮，创新创业精神薪火相传，中关村以特有的创业生态和发展模式始终引领全国，这与其多元化的内在基因密不可分。

激发创新创业活力，促进科技成果转化和产业化，强化科技同经济结合、科技成果与现实生产力对接，从而增强科技进步对经济发展的贡献度，让创新创业真正落到创造新的增长点上。结合美国经验，要更好地促进科技成果转化，应从以下几点入手。

首先，要坚持市场需求导向，促进科技成果转化。要紧扣经济社会发展重大需求，着力打通科技成果向现实生产力转化的通道；着力破除创新驱动发展战略实施中的体制机制障碍；着力破除科技人员、创业者创新的障碍，激发创新团队的活力，鼓励科研团队直接转化科研成果；着力解决要素驱动、投资驱动向创新驱动转变的制约，让创新能够有利可图，让创新成果得到充分保护和顺利转化。

其次，要打造创新创业文化，引领科技成果转化。创新创业最关键的是理念和文化。当前，创客所倡导的开放、共享、兴趣，为创新创业文化提供了非常好的基础和元素。对于创业者来说，创新文化的培养至关重要。要形成全社会对创业的共同认知，通过法律约束、制度制约、政策支持、宣传引导，打造符合我国经济发展新常态的创新创业的基本价值导向和核心理念，构建全面促进经济与社会发展的创新创业文化，引领科技成果转化。

第三，要营造创新创业生态环境，加快科技成果转化。加快发展众创空间等新型创业服务平台，制定相关标准和规范，打造协同创新链与产业链。加强专业型企业孵化器建设，不断创新服务模式和内容，实现技术转移、成果推广、国际合作、人才引进和融资服务等各种创新要素集聚，推动科技成果在平台上进行转化。深度挖掘"互联网＋传统行业"所蕴含的创业创新空间，加快更多产业升级换代，使颠覆性改变成为可能。

实战演练

中国人自己的免费网游

根据相关数据显示，在目前国内市场上有超过200款网络游戏产品，150家以上的网络游戏商。在如此激烈竞争中如何脱颖而出，已经成为众多游戏厂商面临的严峻考验。而众所周知的传奇商人史玉柱曾经因为巨人大厦而欠下两亿多债务，3年后凭借脑白金翻身，后来又杀入中国网络游戏行业，并以《征途》创造了新的奇迹。在内测期间即宣告盈利，2007年第一季度收入超越了魔兽世界，以4.8亿元人民币的营业收入和15.6％的市场份额进入国内网游前三名。

在入主网游市场前，史玉柱曾经是一个忠实的网友发烧友，曾经有过每天花四五个小时泡在网游中，每个月在游戏中花费成千上万元的经历。而对发家之本的保健品业务变得不闻不问，甚至在主持保健品业务的会议时，多次将消费者说成玩家，受到了销售团体成员的质疑，以为老板史玉柱堕落了。但也有另外一种说法，玩网游是史玉柱发现的另一个商业机会，并为此而做的前期调研。但无论哪种说法，这个经历终于促使史玉柱下定决心跟进当时的网游市场。

有人说《征途》是传统网游的颠覆者，也有人说《征途》是网游行业新规则的制定者，史玉柱在网游行业中发现了几个中国网游的盲点，并根据这些盲点重新定位，从而针对这些大胆改革，后发制人，在短短的时间里为中国的网络游戏立下新规则，在不景气的市场中赚取了财富，并树立起一座令人瞩目的里程碑。

定位一：大型网游才能生存。经过比较，史玉柱发现国内投资2000万元以下的网游很多都死掉了，但投资在2000万元以上的大多能够生存下来，而中国网游一直处于小作坊阶段，4000万元以下的网游市场不能形成气候，随着欧美等大制作的国际网游的入驻，立刻便会以摧枯拉朽的速度溃败。所以当时财大气粗的史玉柱为了《征途》游戏准备了2亿元启动资金，1亿元直接投入制作、推广，1亿元做储备。正如有人做的比喻说，互联网是用钱砸出来的，而网络游戏是钱烧出来的。史玉柱对公众做出的姿态就是"不要怀疑我们持续烧钱的能力"。

定位二：第一款真正意义上的大规模制作的免费游戏。后来居上的《征途》的一个制胜法宝就是免费。史玉柱率先创造了永久免费，道具赚钱的经营模式，老游戏的商业模式是靠点卡收费，即网络游戏公司按照玩家的游戏时间收取相应的费用。这种传统的收费模式一是要玩家耗费大量的时间升级来获利，这样使网游上瘾成为一种社会公害；另一方面对于玩家来说消费模式比较单一缺少赢利点。所以道具收费的免费游戏让花钱的人享受到一些增值服务，这种革命性的模式让更多人来玩，就像嘉年华一样，虽然门票不贵，但是游戏的项目都要收费，比收门票更具有诱惑性，消费者会为体验而付费，自愿进入这个甜蜜的陷阱。

定位三：打造更适合中国玩家的网络游戏。进军网络游戏市场，无论是先拔头筹的《征途》还是后起的《巨人》，史玉柱都坚决打中国牌，他认为，中国网游还是应该把自己的儒家文化发扬到游戏中，现在国外的网络游戏宣扬的都是西方价值观，人生观。而中国的游戏应该宣传中国的传统文化，比如儒家的爱国爱民的仁爱思想，墨家的兼爱思想，这些应该成为中国网络游戏的底蕴。因此他曾做出代理国外游戏的公司不是对手的断言。但后来史玉柱清楚地认识到中国游戏不具备与国外游戏抗衡的实力，国内的网游制作与国外大制作的技术水平不可同日而语，但也更坚定了国产原创网游唯一的优势，就是对民族文化的理解，游戏中加入了儒家、法家、墨家、道家、兵家等源远流长的文化思想，比欧美研发人员更知道中国玩家的需求。也只有弘扬中国文化的中国游戏不断发扬自己的优点，才有可能在竞争已经白热化的市场中占有一席之地。

请结合前文的内容，分析史玉柱进入网游行业具备哪些创新能力，并思考史玉柱如何将这些创新能力真正发挥到具体的创新、创业项目当中。

本章学习收获

读书心得

书名：
作者：
读书心得：

文中经典妙句：

_____

_____

_____

_____

陌生人拜访（四）

姓名		性别		职业		联系方式	
职位		单位				拜访地点	

预计拜访中遇到的困难：

拜访目的：

预计拜访内容：

问题1：

问题2：

问题3：

问题4：

拜访总结：

拜访中遇到的实际困难：

下　编

创业篇

我国学者复旦大学李志能认为，创业是一个发现和捕获机会并由此创造出新颖的产品、服务或实现其潜在价值的过程；南开大学张玉利教授认为，创业是基于创业机会的市场驱动行为过程，是在可控资源匮乏的前提下的机会追求和管理过程，是高度综合的管理活动，表现为创业者以感知创业机会和识别能为市场带来新价值的创新性产品或服务概念为基础，引发创业者抓住机会，并最终实现新企业生存与成长的行为过程。

对于大学生来说，创业路途的艰辛与毕业面临的机会，现实与理想面前，是每一个一直奋斗在创业路上的大学生必须面临的问题。在这个机会重重的人生十字路口，大多数大学生创业者选择了后者，放弃了原先创业的梦想。也许很多人已经疲惫、也许很多人看到前面的路布满荆棘、也许很多人创业的路并不像原先想象的那样一帆风顺……

马云说过：创业者自从创业那天面对的就是困难和灾难。也许很消极，但经历过创业的人都身同感受。创业的路途并不是充满鲜花和掌声，更多是困难。创业者每天面临的是怎么克服困难、怎么去整合资源、怎么去带领团队。当然，挫折会成就一个人也会历练一个人，他们在创业的路上日渐成熟、日渐稳重、日渐突出，他们的素质提高了、视野开阔了、格局扩大了，总之他们在创业途中的磨练让他们成长了很多，也让他们向成功更进了一步。

第五章　寻找项目，创业项目有效选择

"头天想好你的晚餐计划，在网上挑选好菜品，下好订单。第二天下班，你走出地铁口，到附近门店取上预订好的半成品食材，到家上锅一炒，半小时之内便能吃上健康可口的晚餐。"在由共青团中央、工信部、人社部及天津市政府等在津举办的首届中国青年创新创业大赛中，由3位"80后"白领辞职创办的这个"青年菜君"项目夺得正式创业组一等奖，并获得一百万元创业资金奖励。做半成品净菜服务，这并不是一个全新的创业理念。然而，没过多久，"青年菜君"项目就获得了梅花天使创始合伙人吴世春与九合创投创始合伙人王啸联合提供的千万元级A轮投资。一家开业仅半年的"卖菜"公司能获得千万元级的天使投资绝非偶然。这一切得意于创业项目的理性选择。

创业的成功可能就起源于起始阶段的一个好创意，越来越多的创业者意识到，一个一闪即逝的灵感可能就是创业梦想开始的地方。如今许多创业者凭着敏锐的市场嗅觉和新奇的商业创意，从普通创业者摇身变成了日进斗金的创业家，如第一家网络书店、第一个搜索引擎网站Yahoo、第一个拍卖网站eBay……好创意能够点石成金，让平凡无奇的东西陡然间身价倍增。从产品创新到价值创新，创意所带来的商机处处可见，创意所创造的价值也远远高于它本身的价值。

第一节　创意与商机

一、创意及创意的产生

在创业中好的创意非常重要，抓住它，就会给你带来无限商机。奇特的创意有时也能成为一种创业资本。30 年前，美国人弗雷德·史密斯凭着一个想法——隔夜传递，被风险投资家看重，创办了"联邦快递"。如今，"联邦快递"已是全球最大的快递运输公司，在全球 211 个国家开展业务。当然，与众不同的创意在创业初始会受到怀疑甚至嘲弄，禁不起考验的就会如昙花一现，而那些坚持下来并积极把想法转化成实际者，往往有着抢占先机的优势。下面我们来了解一下创意及创意的产生。

1. 创意

简而言之，创意就是具有新颖性和创造性的想法。创意的产生，依赖于人们对灵感的捕捉。袁隆平说过："创意灵感是知识、经验、追求、思索与智慧综合在一起而升华了的产物。"很多人有这样的想法，但缺乏对问题的思考，缺乏实现创意的知识和勇气、毅力等。对大多数人来说，灵感只是头脑中的灵光一闪，而这一灵感没有被捕捉到，或是因为各种原因而被忽略掉。

创意也是一个认知过程，是一种创造性的认知过程，是一种能够产生富有超越性的、独特的、新颖的、有价值和有意义的观点和方法的认知过程，是内容和形式的统一体。在内容上，它是新的观念、新的思想、新的方法。在形式上，它是以创造性思维为载体的动态的认知过程，但这一认知过程不是"空中楼阁"，而是建立在一定的基础之上的，也只有对这一基础进行深入地分析，才能有助于挖掘人的创造力，产生好的创意。

2. 创意产生的方法

虽说创意是自由发挥想象的，创意的产生没有固定的法则，创意的工具与方法也不是万能的，不过也有一些比较好的方法有助于更好地发挥创意，而且好的方法更容易激发我们的创意。当我们为没有一个好的创意而头疼的时候，如果掌握了一定的创意方法，通过这些方法和技巧就可以大大拓展我们的思维，激发思想的火花和创造性。在日常生活中，创意方法不一而足，不胜枚举，以下列出一些供大家参考。

（1）借鉴创意法。借鉴创意法是指我们可以从熟知的一切入手，再到同行的案例启发，都是我们可以吸取经验的地方。在工作中，当我们黔驴技穷，为找不出一个好的创意解决方案而苦恼时，可以研究日常工作、生活中见到的，与进行中的工作项目相关的成功事例，从其中的一个点，或者一个表现出发，借鉴其成功之处，拓宽创意思路，结合项目现状，给出优质的创意设计。例如，20 世纪初，男人刮胡子用的是剃刀，使用很不方便，因为刀刃与刀柄成一直线。美国人金·坎普·吉列决心要设计出既安全又方便的剃刀，他辞了工作，做了很多设计式样，但都不理想。吉列有一天看到一个农夫正在用耙子一来一回地耙地，就借鉴耙子式样，把剃刀设计成耙子模样，经过一番努力，他终于完成了安全剃刀这一发明，并申请专利，成立了一家公司，这就是如今有名的吉列公司。

（2）情景（情感）映射创意法。情景映射创意法是指把我们所要表达的概念化、抽象化的东西（如文案、主题等）丰富化、立体化，把这些要表达的概念逐步从低级抽象向高级抽象演变，直至获得满意的创意表达。例如说春天，在想到春天的时候，我们脑海里都会出现不同的元素，丰富而又富有诗意，绿色、和风、细雨、春泥、青草，还有风筝、燕子、春游的人们等。由此，我们可以充分发挥我们的主观能动性，根据主题组合创造出富有感染力的创意画面。情景（情感）映射创意法更多的被设计师所采用。

（3）思维导图创意法。这是一种放射性的创意模式，是一种极为自然的创意工具。特别是在进行比较高的创意表达时，思维导图便成了简单有效的最佳选择。思维导图法以需要解决的问题为起点，把我们所认识的、与问题有关的元素进行联想细分，向外延展，再延展，充分发挥联想的创造力，然后思维再跳出来，把之前创造性的想法都结合起来，进而激发出创意的火花。

（4）头脑风暴法。头脑风暴法是一种集思广益，采用众人智慧解决创意缺失的好办法，是众多创意方案的集合，是创意工作中比较简捷有效的方法。它适用于对整体创意有较高要求的项目，但对采集众议的主持人有较高要求，要求其具备相当的专业性与组织能力。头脑风暴法也是时下最为流行的创意方法之一，是创意工作中最先想到的方法之一，也是可行性极高的创意方法之一。

（5）固有的思维认识。逆向思维便是反其道而行之，旨在突破我们的思维定势，是一种激发与众不同的超越平常的创意的方法。逆向思维着重考虑在同样的大创意环境下，我们现有的创意所不能表达的东西。当我们觉得做某件事情有困难的时候，或许别人也有这种感觉。所以如果我们能实现别人不能实现的创意，那就是我们和他人最大的差异之处，想出的创意也往往会起到意想不到的效果。

"我思故我在"对于最富魅力和动力的创意思维，人类一直没有停止过总结和探索。从中国古代的学者文人，到当代西方的科学家、管理学家，都在不断研究和摸索创意思维的规律，试图整理出创意思维的特有程序，以推广和促进人类的创造实践。

二、商机认知

1. 商机

创业的关键就在于抓住商机，而抓住商机的核心内容就在于创造或识别商机的过程，随后就是抓住商机后的计划与行动。不能创造商机，就要识别商机，这样才能抓住商机。作为创业者，需要充分理解商机，了解商机的特点，以及在哪里发现商机和如何识别出商机。

（1）商机的概念。

所谓商机，就是商业经营的机遇和把握。商机是一种思考、推理和行动的方法，它不仅要受机会的制约，还要求创业者有完整缜密的实施方法和讲求高度平衡技巧的领导艺术。商机是由"商"和"机"组成的，有些项目是"商"但并不是机会，比如开餐馆，不能说是商机，而只能说是"商"，是一个生意。因为餐馆随处可见，这个项目缺少机会的成分；有些项目是"机"但并不是商业行为，如股票、彩票，只能说是"机"，是一种投机，而不是一个正常的商业运作行为，彩票中奖、股票的起落，只是一种运气，不能把它们当成一辈子从事的事业。

在此，提醒创业大学生，要深刻理解商机。著名经济学家威廉•史密斯讲得很好："find the 'yes' from 'no'"，从 NO 中找到 YES，从否定中找到肯定，这就是商机。从经验中找到知识，从经验的否定中找到知识的肯定，这就是商机。也就是说，我们要学会逆向思维，不要随波逐流。如当股票认购券和股票刚刚在上海出现的时候，没几个人敢买，很多人都说，一张废纸，还要几十元一张，买的人一定是大脑有问题，可是有些人抓住机会买进，结果翻了几十倍。

创业不仅能为企业主，也能为所有的参与者和利益相关者创造、提高和实现价值，或使价值再生。而商机的创造、识别和捕捉是这个过程的核心，随后就是抓住商机的意愿与行动。创业也是一个追踪和捕获机会的过程，要想抓住商机，我们就要有超前的眼光，不能面对商机而熟视无睹，拱手相让，不能犯人云亦云、后知后觉的错误。要想创业，就要出奇制胜，发现别人未发现的机会，即使是小机会，也可能成为成就大事业的开端。

（2）商机的特点。

商机要具有能给企业带来良好盈利的可能性，对于创业成功，商机非常重要。只有抓住机会，创业者才能实现自己的创业梦想。但是有些人整天抱怨说自己命运不好，没有这样的发财机会，整天想着要寻找商机，殊不知商机就在他身边。一般来说，商机具有以下一些特点。

①客观性。

无论创业者能否意识到，商机都实实在在地存在于我们的社会经济环境中，它不依赖于人的主观想象。尽管有时是创业者在创造一些市场机会，但是这些所谓"创造"的创业机会仍然是早就客观存在的，只是被创业者最先发现和利用而已。客观存在的创业机会对所有人都是公开的，每个创业者都有可能发现，只是看谁最先发现它，谁就能最早赢得市场，获得最大的利益空间。对待商机，创业者要防止两种倾向，一是贬低机遇的作用，视为唯心主义，这种看法是不对的，机遇是客观存在的，机遇的发现和利用要靠创业者的思考和实践，蕴含着创业者努力的必然性。二是盲目崇拜机遇，人们认为机遇来无影去无踪，对它无能为力，这也是不对的，忽视了创业者的主观努力。有人说：商机等于运气＋等待，尽管也有一定的道理，但是如果没有强烈的市场意识、敏锐的商业触角、明察秋毫地选择及分析信息的本领是很难发现商机的端倪的。机遇只垂青那些有头脑的人，创业者需要有一颗市场意识的头脑。处处留心商机，是创业者应认真面对的问题。

②偶然性。

商机具有一定的偶然性，常常如流星般突发而至，何时出现、出现在哪个领域，往往很难预测。商机的这种偶然性，容易使创业者缺乏思想准备，在机遇面前犹豫不决，看不准也就抓不住。在对待商机的问题上，很多情况下是"有心栽花花不开，无心插柳柳成荫""众里寻他千百度，蓦然回首，那人却在灯火阑珊处"，然而机遇的发现都有一定的偶然性，但这种偶然性隐含着必然性，只是一般人难以预测和把握而已。创业者无论是自觉还是不自觉，总是努力地寻找创业机会，那么他们发现机遇的可能性就较大。

③隐蔽性。

商机并非一目了然，往往被很多外在的形式和假象所包围，不容易被发现，需要分析判断、思考、联想。大多数时候，创业机会不可能明显地摆在创业者面前，机会的发现常常具有一定的隐蔽性，关键要靠创业者去努力寻找。可以说创业机会无处不在、无时不有，关键在于寻找和识别，要从不断变化的必然规律中预测和创造机会。

④时效性。

商机不等人，稍纵即逝，生生不息，此消彼长。机会就是行事的时机和机遇，具有时效的内涵。俗话说，机不可失，时不再来。企业如果不能及时捕捉机会，就会丧失难得的市场良机。事物总是不断发展变化的，当事物发展对创业有利时，这就是创业机会，但事物还会继续发展，不会停滞不动，机会如果不能加以利用，就会因为发展变化而消失。而且由于机会的公开性，别人也有可能利用，这就改变了供需矛盾，加速了事物的变化过程，机会也就失去了效用，甚至成为创业者的威胁。对于创业者来说，要抓住创业机会并及时利用才能发挥机会的最大时效价值。

⑤不确定性。

创业机会总是存在的，但机会的发展事先往往难以预料。创业机会在一定条件下产生，当条件改变时，结果往往也会随之而改变。创业者在发掘创业机会时。一般是根据已知条件进行的，结果可能会出乎意料。因为条件改变了，或者是因为创业者利用机会的努力程度还不够。

（3）商机的来源。

商机有可能是幸运女神的垂青，是"无心插柳柳成荫"，但更多的创业机会还是来自于系统的分析研究。对于创业机会，现代管理之父彼得·德鲁克提出了几大来源，认为变化为人们提供了创造新颖且与众不同的事物的机会，创业在于有目的、有组织地寻找变化，进而对这些变化可能导致的经济和社会创新的机遇加以系统地分析。创业机会可以经由系统性的研究来发掘，也来自于创业者对工作和生活的长期体验和仔细观察，许多创业者都从过去任职的经验中发现可以改进的缺失之处，找到创业的良机。如2001年7月，国内外媒体开始报道欧元即将于2002年元旦流通的消息。这个消息对中国大多数人来说仅仅是新闻，但对于海宁的一位企业家却意味着商机。通过研究发现，新版的欧元比原先欧元的纸币长了两厘米。正是这小小的两厘米，将导致原来的钱包装不下新欧元。他马上和欧洲商人联系，立刻按照新尺寸做了一万个钱包，结果大受欢迎。后来他每天的产量超过一万只，仍无法满足市场需求。

2. 创意等于商机吗

上述我们讲述了创意与商机，对于大学生创业者而言，只有真正理解创意和商机的真谛，才能体会到一个优秀的创意在整个创业活动中所处的重要地位，才能把好的创意转化为商机。创意在一定程度上驱动了商机的诞生，好的创意往往能够找出新的市场缝隙，并创造出一个全新的商机，由一个创意而驱动起来的商机会给创业者的创业以莫大的帮助。如马利特从事消毒奶瓶生意，而他的创业灵感则来自于一次郊游。马利特夫妇带孩子出游，给孩子喂食时发现没带奶瓶。他们从附近商店买了一只奶瓶，却无法对奶瓶进行消毒，制造消毒奶瓶的念头由此闪现。经过艰难的研发，马利特于2000年推出一种可回收的消毒奶瓶。产品一上市便大受欢迎，仅英国和美国两地，年销售量就超过400万个。消毒牛奶瓶的创意找出了新的市场缝隙，创意带来了商机，赢得了利润。

创意能够驱动商机，要想取得创业的成功，首先必须要拥有一个好的创意。但并不是所有的创意都能产生商机，在此提醒读者不要误读，创意和商机之间还是有很大区别的。创意只是一种思想、概念和想法，它可能满足也可能不满足商机的标准。许多企业失败并不是因为创业者没有努力工作，而是因为没有找到真正的机会，创业者不能只凭借一个不错的创意、一份计划书就开始自己的创业之旅，就认为创业一定能取得成功。创业成功还需要实践、团队、执行力等因素，创意只是创业成功的一个驱动。

"用 QQ 表情" 换来 300 万人民币

郭吉军的创业历程就是用无限的创意创造无限的商机。郭吉军最初是制作 "QQ" 表情，当看到 "QQ" 表情在网络上流行起来时，他开始萌发了创业创意，并立即行动起来。他建立了网站，不断地设计 "QQ" 表情并发布在上面。一家公司被吸引，决定以每张50元的价格购买他的 "QQ" 表情，郭吉军因此赚了5000元。

当只卖 "QQ" 表情的生意并不太好的时候，他又不断地思索，萌发了第二个创意。因为他的网站逐渐被更多人关注，他就与网络广告联盟和互联网推广联盟合作。根据他网站的访问量来计算报酬，每一千个点击率付给郭吉军5.55元。按照他现在每天15万的点击率计算，一个月的收入就可以保持在2万元左右。

虽然有了不错的收入，不安分的郭吉军又在萌发着创意，在网络上他的 "QQ" 表情很受欢迎，郭吉军联系生产厂家，制作带有 "QQ" 表情的T恤衫，并且将样品传到了网站上。售价58元的 "QQ" 表情T恤衫立即受到了网友们的追捧，不到10天就销售了2000多件。他又触类旁通地把 "QQ" 表情与汽车个性装饰结合起来，开发出个性汽车装饰品，如坐垫和靠垫系列、汽车钥匙扣系列。从虚拟到现实的转变，让郭吉军赚到了实实在在的财富。郭吉军两年来做 "QQ" 表情获得了300多万元的收入！

郭吉军的创业之路说明，要不断思索，产生好的创意，同时要付诸行动，积极实践，这样才能得到巨大商机。

三、识别与把握商机

创业是基于机会的市场驱动行为，是发现市场需求、寻找市场机会、通过投资经营满足这种需求的活动。创业商机即创业的商业机会，是一种亟待满足的市场需求，是创业的基础和前提。创业商机的识别与把握，对于成功创业有着至关重要的作用。经常有想创业的人这样抱怨："别人机遇好，我运气不好，没有机遇""我要是早几年做就好了，现在做什么都难了"。这都是误解，其实机遇无处不在，就看你能不能识别和把握。

虽然机遇无处不在，但机遇的显著特征就是隐蔽性强，识别并不是一件容易的事情。在同样的创业条件下，有人一事无成，而有人却白手起家取得非凡的成绩，很大原因是创业机会很难识别。识别产品、服务或业务机会很困难，因为它不单是换一种眼光看待现存事物。机会识别一半是艺术，一半是科学。创业者必须依靠直觉，使它成为一门艺术；也必须依靠有目的的行为和分析技能，使它成为一门科学。

1. 商机的识别

创业机会的识别是创业者个人的个性、能力、资源等情况与创业机会本身相互作用的过程。为什么某些人而不是另一些人会开发他们发现的机会，他们又是什么时候、以什么方式来开发这些机会？

从理论上来说，机会识别包含三个不同的过程：感知、发现和创造。感知是指感觉到或认识到市场需求或未得到充分利用的资源。每种机会都有可能被一些人而不是另一些人所识别，因为一些人对市场需求或问题很敏感，他们能够在自己所处的任何环境里不断认识到可能出现的新产品或解决问题的新方法。发现是指识别或发现特定市场需求和专门资源间的配合，要感知到市场需求和资源的配合，前提条件是这些需求和资源可能在一个尚未运转的企业实现匹配。对可以匹配的市场需求和资源的感知，表现为探查并发现特定的地区和产品市场空间。创造是指创建一个新企业往往在于以商业概念等形式创造一个独立的需求与资源间的新的配合。

（1）良好创业商机的评价标准。

识别创业商机的关键在于对创业商机评价的准确程度。只有科学地把握市场需求，才能对创业商机做出准确迅速地判断，进而识别创业商机。一个好的创业商机应当具备以下几个标准。

①能满足市场需求。这是创业商机的根本特征。因为只有市场需要，某种产品和服务才有实现价值的可能；如果市场处于饱和状态，这种产品和服务无论其本身价值有多大也无法实现。当然，市场需求多种多样，但需求的程度各不相同，所带来的商机的大小也各不相同。从辐射范围看，市场需求包括行业市场需求和边缘市场需求，它们所带来的就是行业市场商机和边缘市场商机。所谓行业市场商机，就是某个行业内部的市场商机；所谓边缘市场商机，就是不同行业之间的交叉接合部分出现的市场商机。一般来说，人们对某个行业的商机往往非常重视，这种商机会很快达到饱和状态，因而其潜力并不大。相反，随着现代社会产业结构的调整升级，各行业之间的联系日益紧密，行业交叉带来诸多新的市场商机。创业者可以见缝插针，开辟某种全新的领域，谋求更大的发展空间。例如，近些年兴起的电子商务，实际上就是IT行业和商业交叉配合形成的新兴市场，阿里巴巴、淘宝等知名网站之所以能取得如此大的成

功，正在于其准确地识别到了这一发展潜力巨大的创业商机。

②具有前瞻性和创造性。创业的本质在于创新，创新的第一步在于发现具有巨大市场潜力的商机。创业商机的创新就在于它的前瞻性和创造性，这就需要创业者具有敏锐的洞察力和预见性。因为创业商机不仅包括目前的创业商机，也包括未来的创业商机，即通过市场研究和预测分析将在未来某一时期内实现的市场商机，它往往具有更大的潜能。因为目前的创业商机往往很容易被大多数人所察觉，当大家都来抢占这个机会时，它所能创造的价值就会大打折扣。相反，未来的创业商机往往具有隐蔽性，它只对那些有远见、有胆识的人揭开神秘的面纱。比尔·盖茨之所以创造了举世瞩目的微软神话，正在于他敏锐地察觉到计算机将在未来改变世界。商场如战场，在信息科技高度发达的今天，商业竞争的核心在于速度和预见，谁能率先预见未来并以迅捷的速度把握未来，谁就能始终站在时代潮头，创造最大价值。

③具有普及推广的可行性。任何商机都不是空穴来风，它不仅要建立在市场需要的基础上，而且要在现有条件下具有化为现实的可能性。如果一种商业机会只是创业者头脑中的设想，并不具备推广流行的商业环境，那么这个商机也只能是一种"观念上的商机"。电子计算机诞生于20世纪40年代，由于不具备先进技术，计算机体积庞大，操作极为复杂，根本不具备推广普及的条件。假设那个时代有人预见到了计算机这一行业的未来商机，也不可能在当时的条件下将这一商机化为现实。因此在识别商机时，必须考虑商机实现的现实条件，将商机真正转化为现实，实现商机的价值。

（2）影响商机识别的重要因素。

同样的机会，有的人留意并抓住了，而有的人则没有，正确地识别和筛选商机是创业者成功必备的重要素质之一，以下的一些因素会影响到商机的识别。

①先前经验。一些研究表明，产业中的先前经验有助于创业者识别商业机会。有调查显示，43％的被调查者是在为同一产业内的企业工作期间，获得他们的新企业创意的。有三类先前经验对创业机会的识别至关重要，包括先前市场经验、先前市场服务经验和先前顾客接触经验，这些经验在日常工作中年复一年地积累，使得创业者能够发现未满足的需求空间。创业者还会对某些特殊领域感兴趣，并花费大量的时间和精力进行学习，这种积累和日常工作积累的结合，就构成了发现创业机会的知识源泉。

②个性特征。某些人可能比其他人更擅长识别机会，机会识别可能是一项先天技能或一种认识过程。有些人认为创业者有"第六感"，他们能看到别人错过的机会。这种第六感称为"创业警觉"，或者称为"洞察力"，就是不必周密调查便可发现机会的能力。多数创业者认为他们比别人更"警觉"。警觉和洞察在很大程度上是一种习惯性技能，拥有某个领域更多知识的人，比其他人对该领域内的机会更警觉。自信和乐观的态度也有助于商机的识别，因为面对不确定环境，创业者需要对自己的能力充满自信和保持乐观的态度，才能发现机会，成就个人的事业。创造性在创业过程中也至关重要，从某种程度上讲，机会识别就是一个创造过程，创造性包含在许多产品、服务和业务的形成过程中。

③社会关系网络。社会关系网络是创业者的重要隐性资源，对于创业有着重要的

推动和促进作用。个人社会网络的深度和广度影响到创业机会的识别。建立了大量社会与专家联系网络的人，将比那些拥有少量网络的人得到更多的机会和创意，这将促使新企业的创建。

成功的创业者通常能够从社会关系网络中发现和捕捉机会，获取资源并创造出只凭创业者显性资源所无法实现的价值。创业企业的社会关系网络具有扩展性和延伸性，其能逐步转化为企业的资源，形成企业生产力的组成部分。如中学数学教师、"好孩子"创始人宋郑还是通过一位学生的家长这一社会关系资源发现了商机，得到了第一批童车订货，同时，宋郑还做童车的第一笔资金也是通过一位在银行当主任的学生家长获得的。如果没有学生家长的帮助，宋郑还可能一事无成。一位创业者说，他到中关村创立公司前，曾经花了半年的时间到北大企业家特训班上学、交朋友，扩宽自己的社会关系。他开始的十几单生意，都是在同学之间做的，或者是由同学帮着做的。同学的帮助，在他创业的起步阶段起了很大的作用。

（3）识别商机的方法。

人们常常以为那些成功的创业者们有着某种特别敏锐的、与众不同的洞察能力，使他们能够看到别人没看到的机会，具有特别能力知道如何来开发这个机会。事实上，在机会发现过程中灵感和创造力确实十分重要，但是创业者在实际发现和评价创业机会过程中的艰苦努力和所采用的正确方法也同样不容忽视。以下是识别和发现商机的一些方法。

①基于问题识别创业商机。所谓问题，即指未被满足的市场需求。当我们察觉到这一需求时，应想尽办法填补这一需求，将识别到的商机转化为现实的价值。有学者这样说，每个问题都是一个被精巧掩饰的机会。牛仔裤的问世，就是"牛仔大王"李维斯敏锐察觉"问题"并发现商机的结果。当初他跟着一大批人去西部淘金，途中一条大河拦住了去路，许多人感到愤怒，但李维斯却从问题中发现了商机，他设法租了一条船给想过河的人摆渡，结果赚了不少钱。不久摆渡的生意被抢走了，他又发现了新的问题，因为采矿很多，饮用水很紧张，于是别人采矿他卖水，又赚了不少钱。后来卖水的生意又被人抢走了，他又发现新的问题，采矿时工人跪在地上工作，裤子膝盖的地方特别容易磨破，而矿区里却有许多被人丢弃的帆布帐篷，李维斯就把这些旧帐篷收集起来洗干净，做成裤子后销量很好，"牛仔裤"就是这样诞生的。李维斯就是这样不断地将问题当作机会，才成就了自己的财富梦想。

同时，我们也要正确地对待个别顾客的抱怨或建议，因为很可能一个很好的商机就隐藏在个别顾客的抱怨或建议之中。如果顾客认为其需要没有得到满足或没有很好地得到满足，就往往会基于对自己需求的认识提出各种各样的抱怨甚至提出可以采取的各种建议措施。双门冰箱的开发设计就得益于顾客的抱怨。总之，只要顾客提出抱怨或建议，无论采取什么方式，一个有效的创业者都应当热情地听取并做出相应的反应，因为这也许是一个非常好的商业机会。

创业者不单创造出前所未有的产品和服务，同时在这个追求个性的年代里，也要注重个别人或群体的个性需求，利用对已有产品和服务的改造和升级来予以满足。例如，随着打火机的普及，火柴慢慢退出了人们的视线，而创业者沈子凯却在这个逐渐被人淡忘的老物件里发现了新商机，他创造的"纯真年代"艺术火柴红遍大江南北。由此可见，创业者要突破传统思维的束缚，不拘一格地识别和发现创业商机。

②基于经济发展方式的转变发现创业商机。也就是说，创业者要观察趋势，趋势的变化将创造创业者追求的机会。经济因素、社会因素、技术进步、政治活动与制度变革是要遵循的最重要趋势，创业者自身要认真研究并观察这些趋势。一般来说，具有良好的社会网络、创造性的、警觉的创业者，更可能发现趋势并正确解释它们。如2008年，金融危机波及全球，中国也未能幸免。虽然在一系列经济刺激计划地干预和调控下经济逐步趋稳向好，但金融危机更加显著地暴露了我国经济发展方式的欠缺。2010年的"两会"上，加快转变经济发展方式成为中心议题。所谓转变经济发展方式，是指三个转变：一是促进经济增长由主要依靠投资、出口拉动向依靠消费、投资、出口协调拉动转变；二是促进经济增长由主要依靠第二产业带动向依靠第一、第二、第三产业协同带动转变；三是促进经济增长由主要依靠增加物质资源消耗向主要依靠科技进步、劳动者素质提高、管理创新转变。从根本上说就是促进经济发展方式由粗放型向集约型转变。在这一转变过程中势必带来以下创业商机：其一，自主创新将成为未来经济发展的主题，大批的科技发明和技术创新成果将不断涌现，相当一部分技术发明成果将实现产业化、大众化，创业者可以以新的发明创造为契机，既可以销售新的技术成果，也可以生产经营相应技术成果的配套设备，抑或以新技术对已有成果进行技术改造，以满足更多消费者的需求。其二，循环经济和低碳经济将成为未来社会的主要经济发展方式，环保理念也将随着时代的发展深入人心，创业者可以抓住消费者的心理，生产体现生态环保理念的新产品，或对原有的产品进行相关的技术改造，以此占据市场的主动权。其三，第三产业必将受到更大重视。创业者可以探索第三产业中的市场空白；可以创新诸如餐饮、家政服务、信息咨询、教育培训等行业的发展模式和服务模式，增添新的服务项目，牢牢把握现有的和潜在的商机。

③基于重大活动发现创业商机。重大活动虽然具有一定的临时性，但其影响将是极其深远的。例如，2008年的北京奥运会和2010年的上海世博会带来了广阔的创业商机。其一，餐饮行业的创业商机。一批创业者利用这种机会在附近摆设摊位、开设小茶馆等，吸引游客光临，也为今后进一步扩大经营规模奠定了良好基础。其二，商贸行业的创业商机。创业者可以通过合理渠道，引进并销售奥运纪念品、世博纪念品等特许品，也能利用游客特别是外国朋友的猎奇心理，销售中国传统工艺品，如珍珠挂件、刺绣、陶瓷艺术品或民族特色服装等，紧紧把握商机。其三，印刷出版业的商机。这些重大活动的影响力在很长一段时间都会长期存在，人们喜欢留住有关纪念册、邮票册和相关文献作为纪念，这给印刷出版业同样带来了商机，准备步入这些行业的创业者，应紧紧抓住这个商机，以此起步，必将能给创业成功增添砝码。

④基于竞争者的失误发现创业商机。优胜劣汰是市场经济的基本法则。创业者在识别和把握创业商机时，必须深入了解自己所要步入的行业的竞争者的详细情况，瞄准该行业竞争者的薄弱环节，特别是把握住行业竞争者的失误之处，并着重从这个点

上推进自己的产品和服务，做到"人无我有、人有我优"，以满足广大消费者的需求。SONY 公司生产随身听（Walkman）就是做到了"人无我有"，SONY 公司董事长盛田昭夫喜欢一边打网球，一边听音乐。因此，他必须在球场上装麦克风、扬声器及唱盘。他想总该有较好的方法来解决这个麻烦。随身听（Walkman）就是在这种需求下产生的，这是 SONY 公司有史以来最具革命性与利润性的产品。SONY 公司不仅做到了"人无我有"，而且还做到了"人有我优"，索尼随身听曾是所有爱好音乐的人所必备的产品，而且它在音质万面可以说是最好的。

总之，识别和把握创业商机的根本着眼点在于市场需求，只要准确地把握市场脉搏，洞察市场变化，深入开展具有针对性的创业实践，就一定能够识别和把握好商机，推动创业走向成功。

另外，提醒创业大学生，当你看到了创业商机之后，接下来就是考察商机的可行性。有想法、有点子只是第一步，并不是每个大胆的想法都能转化为创业机会。《21 世纪创业》的作者杰夫里·A. 第莫斯教授提出："好的商业机会有以下四个特征：第一，它很能吸引顾客；第二，它能在你的商业环境中行得通；第三，它必须在竞争对手想到之前及时推出，并有足够的市场推广的时间；第四，你必须有与之相关的资源，包括人、财、物、信息、时间以及技能。"

2. 培养发现商机的能力

发现创业机会并不是一件容易的事情，对于创业者来说，发现创业机会的能力也是当老板必备的素质之一。创业者在日常生活中需要有意识地加强实践，培养和提高这种能力。

首先，创业者要培养自己的眼光，眼光决定商机。清代"红顶商人"胡雪岩有一句至理名言："做生意顶要紧的是眼光，你的眼光看得到一个省，就能做一个省的生意；看得到天下，就能做天下的生意；看得到外国，就能做外国的生意。"创业者的眼光首先要准，也就是要在茫茫商海中准确发现适合自己去做，又能给自己带来利益的门路；第二是远，也就是不能只盯着一行一门，不能把眼睛放在眼前利益上，而是要在变化莫测中看准大方向，这样才能一步一步走向成功。

创业仅需要一点点智慧

两个青年一同开山，一人把石块儿砸成石子运到路边，卖给建房人，一人直接把石块运到码头，卖给杭州的花鸟商人。因为这儿的石头总是奇形怪状，他认为卖重量不如卖造型。三年后，卖怪石的青年成为村里第一个盖起瓦房的人。

后来，不许开山，只许种树，于是这儿成了果园。每到秋天，漫山遍野的鸭儿梨招来八方商客。他们把堆积如山的梨子成筐成筐地运往北京、上海，然后再发往韩国和日本。因为这儿的梨汁浓肉脆，香甜无比，就在村上的人为鸭儿梨带来的小康日子欢呼雀跃时，曾卖过怪石的人卖掉果树，开始种柳。因为他发现，来这儿的客商不愁挑不上好梨，只愁买不到盛梨的筐。五年后，他成为第一个在城里买房的人。

再后来，一条铁路从这儿贯穿南北，这儿的人上车后，可以北到北京，南抵九龙。

小村对外开放，果农也由单一的卖果开始发展果品加工及市场开发。就在一些人开始集资办厂的时候，那个人又在他的地头砌了一道三米高百米长的墙。这道墙面向铁路，背依翠柳，两旁是一望无际的万亩梨园。坐火车经过这里的人，在欣赏盛开的梨花时，会醒目地看到四个大字：可口可乐。据说这是五百里山川中唯一的广告，那道墙的主人仅凭这座墙，每年又有四万元的额外收入。

20世纪90年代末，日本一家著名公司的人事来华考察，当他坐火车经过这个小山村的时候，听到这个故事，马上被此人惊人的商业化头脑所震惊，当即决定下车寻找此人。当日本人找到这个人时，他正在自己的店门口与对门的店主吵架。原来，他店里的西装标价800元一套，对门就把同样的西装标价750元；他标750元，对门就标700元。一个月下来，他仅批发出8套，而对门的客户却越来越多，一下子发出了800套。日本人一看这情形，对此人失望不已。但当他弄清真相后，又惊喜万分，当即决定以百万年薪聘请他。原来，对面那家店也是他的。

有眼光的创业者总能发现商机，创业者的眼光决定创业者的未来，谁能成为先觉者，高瞻远瞩，先行一步，谁就能成为商界的佼佼者。同样是创业者，眼光不同，境界不同，结果也不同。

其次，要培养市场调研的习惯。发现创业机会的关键点是深入市场进行调研，要了解市场供求状况、变化趋势，考察顾客需求是否得到满足，注意观察竞争对手的长处与不足等。

再者，要多看、多听、多想，见多识广，识多路广。每个人的知识、经验、思维以及对市场的了解不可能做到面面俱到，多看、多听、多想能广泛获取信息，及时从别人的知识、经验、想法中汲取有益的东西，从而提高发现机会的可能性和概率。

最后，要有独特的思维。当代大学生要具备独立思考的能力，这种能力应该成为大学生学习的灵魂和特质，也是创业独辟路径的重要基础。创业工作要求创业者必须具有独立发现问题和独立解决问题的能力，创造性地进行工作。独立人格、独立精神、独立思考，对于大学生来说，这三者都十分重要。一个人甘于平庸，处处事事和别人一模一样，亦步亦趋，如出一辙，那肯定是一个依附性强的人，他不可能别开生面、别具一格，也不可能在学习和事业上有所开拓、有所创新。机会往往是被少数人抓住的。要克服从众心理和传统的习惯思维模式，敢于相信自己，有独立见解，不人云亦云，不为别人的评头论足、闲言碎语所左右，才能发现和抓住被别人忽视或遗忘的机会。

第二节　创业项目的选择

在创业实践中，商机的内涵并不单单是指"机会"，还指"项目"。对于创业而言，项目的选择和把握非常重要。对于创业者来说，找项目就如同找对象，就是寻找能够一起生活的伴侣，一点也不能马虎，一点也不能将就，项目必须是适合自己的，只有适合自己的才能成为你实现目标的原动力，才能坚持走下去。如果项目不适合自己，就会造成投资失败，所以选择项目必须慎重。选择创业项目，不仅要对个人实力进行客观全面的分析，更要对行业未来的发展趋势进行准确地把握。选择创业项目，是实力与智慧的结合，是创业成功的开始。

一、创业项目及其来源

所谓创业项目，通俗说就是你打算干什么。俗话说："女怕嫁错郎，男怕入错行"，对于创业者而言，创业之前必须要先选择好项目，才能进行下一步创业的开始之路。创业如同婚姻，没有最好的项目，只有合适的项目。据中国创业招商网统计，90%的人曾经有过创业的冲动，其中60%的人会付诸实施，但仅有10%的人会成功，而其中98%的失败者是因为没有选准合适的项目。俗话说："万事开头难"，选择了一个好的项目，创业就成功了一半。

1. 创业项目选择的理论基础

创业项目选择的理论基础包括以下几项。

（1）生产力本位论。由于生产力的发展，产业结构由资本密集型向知识、技术密集型转移，人们对规模经济的根本信念发生动摇；人们收入水平提高，带动需求结构向多元化、个性化发展。与之相适应，多品种、小批量的生产方式取代了少品种、大批量的传统生产方式；国家为发展生产力，其产业政策也向中小企业倾斜。这一切都为创业创造了有利条件。

（2）创新理论。奥地利经济学家约瑟夫·熊彼特认为，经济发展是指在一个社会的经济活动中一切替代传统方式和打破原来平衡状态的内部变革。只有当生产方法的变革使原料和动力的新的结合过程不是陆续出现而是突然发生时，才可以算是发展。

（3）市场缝隙战略理论。日本经营学家长岛总一郎通过对几百家企业的企业管理诊断，提出了市场缝隙战略理论，他认为，在现代市场中，永远存在着市场盲点。经营活动要围绕寻找市场缝隙而展开，并以新产品的开发作为实施市场缝隙战略的核心。

以上理论从各个角度说明了市场中随处存在机遇，只要创业者有强烈的创业愿望和创业激情，并结合自身的条件积极地去市场中寻找机遇，抓住机遇，迎接挑战，勤奋努力，就有极大的可能获得创业的成功。

2. 创业项目的来源

创业项目是客观存在于社会经济环境中的，其来源主要依赖于创业者的眼光、能力和素质，依赖于创业者凭借自己的眼光和能力在社会经济环境中用经验和科学的方法去寻找。对于即将要创业的大学生来说，要创业成功，就应该具备并努力锻炼这种素质和能力。

（1）要努力扩宽眼界。目力所及要大、见识所及要多、思维所及要宽。一个创业者的眼界有多宽，他的事业就会有多大。扩宽眼界有以下几种方式。

一是阅读，包括书、报纸、杂志等。比亚迪老总王传福的创业灵感就是在阅读中产生的。王传福在一份国际电池行业动态上读到RIB公司宣布本土将不再生产镍福电池时，立刻意识到这将引发镍福电池生产基地的国际大转移和自己创业的机会来了。

果然，随后的几年，王传福利用 RIB 企业撤出留下的市场空隙，加之自己原先在电池行业多年的技术和人脉基础，做得顺风顺水，财富像涨水似地往上冒。

二是行路。俗话说："读万卷书，行万里路"。各处走走看看，是开阔眼界的好方法。《福布斯》中国富豪里面少有的女富豪之一沈爱琴，说自己最喜欢的就是出国。出国不是为了玩，而是增长见识，更好地领导企业。据有关研究结果表明，有 20％以上的创业者最初的创业创意来自于在国外的旅行、参观。像刘力 1995 年创立北京人众人拓展训练有限公司，将拓展训练当成自己创业的主要落脚点，灵感就自来于其在英国、瑞典等国考察时，对拓展训练的接触。回国后刘力便照猫画虎弄了这个东西，效果非常好。

三是交友。很多创业者最初的创业灵感是在朋友的启发下产生的，或干脆是由朋友直接提出的。所以，他们在创业成功后，都会更加积极地保持与从前的朋友的联系，并广交天下友，不断地开拓自己的社交圈子。时尚蜡烛领头羊山东金王集团创始人陈索斌的创业灵感，便来自于一次在朋友家中的闲谈。昆明赫赫有名的"云南王"、新晨源（昆明最大的汽车配件公司）老板何新源至今仍保持着和朋友在茶楼酒馆喝茶谈天的爱好。

（2）改变观念，正视问题。善于发现问题、思考问题，把问题看作创新的机会点，就是一个创业的好项目。只要专心、专注，就能从已经存在的项目或某个产品、服务、产业链条或经济模式中发现缺陷和问题。如由于双职工家庭没有时间照顾小孩，于是就有了家庭托儿所；由于居民没有时间买菜，就产生了送菜公司；由于蜡烛冒黑烟，就研制出了无烟蜡烛。这些都是从"问题"中寻找到的项目。

（3）跟对形势，把握最新的政策。从各种政策当中发现机会点，从而产生出新的创业项目；或者凭借、依靠、借助某种强势，获得可为己所用的力量，从而衍生出新的创业项目。如郭瑞平利用当时国家竞技体育与群众体育两手抓、两手都要硬的政策大势，将创业目标定位于"群众喜欢用、群众乐用的健身器材"上，短短 10 来年，就从一个破产的小自行车厂，发展到现在年产值超过上亿元的澳瑞特健康产业集团。又如俞敏洪如果不是凭借全国性的"英语热"和"出国潮"的趋势，他就是使再大的劲，流再多的汗，也不会成功。

（4）善于发现各种资源的优势点、关联性，并加以整合的能力。如果根据市场需求变化，直接把两个或者两个以上的项目或产品整合在一起，就会产生一个全新的项目，或者把两种物质、两种功能或两种原理，综合为一体，产生新的功能、新的用途。例如把香水和吊坠巧妙地结合起来，把钻石的吊坠里滴入香水，香味均匀地散发，可持久地维持芳香，"香水吊坠"这一新的项目就产生了。

（5）培养挖掘资源的能力。努力从自身资源优势出发，抓住当前市场需求的热点，用心去挖掘满足该市场需求的现有项目之外的其他路径，并对这种路径加以改进、提升，从而衍生成为一个新项目；或者，寻找现存的隐蔽资源，进而改进、提升、转化为新项目。如鄂伦春族用桦树皮制造工具和工艺品，做工别致，在发现这一隐蔽资源后，有人就用心去挖掘，开始开发、设计桦树皮工艺产品，这样"桦树皮工艺产品"项目就产生了。

（6）努力培养自己的兴趣。可以从自己的兴趣点出发，把兴趣变成能赚钱的事，从兴趣中衍生出一个具有市场需求和商业价值的新项目。例如，对美术感兴趣，可以从油画、美展、摄影等方面产生新项目；对钱币感兴趣，可以从收藏等方面产生新项目；热爱旅游，对旅游及旅游用品非常喜爱，可以开一间户外旅游俱乐部，既出售户外用品，也可是"驴友"的聚集地，"户外旅游俱乐部"项目就产生了。

（7）努力寻找自己的"优势"。也就是说你具有的强项、特长和某种资源，从而衍生出新的项目。如买车的人对汽车销售商都心存芥蒂，自己具有开车经验和汽车修理能力的优势，可把"验车"作为一项专门服务，"验车"项目就产生了。

（8）培养自己的敏感性。创业者的敏感是表现在对外界变化的敏感，尤其是对商业机会的快速反应上。也表现在对生活中看到的、听到的、接触到的某些事物的敏感上，由此能联想到它的商业价值，这样就可以产生项目。如潘石屹在怀柔区政府食堂吃饭，听旁边吃饭的人说北京市给了怀柔四个定向募集资金的股份制公司指标，但没人愿意做。潘石屹从这句话里嗅到了商机，于是他通过积极努力，最终拿到了 8 亿元的现金融资。又如"宠物贞操带"项目，就是在遇到小区里两位宠物狗主人因名贵宠物狗怀孕争执，对这一生活现象引起了敏感而产生的。

（9）学会转换角度考虑问题。不要盲目跟从，当大家都在追逐市场大潮时，你就要学会从为他们提供服务中寻找项目。例如私家车大潮到来时，由于酒后等原因司机不能驾车，"代驾"项目由此产生。

二、创业项目选择的原则

任何项目本身，都有一个怀胎、孕育、出生、发育的过程，这是一个自然的过程；创业者对一个具体项目，有一个认识、理解、通透、把握的过程，这是一个历史过程。也就是说，创业项目的选择要具有长远性，要有自己的原则，既有创业者的主观因素，也有项目的客观因素，无论具体情况怎样，如果你要创业、要选择创业项目，就必须遵循以下几个普遍原则。

1. 市场导向原则

在市场经济条件下，一个企业要想求得生存和发展，就必须坚持以市场为导向。如果生产出来的产品（或者服务）没有市场，这样的项目不能选择。很多年轻的创业者喜欢创新，创业项目也需要创新，需要有特色，需要有差异。但是，脱离市场需求的创新则毫无意义。一般来讲，导致没有市场的原因可能有三种：一是质次价高；二是产品（或服务）的安全性能不达标；三是产品（或服务）的质量不符合标准。要尽量选择物美价廉、安全可靠、产品质量达标的项目来满足消费者，以赢得市场。企业的经营决策宗旨，应该是创造性地满足消费者现实的和潜在的市场需求。也就是说，顾客的需求有现实需求和潜在需求之分。作为一个成功的创业者，不仅要了解满足顾客的现实需求适应市场，而且要了解满足顾客潜在需求适应市场。如在 20 世纪 70 年代和 80 年代，房地产需求对我国居民来说是一个潜在的需求，随着人口的增多、经济的发展、收入的提高，人们对住房的需求将会不断地增加。随着对住房需求的增加，对建材的需求也是一个潜在的需求。因此，从事房地产开发和从事建材生产销售的企业都取得了较好的效益。企业的一切经营活动都要以市场为出发点，只有以市场为导向，才能获得经营效益。对于创业项目的选择来说，也要遵循市场导向原则，这是经营项目选择的基础，也是创业成功的基本保证。一个项目只有适应市场，才能产生效益，获得成功。如果项目选择脱离了市场导向原则，就像火车脱离了轨道，注定要失败。

另外我们在选择项目时，也要考虑产品以什么样的定位进入市场，市场定位主要包括：一是针对哪些消费群体。没有清晰的客户目标的项目不要选择，需要转变消费者观念的项目也不要选择，因为培养市场的任务不属于创业者。二是消费状况如何。如果项目的产品和服务是面对一个消费能力极其低下的群体，又不可能在短时间内形成规模，这样的项目盈利是很困难的。如果项目的产品和服务是季节性的，这样的项目要面对生产与销售的衔接、市场信息反馈的迟滞及资金占有量的增大，也要慎重选择。三是消费人群、地区分布如何。在刚刚创业时，如果在该创业项目市场区域内有强大的对手，直接对抗强大的对手是不明智的，除非创业企业有某种优势作为内涵的差异。只有创业者定位好产品和市场，产品才能畅销，才能获得好效益。

2. 自有资源优先原则

资源优势是投资创业成败的关键和物质基础。俗话说："巧妇难为无米之炊"，一个创业者如果没有适合这个项目的各种资源，创业就成了天方夜谭，随时都会有失败甚至破产的危险，所以这样的项目在资源未具备之前最好不要选择。资源优势主要包括五个要素：技术要素、资金要素、人力要素、原材料要素和信息要素。将目标放在朋友多、门路热、人际关系好、办事渠道畅通、信息来源广的行业，那么，事业兴旺就有了充分的条件。反之，如果所选择的行业领域人地生疏、信息闭塞、办事门路不熟，适应发展就会受到许多制约，这种情况应该尽可能避免。在项目选择时，创业者应贯彻自有资源优先原则。所谓自有资源，就是创业者本人拥有的或自己可以直接控制的资源。相对于其他非自有资源的项目，自有资源的项目取得和使用资源的成本往往较低；同时这些资源在利用过程中也容易使项目获得标新立异的优势，在今后的市场竞争中占据主动地位。

3. 可行性原则

所谓可行性原则，就是所选择的经营项目要具备实施条件，应考虑以下几个方面：一是具有现实的商业模式和市场价值。简单地说，就是项目的经营方式和产品的市场价值。例如，果汁的生产经营模式是水果加工、销售，市场价值是人们饮用来解渴或保证健康。也就是说，项目从产品生产、销售到市场消费，要形成一个完整的产业链，才能产生价值。二是具备可以实现的条件。创业存在困难和问题是在所难免的，创业的过程就是一个不断战胜困难和解决问题的过程。但是所选择的项目存在的困难和问题预测自己要能够解决，如果存在的困难和问题自己无法解决，这样的项目不要选择。选择了面临困难和问题时不能解决的项目，就意味着创业活动将会半途而废，会给自己带来损失。如项目所需原料、材料、辅助材料绝对量日益减少，或者被国家和垄断组织所控制，这样的问题是项目运行中难以解决的。这里提到的项目可行性条件，主要有以下几个方面。①资金：资金是否到位；②技术：生产技术是否有保证；③生产工艺：生产工艺是否配套；④材料供应：材料供应是否有货源；⑤辅助设施：水电等是否配套；⑥运输条件：产品是否有运送能力；⑦配套条件：办公、住宿条件是否具备；⑧产品销售：销售是否有渠道等。选择项目时要对这些条件逐一认真审核，看哪些条件具备或成熟，哪些条件不具备或不成熟。

可行性原则也是项目可行性研究的基本原则，项目是否可行是创业成败的关键，如果项目不可行，即使创业者付出再大的努力，最终还是会失败。在这里我们只对可行性原则进行了简单介绍，项目可行性研究是项目论证的重要方法和手段，是投资人或投资主体论证项目投资的科学依据。需要创业者按照相应程序和方法对自己选定的项目进行论证和评估，也需要创业者再检索一些资料进行对比分析，在进行了充分的讨论和研究后再下结论并做决策。

4. 比较优势原则

我们知道，选择项目要有特色，而这个特色就是比较优势。所谓比较优势原则，也就是项目的特色化或差异化，可以表示成四句话：别人没有的，先人发现的，与人不同的，强人之处的。"别人没有的"，可以是某种资源与某种特定需要的联系，可以是某种公认资源的新商业价值。一个走亲戚的人发现附近的山上有白色的土，可以制作陶器，他进一步了解到附近有铁路。于是他买下这块下面有陶土的地，把土晾干磨成粉，卖起陶土来了。"强人之处的"，一个项目不论在哪个方面，哪怕是有一点高人一筹、优人一档就有运作的可能性。例如成本，谁能想到"世界 500 强"排名第一的是一家叫沃尔玛的零售企业，它能够把管理费用控制在销售额的 2％。据说，他们总部的办公室像卡车终点站的司机休息室，可见他们为降低成本而努力的背后是一种什么样的精神。

5. 效益原则

所谓效益原则，就是要使企业在实施项目中有所盈利、有所回报。创业者在选择项目时，要进行投入产出的详细分析，客观地测算出回报周期。对于年轻的创业者而言，选准一个项目或者事业机会，为创业阶段获得"第一桶金"，是创业成功的基本保证。其实，每个人都想在创业之初夺得"开门红"，用最大的勇气和努力争取和获得回报。

6. 持续发展原则

所谓持续发展原则，就是选择项目要有持续的生命力，要有一定的产品周期。有些产品的寿命周期很短，如以前有一种玩具"飞来飞去器"、健身器材"呼啦圈"等。这些产品的盛销也就是一阵风，这阵风吹过之后市场就饱和了。市场要有源源不断的需求，最好是反复重新消费的商品，只有选择这样的项目才可以长久地持续发展。例如，由于环境保护、森林树木禁伐，原木木浆开始缺乏，纸制品供不应求，出现了纸制品的市场机会。有的企业就抓住时机，利用废纸做原料生产纸制品，其结果是大获其利。依据持续发展原则，选择项目应注意以下几个方面的问题：一是要以最小的投入获得最大的产出，节约资源，而不应以自然环境为代价来获取利润。例如，土地利用、水利资源开发，应尽量节约土地和水资源。二是要强化环保意识，对环境有影响的项目，要考虑环保投入成本。例如，水泥厂、造纸厂等的污水处理问题。三是要克服短期行为，加大科技投入。以高新技术创新产品，延长产品的生命周期，为企业未来发展增加动力。例如，太阳能开发、海水发电等项目，将是未来人类生存的基础资源。四是选择有成长性的行业，而不是夕阳行业。有发展前途的行业，对一个创业者来说无疑是一种挑战和鼓励，有利于企业的发展壮大，所以选择创业项目和做人是一样的，必须要不断地成长和发展。许多传统的行业属于夕阳产业，许多使用价值已经被新技术所替代，已经逐渐地走向消亡，选择这样的项目，无疑会给自己创业的发展带来巨大的问题。

对于想要创业的大学生而言，在选择创业项目时，建议考虑以下因素。

一是资金问题。启动资金很大、周转时间长的项目尽量不要选择。对大学生创业者而言，创业时一般来说资金都比较紧，因此选择启动资金少、资金周转幅度尽量小的项目比较稳妥。因为即使创业者有了资本启动，而后无周转金准备，创业还是会危机重重。国内外的许多企业家，如山姆·沃尔顿、曾宪梓、李嘉诚都是白手起家，从小项目做起的。河南省的陈起亮，就是采取摆小摊的方式进行创业的。他在县百货公司对面繁荣地段干起了修锁、配钥匙、修钢笔、修自行车，当上了个体修理户。他在自己的小摊前挂起一块免费受理牌，上面写着：登门开锁免费、离退休干部免费、学生修钢笔尖免费、自行车充气免费、代装自行锁免费。他乐于尽义务，不收老人、小孩分文。这样一来，他的生意越做越大，声誉越来越好，手艺越来越精，收入也越来越高。当他的小摊发展为一座修理亭时，他的事业发展很成功。其实想一想，他最初做这些事情的时候仅仅是修钢笔、配钥匙等，其技术要求并不是很高，资金要求很少，但有的人却看不到眼里，认为这是很丢面子的事。所以不论干什么，无论项目多小，只要我们用心去做，就没有干不好的事情。

二是项目的合法性问题。大学生的社会经验不足，容易盲目而误入违反法律的项目。我们也经常在报纸上看到一些大学生创业误入歧途，甚至出现了违法犯罪的事情。所以大学生创业者在选择创业项目时，首先应了解相关法律，如所选项目是否违反《中华人民共和国合同法》《中华人民共和国反不正当竞争法》《中华人民共和国产品质量保护法》《中华人民共和国专利法》《中华人民共和国商标法》等。若创办涉外企业，还需熟悉国际惯例、国际经济法（如《中华人民共和国海商法》《中华人民共和国代理法》《中华人民共和国保险法》）等。国家对于有些领域是明令禁止的，如制毒贩毒、军火的生产和经营、非法传销等；有些领域是有限制条件准入的，如制药、烟草等；有些行业是有资质限制准入的，如大型的建筑安装工程、矿山的开采等。对于普通大众的民用商品绝大部分没有什么限制，只需要守法经营和照章纳税即可进入。自己所选择的项目及经营要符合法律的规定，否则创业也要失败。

三是项目的安全性问题。大学生创业往往管理经验不足，安全问题是项目选择中要着重考虑的因素，创业中如出现安全问题，不仅项目会失败，还会给创业者带来灾难。如经营易燃易爆的产品，必会增加生产、储备、运输、销售的难度和风险，也会时刻受到有关部门的监督。另外安全难度大的项目，如食品，特别是婴儿及儿童食品等，如果没有从原料采购到生产加工再到分销渠道的全程监控的把握，就不要选择这样的项目。

三、创业项目选择的方法

项目选择就是对多种项目设想或方案进行比较，挑选出机会成本最小，在实现之后能够为资源投入者和社会真正带来巨大利益，并对成功可能性最大者继续进行研究，进而付诸行动的过程。选择项目有如下四个步骤。

1. 做加法

"做加法"就是要努力打开眼界，开阔视野去寻找项目，前面我们介绍了找项目的一些方法，创业者可以试着利用这些方法，并从中尽可能找到更多的项目，只有这样我们才有对比、选择的机会，才可能会有最好、最适合的项目产生。创业者在进行创业前，千万不要吝啬时间和精力，一定要下些功夫去寻找项目，因为选好这个项目可能是创业者走向成功的前提和基础。如软银公司总裁孙正义选择创业项目时，用了在大学读书的四年时间不断地寻找，"海选"了50个创业项目，毕业后又专门用一年时间逐个考察，最后确定做软件。在寻找项目的过程中，我们总会发现有些创业者会因一时心动而决定马上开始创业，随后不久就使自己陷入困境；也有一些创业者一直处于寻找状态，几年甚至十几年都没有决定做什么，而使自己错失许多机会。这也是为什么想要创业的人多，而实际创业成功的人却很少的原因之一。

建议大学生创业者，要多走出去看，多去见识，不断开阔眼界。在开拓眼界、"海选"项目时，可以从个人资源着手，如从创业者个人的专业能力、特长、兴趣等方面，列出创业项目表；列出人脉资源，如咨询身边熟悉的老师、家人、朋友，让他们提供一些有价值的信息；列出所熟悉的产品服务领域的业务、客户关系等，梳理出好的项目。无论如何，只要你有，处处有创业项目，时时有创业项目，我们现在要做的就是用心去找出这些项目。

2. 再做减法

所谓"做减法"，就是用拟定的标准，把不好的项目删减下去。这里所谓的"不好"的项目，有些是创业者自身的因素，有些是项目本身的因素。前面我们论述了项目选择的原则，筛选项目时除了参考上面的原则外，我们还要考虑创业者自身的主观因素。

其实创业首先经营的是自己，创业成功的一个好前提，是在工作实践中掌握很多创业知识、经验、技术，积攒资金、人际关系等。

首先，创业者是否对此项目感兴趣。兴趣是最好的老师，只要创业者对自己所确定的项目或行业感兴趣，一般都容易做好，并且会事半功倍；如果创业者对此项目无任何兴趣，就不会对此倾注自己的全部心血，更不会引导自己的特长向此方面发展，也不会以坚忍的意志控制自己的行为在此方面不断地努力，更不会取得最终、最好的结果。

其次，创业者自身的性格、专长。创业者在选择项目时首先要考虑自己的兴趣，但又不能仅仅依赖于自己的兴趣，如凭一时的热情和心血来潮做选择也可能导致失败。这是因为，兴趣是一种心理冲动，变化比较大，而一个人的性格和能力专长则是后天养成的一种比较稳定的习惯和技能，是完成某一项目的最基本的主观保障条件。所以创业者在选择创业项目时，应注意选择那些和自己的性格、能力与专长相同或相近的项目。

第三，创业者的经验问题。所选的项目是不是自己熟悉的项目和行业，所谓熟悉的行业和项目有两层含义：一是自己所学专业领域的项目；二是对这个项目或者产品比较熟悉、不陌生。熟悉可以避免少走弯路，"新、奇、特"的项目打开市场需要一个过程，甚至投资以后还有可能打不开市场。所以，创业者在选择创业项目时应考虑和选择自己熟悉的、适合自己的创业项目。科龙集团投资创业有条原则：不熟不做，讲的就是这个道理。若一定要选不熟悉的创业项目，建议先在该行业工作一年半载，摸清摸熟这一行业的业务再进行创业。

3. 项目排序

对剩余项目进行排序。如果筛减后的项目不多，就不用再进行排序，可直接过渡到下一步的市场测试。排序的标准只有两个：一个是"市场需求"；另一个是"自身优势"。然后按照顺序进行测试。

（1）先造两把尺子。

①市场需求。需求必须是直观而具体的，这就需要把标准表现为五个"单项"（刻度）：正当的、恒久的、潜在的、有支付能力的、客户目标明确的。

②自身优势。优势是创业者本身具有的强项。优势作为标准，也表现为五个"单项"：专业的知识、经验的积累、现有的资源、独有的强项、特别的兴趣。

（2）用尺子度量项目。

先用第一把尺子度量项目，再用第二把尺子度量自己，即自己对这个项目所占有的"优势"，然后得分就出来了。

（3）按照分值大小排序。

就这样，用这两把尺子对剩下的项目一个一个地进行度量。每个项目都会有两个得分，把两个得分相加，就有了这个项目"可行性"的绝对值。接着，按照绝对值的大小排出序列考察。排序的作用是，运用具体标准对剩下的项目的内涵进行评价。假定，有了a、b、c三个项目的绝对值，它们的顺序也就出来了。接着，从最大值开始，进入项目选择的最后一步——市场测试。

4. 市场测试

按照上面的步骤筛选出来的项目，只要程序正确、内涵真实，就应该是好项目。所谓好项目，说到底也就是创业者对项目的初始判断。但初始判断有时是有效的，机会瞬间即逝，如果都要进行周密的市场调查，经常会难以把握机会。牛根生在谈到牛奶的市场潜力时说："民以食为天，食以奶为先，而我国人均喝奶的水平只是美国的几十分之一。"也许这就是他对乳制品机会机制的直观判断，但却取得了成功。

但并不是所有的创业者都能通过对项目的初始判断就取得成功，他们还需要做进一步的创业行动——市场测试，对机会价值做进一步地评价。创业者经常容易犯的错误是，自己认为好的，则一厢情愿地断定顾客也应该认为好。"己所不欲，勿施于人"，然而"己所欲施于人"也不一定奏效。如何确定顾客的偏好，通常可以采用市场测试的方法，将产品或服务拿到真实的市场中进行检验。所谓市场测试，就是运用科学的方法，通过各种途径、手段、有目的、有计划、系统而客观地收集、记录、整理与分析有关市场营销的现状和历史资料，了解创业项目的外部环境、市场需求、现有资源、原材料、竞争对手及创业项目的投资成本和价格预测，预测其发展趋势，为企业经营决策和管理提出方案，为科学决策提供依据的活动。在这里，市场测试主要是指创业项目的实施者在选择项目前所进行的市场调查，一般选择在比较小的范围内（如某些可代表广大消费者的主要城市或城镇）展示和促销一个品牌，如果该品牌在这些市场中销路很好，它们就可以在全国范围内投放市场或公开亮相，市场测试是创业者正确地选择项目的前提条件。但是，如果产品的缺陷很快被发现，该品牌就需要加以改进，甚至有时不得不放弃。市场测试与市场调查不完全相同，询问一个消费者是否想购买和这位消费者实际是否购买很多是两回事。如雀巢咖啡为打开中国市场，选择了一些城市向住户投递小袋包装咖啡就是一种市场测试。

市场测试的目标首先是要弄清楚四个问题，即"哪些人会买你的东西？""为什么要买你的东西？""你的东西比同类产品更好吗？""你的东西能够满足未被满足的需求吗？"

市场测试的要点如下：

（1）利益是关键。利益，是需求的满足或实现，即产品对需求的满足。有两种情况，一是这种需求已经存在但还没有被满足；二是已有的产品能够满足消费者的需求，而创业者的产品比已有的产品更好。

（2）只要一个点。利益的满足可能不是全部，也可以不是整体，这要靠差异的优势——产品细分了消费者的一个部分的需求或一个点的需求。

总之，产品能否给用户带来利益，是可以测量的。测试时要选择好客户群，也就是说要认清创业者的产品（或服务）是要卖给谁，就要让谁来用。如果这些客户说行，那这个项目就可行；如果他们说不行，那创业者就要考虑问题出在哪里；如果确实不能解决，那么这个项目就不能选择。

实战演练

如何选择创业项目

在通过努力、认真地寻找项目后，找到了以下几个创业项目。

（1）代理"耐克"品牌经销。

（2）开一家美容院。

（3）成立一家培训公司，具体项目是为工人提供技能培训、工作中介或咨询服务。

（4）开设家长辅导班，辅导家长如何培养自己的孩子。

（5）开一个服装店。

（6）开一家专门制作秘方菜肴的饮食店。

假如你现在要进行创业，请结合自己的实际情况进行项目选择，并给出你选择（或不选择）此项目的理由，以及你打算如何考察和运作这个项目。

_____

_____

_____

_____

【复习与思考】

1. 如何用良好的创意为你的创业创造好的商机？

2. 如果你要创业，你想选择什么样的项目？

3. 在创业中，如何为企业选择适合自己的赢利模式？

_____

_____

_____

_____

本章学习收获

_____

_____

_____

_____

读书心得

书名：

作者：

读书心得：

_____

_____

_____

_____

文中经典妙句：

_____

_____

_____

_____

陌生人拜访（五）

姓名		性别		职业		联系方式	
职位		单位				拜访地点	

预计拜访中遇到的困难：

拜访目的：

预计拜访内容：

问题1：

问题2：

问题3：

问题4：

拜访总结：

拜访中遇到的实际困难：

第六章　组建团队，创业者与创业团队

腾讯的马化腾创业 5 兄弟，堪称难得，其理性堪称标本。12 年前的那个秋天，马化腾与他的同学张志东"合资"注册了深圳腾讯计算机系统有限公司。之后又吸纳了三位股东：曾李青、许晨晔、陈一丹。这 5 个创始人的 QQ 号，据说是从 10001 到 10005。为避免彼此争夺权力，马化腾在创立腾讯之初就和四个伙伴约定清楚：各展所长、各管一摊。马化腾是 CEO（首席执行官），张志东是 CTO（首席技术官），曾李青是 COO（首席运营官），许晨晔是 CIO（首席信息官），陈一丹是 CAO（首席行政官）。

之所以将创业 5 兄弟称之为"难得"，是因为直到 2005 年的时候，这五人的创始团队还基本是保持这样的合作阵形，不离不弃。直到腾讯做到如今的帝国局面，其中 4 个还在公司一线，只有 COO 曾李青挂着终身顾问的虚职而退休。

都说一山不容二虎，尤其是在企业迅速壮大的过程中，要保持创始人团队的稳定合作尤其不容易。在这个背后，工程师出身的马化腾从一开始对于合作框架的理性设计功不可没。从股份构成上来看，5 个人一共凑了 50 万元，其中马化腾出了 23.75 万元，占了 47.5% 的股份；张志东出了 10 万元，占 20%；曾李青出了 6.25 万元，占 12.5% 的股份；其他两人各出 5 万元，各占 10% 的股份。

虽然主要资金都由马化腾所出，他却自愿把所占的股份降到一半以下，47.5%。"要他们的总和比我多一点点，不要形成一种垄断、独裁的局面。"而同时，他自己又一定要出主要的资金，占大股。"如果没有一个主心骨，股份大家平分，到时候也肯定会出问题，同样完蛋"。保持稳定的另一个关键因素，就在于搭档之间的"合理组合"。马化腾非常聪明，但非常固执，注重用户体验，愿意从普通的用户的角度去看产品。张志东是脑袋非常活跃，对技术很沉迷的一个人。许晨晔又是一个非常随和而有自己的观点，但不轻易表达的人，是有名的"好好先生"。而陈一丹是马化腾在深圳中学时的同学，后来也就读深圳大学，他十分严谨，同时又是一个非常张扬的人，他能在不同的状态下激起大家的激情。

可以说，在中国的民营企业中，能够像马化腾这样，既包容又拉拢，选择性格不同、各有特长的人组成一个创业团队，并在成功开拓局面后还能依旧保持着长期默契的合作，是很少见的。而马化腾成功之处，就在于其从一开始就很好地设计了创业团队的责、权、利。能力越大，责任越大，权力越大，收益也就越大。

可见一个创业者最大的成功，不仅仅是创业的成功，如何让创业团队中的伙伴各展所长，优势互补，共同成长，共同盈利，才是最大的成功。

第一节　创业者

一、创业者的概念

创业者的概念经历了一个演变过程，1755 年法国经济学家坎蒂隆首次将"创业者"的概念引入经济学的领域。1880 年，法国经济学家萨伊将创业者描述为将经济资源从生产率较低的区域转移到生产率较高区域的人，并认为创业者是经济活动过程中的代理人，首次给"创业者"做出定义。美籍奥地利经济学家熊彼特认为创业者应该是创新者，具有发现和引入更好的能赚钱的产品、服务和过程的能力。

我们认为，创业者首先是一个有梦想的追求者，他追求的是未来的回报，而非现在的回报。如果未来的回报低于预期，或者低于现在的回报，一个人不可能有创业的动力。因此，创业者进行创业活动是为了获得更大的价值，这种价值的实现，有物质上的诉求，而更多的是人生价值的实现。创业者的未来收益是一种投资性活动的收益，这些投资既可能是实际的资本投入，也有本人和团队的时间和精力的投入，而收益也就不只是金钱上的收益，还应包括价值的收益、理想的实现等。

"创业者"（entrepreneur）来源于 17 世纪的法语词汇，表示某个新企业的风险承担者，早期的创业者也是风险承担的"承包商"（contractor）。在欧美的经济学研究中，将创业者定义为一个组织、管理生意或企业并愿意承担风险的人。

创业者一般被界定为具有以下特点的人：创业者是一种主导劳动方式的领导人；创业者是具有使命、荣誉、责任能力的人；创业者是组织、运用服务、技术、器物作业的人；创业者是具有思考、推理、判断能力的人；创业者是能使人追随并在追随的过程中获得利益的人；创业者是具有完全权利能力和行为能力的人。

在实际生活中，与一般人的观念不同，创业者所谓高度的商业才能，不仅仅是创办一个企业，而且是在企业的整个发展过程中，都能够做出正确的决策，及时解决面临的问题，修正企业的发展方向，使企业长期保持活力，不断发展壮大，成为具有影响力的企业。同时，界定一个创业者，还应该从社会发展的角度，那些建立了新的商业模式并获得了好的发展的企业，并且为其他企业的发展提供样板，为社会提供就业，不断带来财富的企业的创立者通常也被称为创业者。

二、创业者的类型

在当今知识经济高速发展的今天，传统雇佣制的经济与创业的界限也变得模糊起来，并且产生了大量的介于雇佣制与创业者之间的自由职业者。而在当今社会中，由于信息的高速发展，社会的价值被大量分享，学习的成本降低，因此造就了社会的快速转型。当今社会最有价值的东西包括可以随意学习的知识和技能、有兴趣的工作、不断学习的机会、有效沟通的网络（包括虚拟世界的有效沟通）。正是在这种变化中，为人们带来的创业的便利，改变了当今的创业环境。

当人们的创业活动不再单纯与金钱挂钩时,这种创业活动就会变得多姿多彩,创业动机也丰富起来,不同类型的创业者也由此而产生。

1. 机会拉动型创业者

创业的开始往往是基于一个好的想法或者创意,这样的创业被称为机会拉动型创业。一个好的创业者可以敏锐地发现创意后面暗含的商机,将创意转变成创业机会并建立起盈利模式。一些创业者在企业发展之初就能够为企业制定未来的发展战略。但是也有些创业者是在企业发展过程中与企业一起成熟的,他们随着企业的发展不断地修正发展方向并为企业带来持续的利润。

2. 热情驱动型创业者

另外一些人的创业首先是从有创业的想法开始的,这些人怀着强烈的创业梦想,被创业热情驱动,梦想着自己可以成为自己的老板。尽管目前这些人还无法摆脱自己当前的职业束缚,但是他们总会寻找机会建立起属于自己的企业,并且取得相当高的成功率,这些人被称为热情驱动型的创业者。

这类创业者创业的动机是梦想着有自己的企业,喜欢扮演决策者的角色,虽然此时还没有机会,但是一旦这些人获得机会,就会毫不犹豫地改变自己。热情驱动创业的创业者有一个通病,他们在考虑创业时,并不太会考虑将来干什么,在传统行业的创业活动中,也能施展他们的技能。

3. 生活型创业者

有些人的创业动机非常简单,他们希望能够通过创业养家糊口,改变自己贫穷的现状。他们可以尝试创建一个适合个人境况、生活方式的小企业,以"小生意"或者"小微企业"来保证自己衣食无忧,但是当机会来到时,他们当中也会有人毫不犹豫地扩大企业的发展。在通常情况下,此类创业者并没有较为宏大的创业计划,他们或许只想开办一家生活型企业,在经营中获得乐趣,并利用销售收入维持企业的发展,这些人称为生活型创业者。

4. 主动型创业者

不管基于何种驱动力,创业者的共同特征是都会将创业作为自己的人生愿景。愿景是指希望永远为之奋斗并达到的前景;它是一种意愿的表达,表明未来的目标、使命及核心价值,是人生最核心的内容,是最终希望实现的图景。我们分析创业者的共同特质,就会发现创业者的愿景一般可以概括为以下几点:

(1) 赚取更多的利润。

(2) 获得更多的人生发展空间。

(3) 体会成功的快乐。

(4) 从事自己喜欢的事业。

(5) 满足自我价值的提升。

创业愿景与实际情况之间有时会存在较大差距,不是每一个创业者都能获得成功或者有较大的收益,金钱的失去只是创业者要面对的最普通的问题之一。创业者在创业过程中还需要面对更多的困难，解决没完没了的难题。例如资源的短缺，市场的开拓不利，合作伙伴的突然撤资等。如果创业失败，创业者可能面临一无所有甚至负债累累的局面。这也造成很多人在是否创业的问题上犹豫不定。但是创业的过程本身充满不确定性，又是一个创造的机会，这会给创业者带来许多创造的乐趣和丰富的生活体验，使创业者获得享受。因此，一个成功的创业者必定是一个乐于接受挑战，喜欢自己创造未来的人；即使失败，他们仍然能从中学习，并且很快调整自己的创意，重新找到创业机会，我们称这些人为主动型创业者。选择创业就意味着一生的选择，因此坚定目标、充满勇气应该是创业者的人生第一课。

三、创业者应具备的能力

创业者所做的第一步是为新的业务产生一项创意。创意的来源多种多样，互联网目前已经创造了很多创业机会并且许多富有创新的企业因此而产生。另外，在传统行业中，也会有许多新的创意产生。创业者需要做的是对其中可以产生的创业机会进行评估，并付诸实践，使之产生利润。一般情况下，创业活动对创业者的专业技能要求并不是很严格。虽然拥有专业技能可以使创业者更容易掌握核心技术，保持企业的先进性，但是过分关注技术也会造成对其他资源的忽视，企业在管理和市场方面会出现问题。实际上，并不是每一位创业者都具有本领域的专业技能。我们熟知的联想集团前 CEO 柳传志，他所学的专业就是雷达技术而非计算机。

在创业过程中，创业者需要做的事及具备的能力如下。

1. 发现新创意的能力

创新能力是创业者应该具备的能力。早在 1912 年，经济学家熊彼特就在其经济学著作《经济学发展理论》中提出"创新理论"。书中认为，作为企业家，其职能就是实现创新。需要指出的是，创新能力并不仅仅包含在技术或者产品的创新之中，创业者的创新包括方方面面。

"90 后"男生开公司估值过亿 与总理谈大学生创业

李克强总理主持召开科教文卫体界人士和基层群众代表座谈会，一个年轻面孔引起了全国观众的关注，他就是广州中医药大学 2014 届毕业生王锐旭，虽然毕业仅半年，但他创办的九尾科技有限公司估值已经上亿元。王锐旭是一位"90 后"大学生创业者，因为家里困难，他从大学一年级就开始在社会上兼职。他曾花 250 元在某中介公司办了会员卡，"说是负责在未来 4 年为我介绍兼职，可是交了钱就没了下文。后来才知道这是诈骗公司"。不少人上当受骗后可能会自怨自艾，而王锐旭却看到了其中的商机。他开发了"兼职猫"APP 产品，为大学生提供免费、海量、安全、个性化的兼职信息服务，为大学生们介绍真实可靠的兼职。他创业只有 3 年，从大学二年级创立的从事校园商业推广的"魔灯团队"到大学三年级创立的"九尾科技有限公司"，他成功拿到百万元的天使投资，成为一位年轻的"90 后"CEO，其公司的估值已经过亿元。

2. 积极寻找创新来源的能力

创新能力是事业获得发展的动力源泉，创业者要有追求完美的意识，寻找新鲜的、未尝试过的解决方案。创业者要考虑创业的整个过程，从过程的纵向路径中找到创新点，也可以进行横向分析，从产品、市场、客户需求、公司管理及运营等角度来考虑创新。

创业者在进行创意构思时，需要一个复杂的分析过程。在这个过程中，可以选择到互联网上或者进行头脑风暴想出很多好的创意执行方案，然后对不同的资料进行整理，找到一个可行的解决方案。创业者应该具有高度的敏感，能够从众多概念中找出商机，选择可行的创业模式。

3. 创意评估的能力

创业者应该清楚，并不是每一个创意都能转变为商机。因此，一个创意的评估，对创业的成功有很大的决定性作用。对创意的评估，是指分析、评价创意是否能转变为商机，是否能为创业者带来利润，如果没有利润再好的创意也不能被实施。创业者需要考虑以下问题：这个创意过分、夸张吗？实践起来容易吗，有没有实践成果？是否有其他人早已考虑过了？如果这些问题都得到了圆满的回答，那么说明创意是基本可行的。按照美国经济学家的调查分析，在美国从商机分析到开展业务一般要经过6～12个月的时间。当然，创业者的个人因素会在很大程度上影响这一过程的时间。这一过程中，创业者面临的巨大挑战是鉴别、评估哪种创意真正具有商业潜力。大学生创业者可以按照下面的路线图实行：考虑创意变成商机之后能为公司带来多大利润；创意是否需要改进以提高收益；罗列所有的技术与管理项目；明确增加或删减的方向。

4. 将创意转变为商机并获得成功的能力

将创意真正变成商机是指创业者在通过市场分析后，经过确立产品与服务的方式，进行市场研究，制订合理的商业计划，确定启动资金，构建公司管理模式等一系列工作，启动并开始公司运营的过程。这一过程复杂而艰巨，有很多环节涉及商业知识和经验。国家工商总局的调查数据表明，1999年我国实有个体工商户3160万户，到了2004年，这一数字下降为2350万户，6年间"净缩水"810万户，平均每年减少135万户。个体私营减少的原因是，一些公司缺少所需的资金；另外一些则是由于产品定位、管理技术和运作经验缺乏造成的。

大学生创业者尤其要坚定决心，因为这一阶段不仅要面对大量细致、琐碎的工作，而且也会面对未曾经历过的困难。要将商机转变成财富，仅仅依靠知识技能是不够的，因此我们建议在此期间，可以寻求专业人士的帮助。

5. 制订资金计划，明确所需资源的能力

启动资金是指企业在创建的前期需要的资金投入。创业者需要对前期的成本投入有明确的认识，虽然创业者可以找专业人士来帮助自己，但是自己也应做到心中有数。公司的生存与发展，产品和技术是至关重要的，解决了产品的技术性与服务性问题，就需要关注销售，只有销售之后，才会有利润产生。公司的前期运行需要有足够的资金支持，因此创业者在执行计划的过程中必须谨慎考虑财务因素。公司开办之初常常会出现亏损，这需要有足够的资金支持。创业者既要有可行的资金计划，也要有良好

的心理素质。

四、如何获得创业的驱动力

在当今社会，创业活动对经济的推动作用有目共睹，从房地产的大鳄到电子商务的巨头，再到开蛋糕店的普通创业者，这些创业者不仅通过创业为自己积累了大量的财富，同时也在创新与实践之间积极搭起了一座桥梁，改变了人们的生活。那么如何把梦想转变成内在的驱动力？这就需要我们在日常的生活中逐渐培养。

1. 关注世界的发展与变化

从第二次世界大战结束到 21 世纪，是世界发展变化最快的阶段，从计算机的应用到互联网时代的到来，从干细胞的研究到克隆技术的发展，世界进入了一个信息化、科技化的时代。这种发展带来了知识全球共享以及产品的全球化特点，这种巨大的改变，使得商业更加活跃，创业的种类更加繁多。目前保持竞争力已经不再单单依靠有限的技术，一个好的创意往往不受地域的限制，技术、资源甚至是专家团体也变得越来越容易得到，这对于创业者来说是一个有利的环境。例如，德国大众汽车公司可以将自己的生产线安排在中国，还可以将自己的销售公司建立在墨西哥，而它的总部在本国的沃尔斯。这个全球的公司，对于其管理是一项巨大的挑战，但是互联网的出现，可以使一切有效的资源得到利用，因此管理难题也可以成功地被攻克。对于一个创业者来说，这意味着在生产和商机上将能获得更多的创意、激励和专家意见。

2. 技术的创新与淘汰

我们所处的世界中，全球性的知识、经验、劳动力等十分丰富，技术在迅速更新，这对于创业者来说既是机遇也是一种挑战，如今的技术突破已不再仅限于几所高校、科研单位，技术的更新也将全球同步，因此产品的生产周期的缩短与技术的落伍使专利技术失去了它的保护效力。公司的竞争也不能再像早期一样依靠贸易保护、货币限制、某地优越的地理与廉价的劳动力条件了。这些都促使创业者必须不断创新以保持竞争优势。创新不仅体现在产品上，而且也体现在商业活动及运营模式上，技术的创新已经成为创业的驱动力之一。

3. 解决顾客的迫切需求

创业的驱动力还来自于针对顾客迫切需求的解决方案。当顾客在市场中发现某种不便或者某种需求未被满足时，就为创业者提供了一个创业的契机，这种顾客需求的满足方案可以催生一个好的创业项目。例如，好利来公司的创办者罗红，十三年前，好利来公司总裁罗红还只是一个仅仅拥有梦想与激情的年轻人。在母亲退休后的第一个生日，为了表达孝心与祝福，他希望能为母亲选购到一个式样新颖、口味馨香的生日蛋糕，然而几乎跑遍了全城，也没有寻找到可心的蛋糕。就是怀着这样一种无法尽心报答母爱的遗憾，于 1991 年，罗红在四川雅安开办了第一家蛋糕店，开始了艺术蛋糕的事业。如今好利来公司不仅有遍布全国的门店，而且还建立了两家大型的食品加工企业，成为蛋糕制造业的领军企业。

4. 创意的获取与互联网的发展

电脑上网与百度搜索引擎的自动搜索技术，带来了全球知识的共享，而比互联网通信更为重要的是不受限制地获得最好的创意、技术、研究资源和专家团队。举个例子，网络世界可以支撑一个总部在深圳，基础设施建在上海、北京、广州，生产基地在东南亚，并在北美有销售总部的生产企业。这个公司的员工组成也是全球化的，因此对其管理必将是一个挑战。对一个创业者来说，任何一项创业活动离不开互联网技术，更不用说单纯的互联网的应用。这种工具兼商机的方式，可以帮助创业者走得更远。但是需要记住的是，其他创业者也会有同样的想法。

5. 相似案例的不同解决方案

当其他人的创意获得成功的时候，你还能不能再创业呢？可以明确的是，创业者不会对某一行业的新技术或者新创意已经被运用而产生退缩，相反，如果一个创意获得成功，将会给整个行业甚至是整个经济领域带来不同程度的变化。举例来说，零库存的销售模式，不仅带给戴尔公司巨大的财富，而且改变了整个销售行业的现状，为整个商业环境注入了新的风气。这使得创业者有更多的机会利用已经成熟的创新技术帮助自己创业。创业者需要学会思考，一旦有好的创新，需要考虑此创新还能有其他哪些方面的应用。在此阶段，创业者不需要关注太多细节，而需要注意的是，对于那些失败的创新也要进行分析，以便使新的创新不会因为同样的原因而失败。

解读创业者的神话悖论

某些创业神话总是一再地得到人们的关注和青睐。但这里有一个问题：普遍规律虽然对某些特定类型的创业者和情况适用，但创始人的多样性却向普遍规律提出了挑战。

神话 1——创业者无法塑造，而是天生的

现实情况——即使创业者天生就具备了特定的才智、创造力和充沛的精力，这些品质本身也只不过是未被塑形的泥巴和未经涂抹的画布。创业者是通过多年积累相关的技术、技能、经历和关系网后才被塑造成功的，这当中包含着许多自我发展历程。创业者至少具有 10 年或 10 年以上的商业经验，才能识别出各种商业行为，并获得创造性的预见能力和捕捉商机的能力。

神话 2——任何人都能创建企业

现实情况——创业者如果识别得出思路和商机之间的区别，他们创办企业成功的概率就比较大。即使运气在成功中很重要，充分的准备仍是必要条件。创办还是最简单的一部分，更困难的是要生存下来，持久经营，并把企业发展成最终可以喜获丰收的企业。能够存活 10 年以上的新企业中，10～20 家中大约只有 1 家最后可以给创办人带来资本收益。

神话 3——创业者是赌博者

现实情况——成功的创业者会预期风险，小心翼翼。在有选择的情况下，他们通过让别人一起分担风险、避免或最小化风险来左右成功优势的倾斜方向。他们常常把风险分割成可接受、可消化的小块；这样，他们才肯付出时间和资源，看哪部分的风险收益划算。他们不会故意承担更多的风险，不会承担不必要的风险，当风险不可避免时，也不会胆怯地退缩。

神话4——创业者是他们自己的老板，他们完全独立

现实情况——创业者离完全独立相差很远，他们需要为很多赞助者服务，其中包括合伙人、投资者、顾客、供应商、债权人、雇员、家庭以及其他社会和社区义务的相关方。但是，创业者可以自由选择是否、何时以及做些什么以对他们做出响应。而且，要单枪匹马地获得超过100～200万美元的销售额是极其困难的，可以说，几乎是不可能的。

神话5——创业者比大公司里的经理工作时间更长，工作更努力

没有证据证明，所有创业者都比公司里与他们地位相当的人工作得更多。有一些可能是工作得多一些，而有些则不是。事实上，一些研究报告表明，他们工作得更少。

神话6——创业者承受更多的压力，付出更多

现实情况——做一个创业者是有压力的、是辛苦的，这一点毫无疑问。但是没有证据证明，创业者比其他无数高要求的专业职位承受更大的压力，而且创业者对他们的工作往往非常满意。他们有很高的成就感，他们更健康，而且不太容易像那些为别人工作的人那样轻易退休。创业者中说自己"永远也不想退休"的人是公司经理的3倍。

神话7——创立公司是冒风险的事情，而且到头来通常是以失败告终

现实情况——有才能、有经验的创业者，因为他们追逐的是有吸引力的商机，而且能够吸引到使企业顺利运作的合适人才、必要资金及其他资源，所以他们带领的往往是成功的企业。而且，即使企业失败了，并不能说创业者也失败了。失败常常是对创业者的学习经验和成交技能淬火的过程。

神话8——钱是创立企业最重要的组成要素

现实情况——如果其他资源和才能已经存在，钱自然随之而来；但是如果创业者有了足够的钱，成功却不一定会随之而来。钱是新企业成功因素中最不重要的一项。钱对于创业者而言就像是颜料和画笔对于画家那样，它是没有生命的工具，只有被适当的手所掌握，才能创造奇迹。钱同样只是保持得分的一种方式，其本身并不是最终归宿。创业者因为乐于体验追求创业带来的兴奋而获得自身的成长和成功；事情总是这样，当一个创业者赚了几百万元甚至更多时，他还是会无止境地工作，憧憬着创建另一家公司。

神话9——创业者必须年轻并且精力充沛

现实情况——这些特征虽然会对成功有帮助，但年龄绝不是障碍。创立高潜力企业的创业者其平均年龄是35岁左右，六十几岁才开始创办企业的创业者也为数甚多。关键是要掌握相关的技术、经验、关系网，它们非常有助于识别和捕捉商机。

神话10——万能的金钱是创业者唯一的驱动因素

现实情况——追求高潜力企业的创业者更多是被创建企业、实现长期的资本收益

所驱动，而不是为高额薪水、奖金这样立即可以获得的报酬。个人的成就感、对自己命运的把握、实现他们的期望和梦想也是强有力的动机。金钱只是保持得分的工具和方式。

神话 11——创业者追求权力，喜欢控制别人

现实情况——成功创业者的驱动力量来自对责任、成就和结果的追求，而不是为了权力本身。他们因获得的成就和超越竞争对手而显得生机盎然，而不是为了满足主宰和控制他人的个人权力欲。由于他们的成就，他们可能变得有权力、有影响力，但这些只是创业过程的副产品，而不是隐藏其后的驱动力。

神话 12——如果创业者是有能力的，只需 1～2 年，他们就会成功

现实情况——风险投资家有一句格言：柠檬只要两年半就成熟了，但珍珠需要 7～8 年才能孕育成功。几乎没有一家新企业可以在少于 3～4 年的时间里打牢基础。

第二节　创业团队

一、创业团队的含义

一般说来，创业者将创意转变成真正意义上的产品，并且使其进入市场并获得盈利，要从人、财、物等角度考虑公司的建设。人才的支持对于创业者来说不仅仅是创业资源，而且是创业成功的助推器。创业者在创业之初，就需要建设一支有凝聚力、有工作效率的团队来为自己的新企业服务。据一项关于"128 号公路①100 强"的调查得出下列统计结果：② 这些企业中成立 5 年的平均销售额达到 1600 万美元，6～10 年的平均销售额达到 4900 万美元，而那些更为成熟的企业则可达到几亿美元，数量十分可观。这 1000 家企业中 70％的企业有数位创始人。③ 由此可见，在创业过程中，团队创业的成功率会更高一些。

关于创业团队的含义，我们这里采用斯蒂芬·P. 罗宾斯（Stephen P. Robbins）在《组织行为学》一书中定义的概念来解释，"团队就是由两个或者两个以上的，相互作用、相互依赖的个体，为了特定目标而按照一定规则结合在一起的组织"。我们对创业团队的界定包括以下几个方面的条件：①在企业创立的较早阶段就加入企业；②拥有企业的股份；③在企业内部承担相应的管理工作或者其他任务。

二、创业团队的 5P 要素

创业团队构成的 5P 要素包括：

---

① 128 号公路高技术产业区是波士顿市的一条高速公路，地处美国东海岸线马萨诸塞州的一个角上，长 90 公里，距市区 16 公里，环绕波士顿呈半圆形，沿公路两侧聚集了数以千计的研究机构和技术型企业，呈线状分布，并与麻省理工学院等大学相连接，简称 128 号公路。

② 姜彦福，张帏. 创业管理学 [M]．北京：清华大学出版社，2005.

③ 姜彦福，张帏. 创业管理学 [M]．北京：清华大学出版社，2005：126.

1. 目标（Purpose）

目标是指团队应该有一个共同的既定目标，为团队成员导航，知道要向何处去，没有目标，这个团队就没有存在的价值。作为创业团队，应将目标分为长期与短期，长期目标即公司的愿景，短期目标则是长期目标的分解。目标的完成过程，应当是所有团队成员共同努力的过程，而不能成为创业者自己奋斗的辛酸史。

2. 人（People）

人是构成团队最核心的力量，两个（包含两个）以上的人就可以构成团队。目标是通过人员具体实现的，所以人员的选择是团队中非常重要的一部分。一般来说，创业者都愿意选择那些技能最优、经验丰富的人员作为创业团队成员。当这些人员进入团队时，如何留住他们就成为摆在创业者面前的一个难题，如果处理不得当，就会造成人才的流失，这是创业过程中的普遍现象之一。

3. 定位（Place）

定位通常包含两个层次：团队在企业中的定位，是指团队在企业中所扮演的角色以及团队内部的决策力和执行力；成员在团队中的定位，是指团队成员在团队中扮演的角色及团队内部决策的制定和执行。

4. 权限（Power）

权限是指新企业中职、责、权的划分与管理。一般来说，团队的权限与企业的大小、正规程度相关。在新企业的团队中，核心领导者的权力很大，随着团队的成熟，核心领导者的权限会降低，这是一个团队成熟的表现。

5. 计划（Plan）

计划有两层含义：一方面是为保证目标的实现而制订的具体实施方案；另一方面计划在实施中又会分解出细节性的计划，需要团队共同努力完成。

以上是团队构成的要素，但是创业之初，创业者往往会面临很多困难，团队的建设并不像想象中的那样简单，这需要创业者有心理准备。有时创业过程会与团队组建一起完成，由于创业活动的特殊性，创业团队不必具备每一个因素。随着企业发展逐步成熟，团队建设也应该逐步完善，创业者应当时刻记得一句俗语："三个臭皮匠，顶个诸葛亮"，这正说明创业团队在创业过程中的重要性。

创业团队通常是在创业初期通过不断地寻找得到的，团队成员共同参与从新企业的创建到发展的整个过程并做出贡献。作为创业团队成员，共同参与创业过程，他们的思路会影响创业者的战略决策，在经济上占有一定的股权，因此也承担一定的风险。虽然每个创业者的创业过程各不相同且具有不可复制性，但是我们在研究了中外众多的创业活动后仍然可以得出以下结论：一个人单打独斗的创业要比团队创业的成功率低得多。

三、如何组建高效创业团队

创业团队的组建，没有统一的程式化规程。实际上，有多少支创业团队就有多少团队建立方式，没有一支创业团队的建设是可以复制的。创业者走到一起来，多是机缘巧合，兴趣相同、技术相同、同事朋友甚至是有相同想法的人都可以合伙创业。关于创业团队的成员，马云曾经说过："创业要找最合适的人，不要找最好的人"，一支豪华的创业团队，所创企业并不一定就是最好的企业。下面我们就研究一下，作为创业者如何找到一支适合自己的创业团队。

创业者一般在创建企业的同时，也在建立自己的创业团队。创建团队，就是一个寻找人才的过程。而新企业由于自身的竞争实力难以与成功的大企业相比，并且所需的人才又要求较高，这就造成了创业团队的组建困境。创业者如何解决这个问题，是考验其领导才能的关键，一般来说，创业者不必非得得到最优秀的人员，"合适"才是最重要的，而且创业者在招聘的时候，并不是提供高薪就能吸引人才，新创企业的企业愿景、蓬勃的活力及优秀的企业文化才是吸引人才加入的因素。对于想加入创业的人员来说，创业者的个人魅力、公司的发展潜力、长远回报、个人价值等因素对他们的吸引远比单纯的钱要大得多。在组建创业团队过程中，创业者应遵循以下原则：

1. 具有共同的理想，利益兼顾

大学生创业时，一般首先会想到邀请与自己志同道合的同学、室友、工作中的同事加入，形成创业之初的合伙人团队，这是最初创业团队的形成方式之一。这种情况在其他创业过程中也很常见，例如"万通六君子"都是冯仑最早创业时的伙伴，当冯仑二次创业，创办万通集团时，这些人又先后加入。这样的团队中，成员有共同的理想、技能、兴趣爱好，合伙人之间相互了解，共同奋斗，往往是团队第一，个人第二。与西方不同的是，中国的传统文化中，合伙人的定义更多的时候等同于兄弟，是从"义"即道德约束的角度认同的。在创业过程中，尤其是创业初期，当公司的利润并不显现的时候，创业者与合伙人更多考虑的是公司的利益，而耻于谈钱，友谊是维系他们之间关系的主要纽带。这种合伙人关系貌似牢固，但也有很大弊病，当企业发展步入正轨，运营平稳，利润增加的时候，个人的利益观念就会凸显，合伙人的一方会因为付出与得到的不相同或者以为不相同而产生情绪，导致离开团队并带走一部分利润，影响公司的继续发展。因此，在创建团队时，即使是最好的朋友也应该建立一个合理的利益分配制度并得到合伙人的支持；在公司创建的时候就应该考虑建立一个制度健全的公司组织形式与绩效制度，这样公司就不会因为某个人的离去而无法正常运作，从而为公司今后的发展可以打下良好的基础。

2. 打造互补性团队

建立一支互补性的团队有利于公司的发展。高科技创业的企业在建立之初，由于技术支持的重要性远高于其他方面，因此，大学生特别是理工科大学生在创立高科技技术公司时，更愿意找到一个技术方面的合伙人，以帮助自己提升产品与服务的优势，这种只关心产品与服务的做法实际上是错误的。在组建创业团队时，应该强调补缺性。这种补缺性是指在性格、能力、观念甚至是技术上的互补，因为创业者在公司的管理上不可能面面俱到。技术性的创业者需要一个管理人才帮助自己建立公司的组织结构并进行日常的绩效监督，财务的管理也需要专业的人员，当创业者自己不能做这些工作时，可以由团队成员共同提出解决方案。这种平衡和补充的作用可以保证新创的企业健康地发展。

3. 打造稳定的初创团队

一开始就拥有一支成功的、稳定的创业团队是每一个创业者的梦想。但现实是，创业合伙人分手的概率是很大的，即使企业成功地存活下来并得到发展，创业团队仍然有分手的可能，团队成员的离去有可能带走股份或者需要收购股权，造成公司的资金紧张。如果团队成员急于离开，创业者就应该考虑是不是公司的管理出了问题并及时与团队成员沟通，解决问题。公司发展的初期，团队成员的离开有时会造成"灾难性后果"，这一点创业者应当在招募时就想到，并与团队成员做出约定。

4. 学会及时沟通

创业者在寻找创业团队时，首先应制订一份计划，至少应该在心里有一个明确的想法，你想要哪方面的人员，你希望他从事什么样的工作，你能够给予对方哪些有利条件等，都应该考虑清楚。招聘只是招募团队成员的一种方式，创业者可以多参加一些所要招聘人员的活动，以便接触到这些人员，找到合适的人选。如何说服对方加入你的创业团队也是创业者需要考虑的问题，例如对他描述企业的发展前景，坦率地讲出你目前遇到的困境以激起他实现价值的渴望是十分有用的方法。沟通需要技巧，创业者应当成为一个沟通高手，通过沟通，可以使双方都了解彼此的需要，这样招聘时可以针对性地找到合适的人选。

创业开始时期的团队成员不要求数量很多，因为业务量还没有提升，有些财务、法律等方面的问题可以通过外包解决。在企业初创时期，公司的各项事务烦琐零乱，团队成员必须有共同的理想，才能克服这些问题。而且在企业初创时期，公司的各项业务开展也会遇到障碍，这需要团队成员有充分的准备，这时候团队成员的离开，可能会导致新公司倒闭。在这种情况下创业团队的沟通就显得格外重要，一方面，通过沟通可以使团队成员相互了解，增加信任；另一方面，创业者也可以通过沟通理解团队成员的技能优势、思想状态，提前决策。沟通的话题可以不拘于工作、家庭、业余生活，这对于创业团队的彼此了解是非常有用的。每一位创业者都有自己创建团队的途径，这里介绍两种大学生创业过程中最常利用的途径。

（1）寻找相同或相似背景的伙伴。创业团队的获得，虽然有很多种途径供创业者选择，但大学生创业者在招募创业团队时，更喜欢从自己的校友、室友、同学中寻找，这是最常见的大学生创业团队的招募方式。以这种方式组建的团队，成员之间因为有共同的理想、相同的教育背景以及多年的了解而有很多的默契，而且在个人与集体利益发生冲突时，成员之间也会很好地沟通，有利于问题的解决。但是以这种方式创建的团队，人员的搭配上会有些单调，例如，技术类的创业者往往首先找到的是相同的技术类人才，这是由自己的生活圈子决定的，因此一个有创业想法的人，应当有一个完整的团队建设方案，并注重人员的配合，有意识地跳出自己生活的圈子，寻找一些与自己完全不同的人才，这样创业团队的人员才会配备得更完整。

（2）招聘是一条快捷、方便的寻找团队成员的途径，每个企业都会有招聘任务需要完成，但是创业团队与成熟企业不同，因此招聘团队成员与企业的日常招聘也不相同。新企业无法与成熟的企业在待遇上相比，但是新企业会有很多机会与挑战，对于有着相同的创业理想的人员和希望实现自己价值的人来说，这些远比薪资待遇更加有吸引力，但是完全不提薪资也是不应该的，如果只靠理想、愿景来集合团队成员，也是不现实的。

四、团队管理的策略

新创企业的管理，实际包含公司组织、生产服务、市场营销等几个方面，新企业的管理重点一般会落在生产管理、市场、服务等环节上，会忽视团队的建设与管理。这种做法是不科学的。如何管理创业团队呢？主要有以下几点：

1. 注重团队凝聚力

团队的凝聚力是指群体成员之间为实现共同目标而实施团结协作的程度，凝聚力表现在人们的个体动机行为对群体目标任务所具有的信赖性、依从性乃至服从性上。在创业过程中，团队所有成员都认同整个团队是一股密切联系而又缺一不可的力量。团队的利益高于团队每一位成员的利益，如果团队成员能够为团队的利益而舍弃自己的小利时，团队的凝聚力会极强。

2. 合作第一

虽然创业团队中，每一位成员都可以独当一面，但是合作仍然是团队成员首先要学会的东西，成功的创业公司中，团队的成功远远高于个人的成功，创业者与团队核心成员相互配合，共同激励。

3. 致力于价值创造

团队的每一位成员都致力于价值的创造，大家想尽办法解决问题，一旦决策方案提出，大家都会执行，每一位成员在公司的成长期发展到成熟期的过程，都尽力做好，在这一过程中，各成员不但获得了丰厚的物质回报，同时个人的技能也得到提升。

4. 分享成果

在新创企业中，一般的做法是将公司的股份预留出 $10\%\sim20\%$ ，作为吸引新的团队成员的股份，团队中不仅要有资金的分享，还要有理念、观点、解决方案的分享。

5. 重视绩效考核

绩效是指给评估者和被评估者提供所需要的评价标准，以便客观地讨论、监督、衡量绩效。绩效管理可以使团队成员明确自己的职、责、权，与团队的目标和计划，明确自己的角色与承担的工作，同时也可以根据自己的价值对自己的薪资产生期待。

关于团队中的角色扮演，一般是指在团队中承担的不同责任，根据职、责、权来划分不同的角色。在团队中，扮演好自己的角色至关重要，这涉及团队的运作效率以及核心凝聚力。

6. 充分发挥决策者的作用

决策者的角色一般由企业的拥有者承担，他们不但对问题进行决策，而且承担决策产生的后果，所以在公司做出每一项重要的决策时，决策者通常都会在决策前召集团队成员讨论解决方案。作为团队中的决策者，如果大家的意见与决策者相左，就应该重新分析方案的可行性，并对方案进行修改。决策的主要内容是公司发展的长期目标与一定阶段的计划，还有一些是与公司发展相关的重大决策。

7. 明确执行者的任务

执行者是根据公司制订的业务计划和目标，从职能领域安排自己的工作和计划，细化量化自己的工作，具体执行决策者的决策。

在新创企业中有时会遇到团队成员职、责、权混淆的情况，这时就需要制定出规范化的企业制度保证团队成员的工作；而且企业的拥有者也应该时刻记得自己的角色分配，需要明确的是，决策者的角色并不是一成不变的，决策者应首先从一个执行者要求自己，只有当自己完成方案时，才能将方案交给其他执行者去执行。

实战演练

如何根据你们小组选定的创业项目来进行创业团队的组建

_____

_____

_____

本章学习收获

_____

_____

_____

读书心得

书名：

作者：

读书心得：

_____

_____

_____

_____

_____

文中经典妙句：

_____

_____

_____

陌生人拜访（六）

姓名		性别		职业		联系方式	
职位		单位				拜访地点	

预计拜访中遇到的困难：

拜访目的：

预计拜访内容：

问题 1：

问题 2：

问题 3：

问题 4：

拜访总结：

拜访中遇到的实际困难：

第七章　汇聚资源，创业资源整合

纽约最火的沙拉店Sweetgreen，从一个60平米小店到美国最火，经常排队的连锁店，就在于他们将实体店和O2O模式有机地结合起来。在用餐高峰期疯狂排队，顾客平均等待时间约为20分钟。但是通过手机软件和网站就可以直接下单，直接到店铺取菜的顾客可以避过午餐的人潮。Sweetgreen的三位创始人是曾经就读于华盛顿乔治城大学金融和管理专业的学生，他们的Sweetgreen定位于"我们不仅仅是销售莴苣，我们卖一种生活方式，一种品牌的愿景"，针对他们的好创意，从2013年开始，美国在线AOL创始人史蒂夫·凯斯就对其多次注入巨额资金。到2014年，Sweetgreen的销售额达到了五千万美元。

创业，不仅仅需要的是好的点子、好的项目。创业还是创业者拓展资源整合能力的过程，为此必须发现机会、开发资源、形成契约，建立有计划的生产经营机制。

第一节　创业资源概述

创业资源是新创企业成长过程中必需的资源，按照资源对企业成长的作用我们将其分为两大类：对于直接参与企业日常生产、经营活动的资源，我们称之为要素资源；未直接参与企业生产，但其存在可以极大地提高企业运营的有效性资源，则称之为环境资源。

1. 要素资源

（1）场地资源。场地内部的基础设施建设，便捷的计算机通信系统，良好的物业管理和商务中心，以及周边方便的交通和生活配套设施等。

（2）资金资源。及时的银行贷款和风险投资，各种政策性的低息或无偿扶持基金，以及写字楼或者孵化器所提供的便宜的租金等。

（3）人才资源。高级科技人才和管理人才的引进，高水平专家顾问队伍的建设，合格员工的聘用等。

（4）管理资源。企业诊断、市场营销策划、制度化和正规化企业管理的咨询等。

（5）科技资源。对口的研究所和高校科研力量的帮助，与企业产品相关的科技成果以及进行产品开发时所需要用到的专业化的科技试验平台等。

2. 环境资源

（1）政策资源。允许个人从事科技创业活动，允许技术入股，支持海外与国内的高科技合作，为留学生回国创业解决户口、子女入学等后顾之忧，简化政府的办事手续等。

（2）信息资源。及时的展览会宣传和推介信息，丰富的中介合作信息，良好的采购和销售渠道信息等。

（3）文化资源。高科技企业之间相互学习和交流的文化氛围，相互合作和支持的文化氛围，以及相互追赶和超越的文化氛围等。

（4）品牌资源。借助大学或优秀企业的品牌，借助科技园或孵化器的品牌，以及借助社会上有影响力的人士对企业的认可等。

第二节　创业资源的管理

企业的创业资源主要有资金、时间、人才、市场等方面，而其管理包括这些资源的获取、分配和组织等方面的内容。

1. 资金管理

因为企业创业在内部发生，一般新业务由旧业务的收入来支撑，所以资金来源显得有保障。在这种资金获取办法下，由于新业务本身不但没有收益，反而必须投入大量的资金而导致"新业务招损"。因此，可能打击旧业务员工的积极性，对企业发展不利，特别是当企业从专业化向多元化转变时更是如此。解决这个问题的办法有对新项目使用种子支助资金，采取内部风险投资的方式，或其他有偿使用资金的办法。

2. 人才分配

企业创业的另一个问题是人才支持。当项目处于种子阶段时，主要由少数几个人在运作和管理，一旦进入了孵育发展阶段，就必须有得力的人才来进行规划管理，因此，这里也存在一个新、旧项目争夺人才的问题。为了使新、旧项目的发展不受人才问题的影响，企业必须注意在发展过程中培养新的人才，稀释各部门的人才密度，给人才加压力。

3. 工作时间分配

企业创业相对首创业来说，一个大问题是创业者的工作时间和精力难有保障。一般来说，企业内部的创业者既要完成当前的工作，又要进行开发工作，因此，工作时间分配经常顾此失彼。为了保障员工有充足的时间来孵化创新性的想法，组织应该从制度上给予他们保证，同时调整他们的工作负担，避免对员工各方面施加过多的时间压力，允许他们长时间解决创新问题。如柯达公司的创业者可以将20％的工作时间用于完善创业设想；如果设想可行，创业者可以离开原岗位。

4. 企业创业的营销资源管理

企业创业的营销资源管理，主要是指营销资源的分配和新市场的开拓。

企业创业是一种以市场为导向的活动，市场对新产品的接受程度直接关系到创业成败，但开始时，新产品在市场中几乎不为人所知，因此，企业必须集中销售资源，致力于新产品的市场开拓。这里也存在新、旧项目营销资源竞争的问题。为了解决这个问题，企业必须加大营销投入。

第三节　影响创业资源获取的因素

对于初创公司来说，这是最好的时代也是最坏的时代，要想创建一家公司远比以前要容易得多。但也因为这么多初创公司的存在，创业公司要想幸存下来又比之前变得艰难的多。在这个竞争激烈的时代，资源的争夺也越加激烈，创业公司难以找到足够的资源来支持自身的发展。

创业公司要想生存下去，需要以下这三个核心资源：资金、人才、用户。

随着越演越烈的竞争，创始人越来越发现，吸引、聚集这些重要资源正变得极其困难。

Naval Ravikant 是 AngelList 的创始人，帮助创业公司融资、招募人才。最近，AngelList 公司对使用过他们服务的创业者进行了一次调查：什么资源是创业公司最需要的资源以及获得这些资源的难易程度。调研结果显示，大多数初创公司目前都处在"饥荒"状态。

目前，创业公司最难获取的资源是什么？

在过去，募资是最大的需求。而今天，招募人才是最大的需求。Ravikant 表示，他自己就是一个连续创业者，曾创建 Epinions、Vast.com，目前正在运营 HitForge、Venture Hacks，包括上述的 AngelList。

在招募人才、融资之后，顾问是初创公司的另一大需求；之后是社交媒体营销，也就是对大量用户的需求；这之后就是联合创始人。

这是一个有趣的现象，尽管创始人位列这个需求列表的中下端，但实际上，这也表明了创业公司在招聘人才上面临着很大的困难。

Ravikant 表示，在目前普遍存在泡沫的大环境下，当你不得不扩大你的创始团队时，招募人才变得越来越困难。这在互联网的历史上有着惊人相似的一幕。Epinions，1998 年创建，曾经有 5 个联合创始人，这主要就是因为在当时的环境下，如果不给那些应聘者"联合创始人"的股权，就很难招到所需要的早期员工。

初创企业的需求排行：人才、募资、顾问、社交媒体营销、媒体、联合创始人、董事会、销售人员、公关、办公室、律师、会计，符合市场需求是关键。然而，也并不是所有的初创企业都会在招牌人才上经历"饥荒"。Ravikant 指出，有一些优秀的初创企业——因为"适应市场"而具备一种魔力，会自然而然地吸引那些顶尖人才。不要因为融资太少而担心，因为大多数公司也都是这样。只要你公司的产品符合市场需求，就自然会招募到员工。募资也是一样的。资金也会因为你的产品符合了市场的需求而向你靠拢。

Ravikant 表示，"在过去的这几个月里，融资变得更加艰难，尤其是与过去的几年做比较。"在过去的几年里有太多的公司成立。而获得 VC（风险投资）A 轮投资的初创企业数量并没有上升。所以，只有那些真正具备市场需求的初创企业才能获得投资，而其他公司则会逐渐被淹没。

数以百万计的用户种子期基金以及天使投资人厌倦了撒网式投资，他们更钟情于十拿九稳式投资，热衷于寻猎那些能成长为鲸鱼的潜力股"小鱼"们。所以，这些关键的资金都会流向那些能快速获得数百万用户、占据市场的初创企业。

如果你还是一个未被市场验证的初创企业，期望融资 25 万美元，把团队里的每个人都当作联合创始人。那么就不要想在先为员工提供小隔间等更好的工作环境后再去寻找适合市场的产品了，这实在是一种不现实的举措。

"未来，创业公司的数量将会不断增加，但整体投资界却会出现一个投资低潮，因为初创企业所需的资金量在不断下降。"Ravikant 表示，"我认为，未来风险投资将越来越趋向于把这些初创企业当作他们的试验品而不是当作一家企业来投资，直到这些创业企业获得市场的认可。

几年前，你只需要去融资和招聘人才就能获得成功。现在，初创企业的世界已经演变成一种固定的脚本：胜利者获得战利品。

第四节　创业资源获取的途径与技能

随着国家经济深层次改革的持续深入，"创新－创业－创客"继 90 年下海潮后再掀高峰，创业成为这个时代的主旋律，对创客英雄的追捧和鼓励创新文化的崛起成为这个时代的主题。

而随着科技部、教育部的入场，大学生创新创业也从以前的创投圈走向了前台，政府给予了充分的背书，而各大高校成立的创客空间、学校孵化器、休学创业政策、创业学分激励政策、大学生创业扶持基金、创业大赛、银行贷款等更是从操作层面给予了充足的支持。所以，很多毕业多年的老创客感慨新一代的创业者遇到了最好的时代。

与政府和社会层面正面积极推动大学生创业不同的是来自于创投圈的投资同仁，他们苦口婆心地劝说刚毕业和未毕业的学生先练好内功，积累资源，具备一定商业常识和商业经验后再出发，成功率会提高很多。

毕竟从现在大学生创业融资上市的几个案例来看，好比大海泛起的几朵浪花。更何况大学生推崇的几个退学创业的商界偶像，虽说中途退学，但都没有离开学校，还在学校学习其他的专业来补充和完善自己的商业想法、拉合伙人……

看到很多放弃考研、甚至大学一年级就开始拉班子建队伍到处找投资的越来越多的大学生创客出现的时候，就可以了解到投资圈内大佬的苦口婆心并没有被他们所理解。既然已前赴后继踏入征程，作为投资同仁就只能在创业长征过程中给予建议，以期避免重复踏入创业的不同陷阱，提高创业成功概率。

在分享创业五项全能时，要分享和纠正一些关于创业和融资成功的故事：

（1）创业其实并不同于很多同学理解的创办公司、找投资、成功上市、迎娶白富美、财务自由做投资人等等等的循环。"只有初恋般的热情和宗教般的意志，人才会成就某种事业！"

创业首先是一种生活方式的选择，也是一条不归路，即使失败，也会百折不挠。有的中间过渡会去打工，也是积攒资源谋市再起的储备，所以，有些大企业虽然很欣赏全能型的创业者，但都不会录用，因为知道他们只是过渡。所以，一旦选择了创业，就斩断了退路。

（2）融资成功不等同于创业成功。哪怕企业成功上市，也只是拓宽了企业成长的空间和平台，投资机构和资本市场只是为企业持续成长、追求卓越提供了加油站，长征的目的不在于补给，而在于胜利。

（3）在与很多大学创业者的交流过程中，很难看到他们对事业的野心和商业成就的追逐，更多是对已获得融资的同学的羡慕和不服。

在这里，也做一个普及，许多融资成功的企业，光环和媒体的追逐会让台下其他企业产生一个错觉，以为资金到账，创始人财务自由，创始人身家过亿等，这都是一个资本的幻影。投资机构注资企业，钱是打在公司账户上，而公司账户上的钱是严格按照经营预算来支出的，指派的财务总监也会严格地按照财务制度和预算来监管账户，并不是打在创始人个人账户上任其花销。

一般在上市前或C轮前，投资机构一般会锁定创始人的股权，限定其薪酬，很少给创始人套现的机会，所以，如果企业不上市或估值不理想，创始人很难财务解套，更不用说财务自由了。

德鲁克说："管理是一门技术，更是一门艺术，它可以学，但不可以教"，创业更是如此，许多创业有所成就的人士分享成功秘诀是往往把它归结为运气。"成功无法复制，但失败可以避免"，所以在此分享的都是在创业路上如何披荆斩棘、迎难克敌。

在这里从投资机构的一角来探索大学生创业的路径——大学生创业铁人五项修炼。

一、定项目

1. 大学生接触的商业层面和边界有限，所以要遵循商业的法则"不熟不做"

从自己熟悉的学生市场及周边来摸底调研，找准适合自己的商业定位。比如，衣、食、住、行、娱、医等，从大家刚性需求、高频次、客单较高的一些层面展开，找准一个点，深挖进去，找到水后，在沿线拓展挖出一条河。

有些团队，有的从帮助学生们逃课、宅、懒人、短途等领域展开，在与大的平台竞争时选择了错位竞争，整个商业计划让人眼前一亮。

但也有一些，从学校角度切入，做防范学生迟到、替考、智慧教室、传统产业改造等，而这些需求的解决方案，涉及到的利益群体和消费频次、竞争门槛都选错了市场，投资人接触到这些商业计划，只会匆匆一眼而过。

2. 产品的打磨，需要小范围试错和不断迭代

在创业过程中经常是锁定了一个细分市场和客群，可深挖下去才会发现是伪需求或与预期差异太大，这个时候，团队要勇于舍弃和否定，重新定位，针对人群重新设

计产品和业务流程，匹配资源和团队。

3. 找准一个点，一针捅破天

当产品和服务在样板市场打样之后，创始团队要在此基础上进一步深化和完善商业模式，打造市场、团队的核心竞争力。接触到很多的创业者都把验证后的模式加资本的保驾护航当成核心竞争优势，这其实是没有底气的一种说法，拼资源总有比自己更巨无霸的产业王者。如果商业模式和竞争优势没有凸显，资本的助力也很难让企业如虎添翼。

4. 踏准移动互联网和物联网的浪潮

大学生一定要利用自己的优势，移动互联网和物联网领域的创新创业将新老企业拉到了同一个平台上，产业机会给大家的机会是均等的。在这门户网站都是传统企业，淘宝网都是老企业的时代，创业权威被大打折扣，大学生不会再被老一辈的企业家耳提面命企业应该怎么做怎么做，机会在这股浪潮面前被拉平了。当传统企业在为互联网思维，互联网＋，互联网人才挠头不已、重新学习时，大学生们先天具备这些优势。

二、找合伙人

1. 创业初始，搭建班子至为关键

创始团队的构成更是后续融资和推动企业不断成长的基因和原动力。大学生人脉有限，创始班子往往是发小、校友、同学等构成，这有利也有弊。利在彼此知根知底、性格能力互补，弊在大家起点类似、眼界类似、资源类似。

建议在搭建班底时，眼界可以进一步拓展一下，搜寻一下自己前几届的学长学姐、校友会的师哥师姐，如果能引进一两个在商界打拼的企业家校友做顾问或天使投资人就更有助于创业的成功。这样可以从行业、资源、眼界、资金等给予更大的互补，而有商业经验的创始团队在后续的融资、规模化的运营管理等层面会持续加分。

2. 创始阶段的 415 规则

企业创始阶段原则上创始股东不超过 4 人、1 个控股大股东持有超过 50％股权。创始股东过多，利益和沟通成本太高，也不利于后续投资资金的进入，1 个带头大哥，要能在个人利益、股东利益、公司利益间做好平衡和取舍，要能让大家信服和持续追随，要打造自己的独属人格魅力。过 50％的股权保障从法律上对企业所有权和决策权的控制。

3. 股权机制的设计

随着企业的不断发展，人来人去，有些人因业绩和能力、责任心会逐步地升迁、纳入核心层，一些空降兵如 CFO 等也会在后续融资和上市过程中给企业资本增值，这些都会逐步地纳入股权激励范畴中，要有明确、正向激励的股权激励方案。有些则因家庭、能力、学习等原因，会离开或跟不上公司的快节奏发展，则必须有一套明确的股权退出机制来实现吐故纳新。

尤其牵扯到创始人股权的激励和退出时更是重中之重，一个操作不慎就是大灾难，

在创投圈内屡见不鲜。许多同学搭班子、分股权、分工时哥们义气为先，从不考虑这些，但后果往往是兄弟成仇、夫妻反目，一定要慎之又慎。

三、找投资

1. 企业发展的不同阶段对资金的渴求也是不一样的

在公司没有搭建成型前，市场的调研、产品的原型设计和研发、样板的试点往往需要团队自己凑钱来展开，这个时候找投资机构融资成功率可以忽略不计，这个时候家人、自己、同学是注资的主体。

随着项目的团队信心和市场积极的反馈，产品原型有了，样板也有了一个好的开始，商业模式进一步验证，这个时候，可以将自己周边的亲戚朋友、一些投早期的天使投资人纳入投资人清单，然后制作商业计划书，开始游说他们出资。当公司商业模式成型、数据开始攀升时，结合不同行业不同企业的融资节点就可以推进 A 轮、B 轮……。至于上市，实在是可遇不可求，这跟运气确实有关！

2. 比把产品卖给消费者更难的就是将股份卖给投资人

投资人去募集 LP 资金时，创业者就应该明白，坐在对面的投资人，他是资产受托人，他有严格的投资纪律、投资标准去遵守，越往后期基金回报的压力就越大。

所以，在与他沟通时，先期了解他们基金的背景、投资专注的领域/行业/阶段、是否已投类似项目、基金目前的阶段（刚募集还是处于退出阶段）、投资人的行业背景/性格/偏好等至关重要。

3. 找投资人的沟通渠道

目前的创业大赛、项目路演、孵化器、创投节目、创投论坛、协会论坛、财务顾问、校友会等都是接触投资人的一些途径，也有一些创新的形式，如在行、领路、聚份子等，还有一些媒体如 36Kr、品途、创业邦等，都可以搭建创投约见、沟通的平台，为继续推进下一步融资对接提供了机会和可能。

4. 创业初始阶段，可以考虑多元的融资形式

多运用目前的股权众筹、产品众筹、店面众筹等新兴融资方式，来解决公司经营和发展中的资金需求，同时，更关键的是要苦练内功，加快自我造血的功能。毕竟企业要靠持续不断的营业收入和源源不断的现金流来拾阶而上，而非依靠外部输血来强大自我。

四、找资源

1. 孵化器其实应该是大学生创业的首选

作为从学生身份过渡到商人身份的一个过渡平台，孵化器其实起到很关键的作用，在这里可以系统学习和交流到完整和完善的商业训练、铺设人脉、建立商务网络，而定期举办的创投路演、私董会、培训更是弥足珍贵。

2. 找一个一对一、长期辅导的创业导师

可以从周边接触到的企业家、校友、投资人中优选一个，让其担任企业的顾问或进入董事会，在公司未来的发展战略、管理、融资规划、上市以及家庭等领域给予资本运营、产业运营和人生经验的分享和长期辅导。

3. 新一代的大学生群体，性格、消费习惯和边界远不是 70 后、80 后的世界观

一个项目的创意、实验、完善很可能背后有一个跨国的小团队来支撑和运作，而NGO、公益、社会企业等也成为新一代的选择，其实从 90 后来看，他们更有担当和更有舍我其谁的勇气，所以在构建商业或人际网络层面，大学生要利用自己的全球视野和小组协作，将兴趣、商业、社会做更新的跨界和嫁接，构筑全新的网络。

4. 借用政策的东风

目前国内的政商关系终于回归正轨，国家层面开始推动的政策下放、行业敞开、创新创业支持等史无前例。而对大学生的创新创业支持也媲美当年的上山下乡，所以要主动接触和了解目前的政策，从资金贷款、孵化器以及接下来的学校科研成果转化、大学基金等领域获取独占资源，这些都是传统企业和老企业所不具备的。

五、自我超越

1. 企业，企业，无人则止

一家企业的发展腾飞，核心在于创始团队驱动，归核于企业家精神。而只有商业百战才会锤炼捶打出企业家。所以，作为大学生创业团队，要在企业种子阶段，就要根植企业家的火苗，在商场博弈过程中，不断地总结得失、不断地复盘，作为带头大哥的核心更应该树立远大产业抱负和梦想。

2. 将创始团队能力发展成组织能力，构筑企业的核心竞争力

将原来单打独斗、各挡一面的团队能力，通过复杂的事情简单化、简单化的事情流程化、流程化的事情标准化，标准化的事情文化，通过组织、制度、流程、文化的系统构建打造成一个离了谁都能有效运转的商业体系。

3. 打造"利益共同体""事业共同体""梦想共同体"平台

通过明确、清晰、阶段化的战略规划和部署，将小团队、小项目持续进化成利益共同体平台，锁定大家的共同梦想和利益，促成组织活力的激发和快速成长，在这个阶段股权、期权、年薪、年功、奖金、旅游、团建、家属会等综合运用，将个人利益统一到集体利益。随着组织的优化，文化的形成，组织会将不符合公司价值观和评价体系的人汰弱留强（负面的文化会汰强留弱）。

这个时候，企业将个人的成长和成就、成功在组织平台上分步实现，创新小组、事业部、独立子公司、员工控股子公司、集团参股公司等会纷纷涌现，构筑一个大的事业平台。随着企业的不断发展和阶段性的成功，企业也会更加积极地承担更多的社会责任，原来源于创始人的梦想会更加具体出产业梦想和抱负，来汇聚更多的优秀人

才、产业资源和社会声望。

4. 平衡好家庭和事业的关系

创业者创业期间可能会经历结婚、生子、家庭，事业也随着上升起伏，实际上，两者之间存在竞争关系，毕竟人的精力是有限的，专注是有限的，如果两者都需要你全身心的时候，往往顾此失彼，所以这对大学生而言也是非常大的考验。所以，我们经常听创业者分享的时候往往是成就了事业，辜负了家庭。这需要创业者去平衡和协调。

5. 养成持续学习的习惯，培养四大能力

第一，自律。认真管理好时间，去做最重要的事，见最重要的人，学会放权，学会培养人，学会分身术。

第二，自愈。千磨万击还坚劲，百折不挠。要有强大的内心和自愈能力，将失败看成机会，将挫折看成挑战，越挫越勇。

第三，自燃。不管内心千疮百孔、身心疲惫，当出现在客户面前、团队面前、公众面前，立马激情四射，光芒万丈，影响他人。

第四，自学。学习周边优秀人的思维、做法，多看书，多看跨界的书，将商场上的磨炼、书本上的文章、人事上的历练融汇一体、汇铸一炉。

创业，就是以有限的资源成就无限可能的梦想之旅！创业路上，边走边闯，让我们以冰心诗篇共勉："成功的花，人们只惊羡她现时的明艳！然而当初它的芽儿，浸透了奋斗的泪泉，洒遍了牺牲的血雨。"

实战演练

根据小组的创业项目，整理出需要整合的资源有哪些？并且提出假设的解决途径和方案。

_____

_____

_____

_____

本章学习收获

_____

_____

_____

_____

_____

读书心得

书名：

作者：

读书心得：

_____

_____

_____

_____

_____

文中经典妙句：

_____

_____

_____

_____

_____

陌生人拜访（七）

姓名		性别		职业		联系方式	
职位		单位				拜访地点	

预计拜访中遇到的困难：

拜访目的：

预计拜访内容：

问题1：

问题2：

问题3：

续表

姓名		性别		职业		联系方式	
职位		单位				拜访地点	

问题4：

拜访总结：

拜访中遇到的实际困难：

第八章　谋求发展，初创期创业企业管理

巨人集团，史玉柱，创造了曾经惊艳中国的"巨人神话"。1989年夏，史玉柱认为自己开发的M-6401桌面文字处理系统作为产品已经成熟，便用4000元承包下了天津大学深圳电脑部。1991年，史玉柱成立了巨人公司，退出了M-6403，并且于1992年实现利润3500万元。趁热打铁，1995年，巨人集团推出了十二种保健品，投放广告一个亿。史玉柱被《乔布斯》列为内地富豪第八位。1997年，巨人集团建设的巨人大厦没有按照工期完工，国内购楼者要求退款，公司内部由于管理不当，出现资金链断裂，巨人集团宣告破产。

生存比发展更重要。对创业企业来说，有技术之战，有市场之战，更有管理之战。任何公司的运作和发展都需要一个系统的流程和体制，这套东西可以比较简单，也可以很复杂，关键是视公司的具体情况而定。但任何公司在创业期，他的管理体制一定要讲究简单和务实。

第一节　创业期企业的风险管理

创业初步成功后，无论创业者如何选择自己的道路，企业都需要经历一个休整阶段，它不在时间的长短，但却是不可能跳跃的阶段。正如人的成长要经历青春期的烦恼一样，这一阶段企业会涌现许多管理风险。如果不能及时处理这些风险，不仅会影响到企业的未来发展，也会影响到企业价值的体现。创业初步成功后，企业的未来和创业者自身的命运、结局，便成为众人关注的重心。一般而言有以下三大类结果。

创业者让渡企业的控制权，把企业让渡给他人养育。创业者可以选择出售企业，也可以为企业找到一个好婆家，自己成为企业的一员。上市或寻找投资都可实现企业控制权的让渡，具有传奇色彩的公司大都如此。

创业者让渡企业的管理权，为企业找一个好保姆，聘请职业经理人来促进企业未来的更大发展，自己则成为真正的企业家。1999年华帝七位老板就自敲下课铃，聘请职业经理人来管理企业。

创业初步成功后，创业者仍集企业的所有者和管理者于一身。

一、客观理解企业风险

任何形式的创业都要承担相应的风险，尤其是处在创业期的企业更是如此。风险管理的能力关乎到一个创业期的企业的成败与否，所以要尤其关注和进行有效的风险管理。

（一）创业风险的内容

按风险来源的主客观性划分，可分为主观创业风险和客观创业风险。

主观创业风险，是指在创业阶段，由于创业者的身体与心理素质等主观方面的因素导致创业失败的可能性。客观创业风险，是指在创业阶段，由于客观因素导致创业失败的可能性，如市场的变动、政策的变化、竞争对手的出现、创业资金缺乏等。

按创业风险的内容划分，可分为技术风险、市场风险、政治风险、管理风险、生产风险和经济风险。

技术风险，是指由于技术方面的因素及其变化的不确定性而导致创业失败的可能性。市场风险，是指由于市场情况的不确定性导致创业者或创业企业损失的可能性。政治风险，是指由于战争、国际关系变化或有关国家政权更迭、政策改变而导致创业者或企业蒙受损失的可能性。管理风险，是指因创业企业管理不善产生的风险。生产风险，是指创业企业提供的产品或服务从小批试制到大批生产的风险。经济风险，是指由于宏观经济环境发生大幅度波动或调整而使创业者或创业投资者蒙受损失的风险。

按风险对所投入资金即创业投资的影响程度划分，可分为安全性风险、收益性风险和流动性风险。

安全性风险，是指从创业投资的安全性角度来看，不仅预期实际收益有损失的可能，而且专业投资者与创业者自身投入的其他财产也可能蒙受损失，即投资方财产的安全存在危险；收益性风险，是指创业投资的投资方的资本和其他财产不会蒙受损失，但预期实际收益有损失的可能性；流动性风险，是指投资方的资本、其他财产以及预期实际收益不会蒙受损失，但资金有可能不能按期转移或支付，造成资金运营的停滞，使投资方蒙受损失的可能性。

（二）创业风险的规避

创业风险不是什么新鲜事儿，它也没有发射火箭那么高深。可是，如果你不努力去了解它，问题就会随之而来。一家刚刚起步创业的公司，所能遭遇的最大风险就是耗尽手头上的资金。如果公司没有商业模式或收入，或是没有及时准备下一阶段的融资，那么就会出现资金危机。对某些创业者来说，可能觉得这是在危言耸听，实际上，这的确是最真实的风险，而且相当危险。

知名投资人 Fred Wilson 曾经罗列出了初创公司 CEO 需要做的三个关键工作——"一个 CEO，至少需要做三件事儿"：

第一，为公司设定总体规划和战略，然后和全体股东交流确认。

第二，挖人、招聘，给公司找到最好的人才。

第三，确保公司的银行账户里始终有足够的资金。

2011 年 12 月，投资人 Chris Dixon 也在自己的博客中谈到了资金风险对初创公司的重要性。他说一定要在银行账户里留下足够公司运营 18 个月的资金。虽然不少投资人在博客中提到创业资金的重要性，可是就是有许多创业者不以为然，他们总是觉得，现在不着急，等没钱的时候再去融资也可以。

事实上，资金风险是非常真实的，许多企业创始人都吃过亏。一开始，年轻的初创公司的确能从一些个体或基金公司那里获得少量天使或种子轮投资，但是随后就不再重视公司的资金状况，到最后，有些公司甚至是由投资人发现糟糕的资金状况的。其实，毫无必要的耗尽创业资金是一个非常大的风险，这种感觉，就像是一个人在车轮下睡着了，十分危险！所以，整个创业圈都应该对这个风险引起重视，并且要反复强调。

二、预估创新战略失败风险

一般企业的首要目标，是使已存在的或正在建立中的事物最优化。而创新型组织的基本战略则要求创造"新的和不同的"事物，其关注的焦点是目前的产品线和服务、市场和销售渠道、技术和生产程序能否继续下去。

伯纳德·巴鲁克曾经作为新兴事业的投资者而积聚了大量钱财。他投资的原则是，80%的项目将是失败的，但只要有20%是成功的，他的收获就会大于对已有企业进行投资的最精明的投资者。

一项创新工作并不是按直线发展的。在很长时间内，有时甚至是在多年内，只是付出劳动而没有成果；即使最初获得成果，往往也很微小；甚至对其社会价值的估计也是错误的。例如，1950年前后，市场上的领先厂商就错误地估计了计算机的发展前景。

更为困难的，是对创新工作成功速度的预计。但是，在经过长期、充满挫折的等待以后，成功的创新项目就会像流星般升起来，并在很短的几年内，成为一种重要的工业，从而带来重要的产品线和市场。

1. 衡量和预算

创新战略要求企业有自己独特的衡量方法、预算和预算控制手段。目前，有一套独立的衡量系统，主要指标是决定创新战略的三项因素：最终机会、失败风险、所需要的努力和费用。

就创新工作来讲，首先需要解决的问题是，"这是恰当的机会吗？"如果答案是肯定的，那就应该问一下，"在这一阶段，我们最大限度能投入多少优秀人员和关键资源来进行生产性工作？"

20世纪60年代后期，一些制药厂以很高的科学独创性来生产多种广谱抗生素。但在当时，合成一种较市场上已有抗生素要好得多的新抗生素，失败的风险很大，因为前者已为医师所熟悉，并知道如何使用。即使是一种科学上的突破，也很可能只是生产出一种"差不多"的产品。可是，在一个已被人做过彻底研究的领域进行这种创新，需要的费用和努力却急剧增加了。那种传统的市场观点，即仅凭市场的大小就推断如果推出一种"更好"的新产品就会取得很大成功的想法，非常容易将企业误入歧途。

对成功的创新最有害的，莫过于树立一个每年"利润增长5%"的目标。在创新的头3年或头5年（甚至更长时间），利润根本没有增长；而在以后的5～10年期间，利润的增长率可能接近于每年40%。在这方面，创新企业的杰出代表美国杜邦有自己一套独特的做法。在 20 世纪 20 年代，杜邦要求各个事业单位以投资回报率为中心，但并不包括创新工作。只要有一个事业单位、一条产品线或一种生产程序尚处于创新阶段，它在创新上的投资就不包含在该事业单位必须提供增益的资本基数之内，其费用也不包含在该事业单位的预算之内。只有等到新产品线投入市场两年或两年以上，才归并到该创新事业部的预算中进行衡量和控制。

杜邦的这项措施，避免了某些事业部总经理因为担心创新威胁到收益记录和绩效而加以抵制的可能性，也保证了创新工作所需的费用和投资能够得到严格的控制。值得注意的是，企业经营的预算和创新工作的预算不但应该分开，而且应该予以不同的处理。

同时，创新战略要求创新者有很高程度的自我控制。他必须在没有通常的预算和会计手段的情况下来经营，把工作进展和投资的当前成果反馈回来。创新中经常存在的误区是，没有任何成果，却不断地投入人员和资金。杜邦公司在尼龙发明应用上的研究花费了 10 年时间，但相当长的时期内基本上只是支持科学家卡罗瑟斯及其少量助手的费用。其中的奥秘是，研究工作负责人科学家卡罗瑟斯博士从一开始就系统地画出了一张进程图，标明期望得到的发现和成果以及进程。随着成果的陆续获得，这张进程图每隔 2 到 3 年就加以修改，但始终重新画出以后各阶段的进程。在获得聚合纤维后，杜邦才开始大量投资，从事大规模的发展。

一项创新的战略必须明确地建立在接受失败风险的基础之上。而更为危险的是"近于成功"的风险。在适当的时候决定放弃一项创新，与知道应开始哪一项创新一样重要，甚至更为重要。成功的研究员知道，应该在什么时候放弃一项未能获得预期成果的研究项目。而实际上，研究人员很容易受"科学挑战""明年会有突破"等语言和诺言的迷惑而不能适时取舍。

但是，相当数量创新工作的结果，却是一种"近于成功"，而不是成功或失败。这种情形可能比失败更为危险。有很多例子：原来期望创新出来的产品或生产程序，会使该行业"革命化"，结果却只不过是在现有产品线中作了一些小改动。有些创新项目，开始时看起来很"激动人心"，结果却在酝酿期间被其他更具有创新性的生产程序、产品或服务所超过。还有些创新项目，原来想要成为"人人都买"的产品，结果仍只是"专门"的产品：有些顾客愿意买，但不愿出大价钱。

因此，在对创新进行管理时，特别重要的是仔细考虑并写下自己的期望。然后，在进展过程中把自己的期望同实际情况相比较。如果实际情况大大低于期望，就不要再投入更多的人力和金钱。或者提出这样的问题，"我们是不是应该撤退呢？以及如何撤退？"

多年前就有人问伯纳特·巴鲁克，是不是有些创新项目的投资既不是大的成功，又不是大的失败？他回答说："当然有。但是，我尽早地把这种项目卖给我所能找到的任何一个人。"然后他又补充说："我在早年把我全部的时间都花在这类事业上了。我总认为可以把它变得像原来预期的那样成功，但我从来都没有成功过。而且，我发现失去了真正的机会，误把金钱投入'健全的投资事业'，而没有投入未来的大好机会。"

三、风险控制

风险控制是在风险事故发生之后，为了减少事故所带来的损失而采取的控制性措施，即当知识型员工流失时，采取一定的策略以减少知识型员工的流失给企业带来的损害，使损失最小化。具体措施可以考虑以下几个方面。

1. 加强人力资源信息管理

建立一个电脑化的人力资源信息系统，将企业内外部有关人力资源的信息集成为一个信息包，可以方便和增强管理者对这些信息的管理。企业内部信息包括在职人员信息、离职人员信息、人才储备信息、员工工作动态跟踪信息等。通过这些信息，企业可以随时了解知识型员工离职率变动情况以及离职原因，从而有针对性地及早采取相应措施。比如，根据企业以往的平均离职率，可以预测这一阶段的离职人员数，根据这一情况，提前从人才储备库中挑选后备人员进行培训，这样就降低了离职发生时岗位长期空缺的可能性。离职原因信息还可以帮助企业更好地制定用人、留人政策。企业外部信息主要包括同业人员信息、同业人才需求信息、人才供给信息等。通过对人才供给状况地了解，企业可以快速有效地为知识型员工流失后的空缺岗位补充优秀人才；而同业人员信息中，了解其他企业特别是直接竞争对手企业中知识型员工的薪资福利水平和政策以及行业平均薪资水平，可以帮助企业更好地制定本企业薪酬政策，防止因薪资问题而导致知识型员工的流失。

2. 做好人才备份工作

这一工作有利于保证企业不会因某些关键知识型员工的流失而中断新产品研发和市场开拓。做好人才备份，一方面要强化人才的储备和技术培训，使某项关键技术不会只被一两人独占；另一方面，同一尖端技术岗位至少要有两至三人同时攻关。像海尔集团，同一产品，不仅国内有研发小组，在国外也有很多科研机构同时开发，即使有几名技术人员流失，也不会对企业产生太大影响。对于非技术岗位的某些重要职位，可采取设立后备人员的培养计划，让替补人员"提前熟悉将来的工作，一旦发生这些岗位人员的流失，候选人员能在最短的时间内胜任工作，从而降低了由于员工空缺而造成的损失。

3. 重视运用工作团队，建立工作分担机制

项目开发通过运用工作团队来完成，整个项目的运作过程是团队中每一成员共同努力的结果。通过这一机制的建立，可以有效降低因知识型员工流失而导致关键技术泄露的风险，因为每个成员都不可能单独完成整个项目和掌握全部技术。所以，即使某个员工跳槽到其他企业，也会因缺乏这样的团队而难以对企业构成真正威胁。对于某些掌握大量客户和业务的职位和部门，应建立一种相互监督制约的工作分担机制，获取客户和业务的某些重要环节和关键权力由公司统一管理。如进行客户关系管理（CRM），客户的各种信息统一录入公司数据库，并对客户进行后续的服务和维护。这样就避免了因某个知识型员工的流失而造成大量重要客户的随之流失。

4. 合同约束

合同约束，即在员工进入企业之前，采用契约的形式规定员工对企业的义务，约束其行为，目的是为了防范由于员工流失而给企业带来损害。如企业可以与知识型员工事先签订"竞业禁止"协定，要求员工在离开企业后的一段时间内不得从事与本企业有竞争关系的工作。企业还可以在合同中规定如果员工离开企业，需要继续为本企业保守商业秘密、技术秘密等，同时规定相应的补偿措施。在这一方面，企业应十分重视运用已有的《中华人民共和国专利法》、《中华人民共和国劳动法》、《中华人民共和国反不正当竞争法》等法律手段保护自身的合法权益。

5. 担保

这是一种将知识型员工的流失风险转移到企业外部的有效方式，其实质是保证人承诺对被保证人的行为不忠、违约或失误负间接责任。具体来讲，当职业介绍机构、猎头公司或推荐人向用人企业推荐知识型员工时，使其承诺对所推荐员工在应聘、工作、离职过程中的弄虚作假、失误或违约等行为负间接责任。针对知识型员工的流失风险管理来说，比如可以要求保证人承诺员工在规定期限内不得随意辞职，否则由保证人支付赔偿金。当然，为了取得这种承诺，员工要付出一定代价（如向担保人支付一定的担保费）。这样企业就把由于员工流失或行为不确定带来的风险损失转移到了保证人，即职业介绍机构、猎头公司或推荐人身上。需要注意的一点是，在具体操作时必须遵守劳动法有关员工权益的若干规定。

第二节　创业期人力资源管理

一、人力资源规划

人力资源规划（Human Resource Plan，HRP）也叫人力资源计划，是指为实施企业的发展战略，完成企业的生产经营目标，根据企业内外环境和条件的变化，通过对企业未来的人力资源的需要和供给状况的分析及估计，运用科学的方法进行组织设计，对人力资源的获取、配置、使用、保护等各个环节进行职能性策划，制定企业人力资源供需平衡计划，以确保组织在需要的时间和需要的岗位上，获得各种必需的人力资源，保证事（岗位）得其人、人尽其才，从而实现人力资源与其他资源的合理配置，有效激励、开发员工的规划。

自 20 世纪 70 年代起，人力资源规划已成为人力资源管理的重要职能，并且与企业的人事政策融为一体。人力资源规划实质上就是在预测未来的组织任务和环境对组织要求以及为完成这些任务和满足这些要求而提供人员的管理过程。人力资源规划主要功能和目的在于预测企业的人力资源需求和可能的供给，确保企业在需要的时间和岗位上获得所需的合格人员。实际上人力资源规划是一项系统的战略工程，它以企业发展战略为指导，以全面核查现有人力资源、分析企业内外部条件为基础，以预测组织对人员的未来供需为切入点，内容包括晋升规划、补充规划、培训开发规划、人员调配规划、工资规划等，基本涵盖了人力资源的各项管理工作，人力资源规划还通过人事政策的制定对人力资源管理活动产生持续和重要的影响。

在人力资源管理职能中，人力资源规划具有战略性和应变性。组织发展战略及目标、任务、计划的制订与人力资源战略及计划的制订紧密相连。人力资源规划规定了招聘和挑选人才的目的、要求及原则；人员的培训和发展、人员的余缺都得依据人力资源规划实施和调整；员工的报酬、福利等也是依据人力资源规划中规定的政策实施的，在企业的人力资源管理活动中，人力资源规划不仅具有先导性和战略性，而且在实施企业目标和规划过程中，它还能不断调整人力资源管理的政策和措施，指导人力资源管理活动。因此，人力资源规划处于整个人力资源管理活动的统筹阶段，它为下一步整个人力资源管理活动制订了目标、原则和方法。人力资源规划的可靠性直接关系着人力资源管理工作整体的成败。所以，制订好人力资源规划是企业人力资源管理部门的一项非常重要和有意义的工作。

1. 人力资源规划目的性

企业的生存和发展离不开企业规划。企业规划的目的是使企业的各种资源（人、财、物等）彼此协调并实现内部供求平衡。人力资源是企业内最活跃的因素，人力资源规划是企业规划中起决定性作用的规划，同时也具有了一定的目的性：

（1）规划人力发展。

人力发展包括人力预测、人力增补及人员培训，这三者紧密联系，不可分割。人力资源规划一方面对人力现状予以分析，以了解人事动态；另一方面，对未来人力需求做一些预测，以便对企业人力的增减进行通盘考虑，再据以制订人员增补和培训计划。所以，人力资源规划是人力发展的基础。

（2）人力资源的合理运用。

只有少数企业其人力的配置完全符合理想的状况。在相当多的企业中，其中一些人的工作负荷过重，而另一些人则工作过于轻松；也许有一些人的能力有限，而另一些人则感到能力有余，未能充分利用。人力资源规划可改善人力分配的不平衡状况，进而谋求合理化，以使人力资源能配合组织的发展需要。

（3）配合组织发展的需要。

任何组织的特性，都是不断地追求生存和发展，而生存和发展的主要因素是人力资源的获得与运用。也就是如何适时、适量及适质的使组织获得所需的各类人力资源。由于现代科学技术日新月异，社会环境变化多端，如何针对这些多变的因素，配合组织发展目标，对人力资源恰当规划甚为重要。

（4）降低用人成本。

影响企业结构用人数目的因素很多，如业务、技术革新、机器设备、组织工作制度、工作人员的能力等。人力资源规划可对现有的人力结构做一些分析，并找出影响人力资源有效运用的瓶颈，使人力资源效能充分发挥，降低人力资源在成本中所占的比率。

2. 人力资源规划的作用

（1）满足组织总体战略发展的要求。

人力资源规划是组织发展战略的重要组成部分，同时也是实现组织战略目标的重要保证。

（2）确保组织生存发展过程中对人力资源的需求。

人力资源部门必须分析组织人力资源的需求和供给之间的差距，制订各种规划来满足对人力资源的需求。

（3）有利于人力资源管理活动的有序化。

人力资源规划是企业人力资源管理工作的基础，它由总体规划和各种业务计划构成，为管理活动（如确定人员的需求量、供给量、调整职务和任务、培训等）提供可靠的信息和依据，进而保证管理活动的有序化。

（4）有利于调动员工的积极性和创造性。

人力资源管理要求在实现组织目标的同时，也要满足员工的个人需要（包括物质需要和精神需要），这样才能激发员工持久的积极性，只有在人力资源规划的条件下，员工对自己可满足的东西和满足的水平才是可知的。

（5）有利于控制人力资源成本。

人力资源规划有助于检查和测算出人力资源规划方案的实施成本及其带来的效益，避免企业发展过程中因人力资源浪费而造成的人工成本过高的问题。要通过人力资源规划预测组织人员的变化，调整组织的人员结构，把人工成本控制在合理的水平上，这是组织持续发展不可缺少的环节。

目标可以阐述为：

（1）得到和保持一定数量具备特定技能、知识结构和能力的人员；

（2）充分利用现有人力资源；

（3）能够预测企业组织中潜在的人员过剩或人力不足；

（4）建设一支训练有素，运作灵活的劳动力队伍，增强企业适应未知环境的能力；

（5）减少企业在关键技术环节对外部招聘的依赖性。

3. 人力资源规划的原则

（1）确保人力资源需求的原则

人力资源供给保障问题是人力资源规划中应解决的核心问题。因此，企业人力资源规划要通过一系列科学的预测和分析（包括人员的流入预测、流出预测、人员的内部流动预测、社会人力资源供给状况分析、人员流动的损益分析等），确保企业对所需要的人力资源的满足。只有有效地保证了对企业的人力资源供给，才可能去进行更深层次的人力资源管理与开发。

（2）与内外环境相适应的原则

人力资源规划只有充分地考虑了内、外环境的变化，才能适应需要，真正的做到为企业发展目标服务。内部变化主要指销售的变化、开发的变化、或者说企业发展战略的变化，还有公司员工的流动变化等；外部变化指社会消费市场的变化、政府有关人力资源政策的变化、人才市场的变化等。为了更好地适应这些变化，在人力资源规划中应该对可能出现的情况做出预测和风险变化，最好能有面对风险的应对策略。

（3）与战略目标相适应的原则

人力资源规划的制定必须依据组织的发展战略、目标，因为人员规划是企业整个发展规划中的重要组成部分，其首要前提就是服从企业整体发展战略的需要，只有这样才能保证企业目标与企业资源的协调发展。

人力资源的总体规划是建立在企业总体战略的基础上，总体规划需要明确人力资源管理的职能战略目标、规划的周期、规划的范围，在明确为企业总体规划的同时建立与之相适应的人力资源文化，从而吸纳、消化、开发人员。

（4）双方都得到长期利益的原则

人力资源规划不仅是面向企业的规划，也是面向员工的规划。企业的发展和员工的发展是互相依托、互相促进的关系。如果只考虑企业的发展需要，而忽视了员工的发展，则会有损企业发展目标的达成。优秀的人力资源规划，一定是能够使企业和员工都得到长期利益的规划，一定是能够使企业和员工共同发展的规划。

（5）保持适度流动性的原则

员工队伍的合理流动对企业的稳定健康发展有着不言而喻的作用。员工流动性过低，不利于发挥员工的积极性和创造性；流动性过高，造成人力成本的损耗，使企业生产经营成本增加。

二、员工招聘

员工招聘工作标准流程图：

第一阶段：确定人员需求阶段

第二阶段：制订招聘计划阶段

第三阶段：人员甄选阶段

第四阶段：招聘评估阶段

员工招聘标准流程及相关规定：

1.《人员增补申请单》的填写

（1）当部门有员工离职、工作量增加等出现空缺岗位需增补人员时，可向人力资源部申请领取《人员增补申请单》。

（2）《人员增补申请单》必须认真填写，包括增补缘由、增补岗位任职资格条件、增补人员工作内容等，任职资格必须参照《岗位描述》来写。

（3）填好后的《人员增补申请单》必须经用人部门主管的签批后，上报人力资源部。

（4）人力资源部接到部门《人员增补申请单》后，核查各部门人力资源配置情况，检查公司现有人才储备情况，决定是否从内部调动解决人员需求。

（5）若内部调动不能满足岗位空缺需求，人力资源部将把公司总的人员补充计划上报总经理，总经理批准后人力资源部进行外部招聘。

2. 确定招聘计划阶段

（1）招聘计划要依据《岗位描述》确定招聘各岗位的基本资格条件和工作要求，若公司现有的岗位描述不能满足需要，要依据工作需要确定、更新、补充新岗位的《岗位描述》。

（2）根据招聘人员的资格条件、工作要求和招聘数量，结合人才市场情况，确定选择什么样的招聘渠道。

①大规模招聘多岗位时可通过招聘广告和大型的人才交流会招聘。

②招聘人员不多且岗位要求不高时，可通过内部发布招聘信息，或参加一般的人才交流会。

③招聘高级人才时，可通过网上招聘，或通过猎头公司推荐。

3. 人力资源部根据招聘需求，准备以下材料

（1）招聘广告。招聘广告包括本企业的基本情况、招聘岗位、应聘人员的基本条件、报名方式、报名时间、地点、报名时需携带的证件、材料以及其他注意事项。

（2）公司宣传资料。

（3）《应聘人员登记表》、《员工应聘表》、《复试、笔试通知单》、《复审（才艺表演）通知单》、《面试评价表》、《致谢函》、面试准备的问题及笔试试卷等。

4. 人员甄选阶段

（1）收集应聘资料，进行初试。

①进行初试时，招聘人员须严格按招聘标准和要求把好第一关，筛选应聘资料进行初试时一般从文化程度、性别、年龄、工作经验、容貌气质、户口等方面综合比较。

②符合基本条件者可参加复试（面试）。

（2）面试程序：

①一线人员由人力资源部经理进行面试。面试人员携面试通知，工作人员整理好面试人资料后，引领参加面试者到面试地点按顺序进行面试。

②财务人员、企划人员等各类专业人员的面试由相应部门经理进行面试。按以下程序组织：

a. 人力资源部收集整理好应聘人员的资料交于相应部门经理；

b. 部门经理进行初步筛选后将通过者名单交于人力资源部；

c. 人力资源部通知复试，复试（面试）人员到达面试指定地点后由工作人员引领，按顺序进行面试。

③其他岗位人员由人力资源部经理进行第一次面试，工作人员整理好面试人资料后，引领参加面试者到面试地点按顺序进行面试。

④面试人员应向人力资源部门递交的个人资料包括：

居民身份证复印件、户口本复印件、学历证明复印件、1寸照片3张、《求职应聘表》、个人简历及其他能证明身份和能力的资料。

有下列情形之一者，不得录用为本公司员工：

a. 精神病史、传染病或其他重疾者；

b. 有刑事（劳改、拘留、判刑等）记录者；

c. 国家卫生防疫部门规定不能从事商业零售工作者；

d. 未成年者；

e. 曾在本公司被除名者；

f. 和其他企业劳动合同未到期者。

（3）笔试相关规定：

①复试（面试）合格者才有资格参加笔试。

②参加笔试者必须按时到场，因特殊原因不能到场者应先和人力资源部工作人员联系安排其他场次。应试人员未事先通知或非特殊原因迟到半小时以上者，视为自动放弃所应聘工作。不再安排下一场次笔试和复审。

③应试者在笔试试卷上必须认真清楚填写姓名、应聘岗位、联系电话。

（4）复审（才艺表演）

①笔试通过者有资格参加复审；

②复审主要是给应聘人员个人展示的机会，是对应聘人员的最后把关，参加复审者需准备"自我介绍"和"才艺表演"节目；

③复审由各级主管领导、人力资源部经理参加，是各级主管领导与应聘员工的一次会面，工作人员须事先安排布置好场地，主持人须保持场面气氛活跃且有序进行，真正体现公司的精神面貌。

（5）员工录用

①复审结束后，由各级总经理和人力资源部经理共同确定录取人员名单。

②工作人员对最后确定的录用人员名单按编号发放《员工录取报到通知》和《致谢函》，通知上需注明：被录取者姓名、编号、员工报到时间、办理录用手续需准备的资料等相关事宜。

③员工录用后须办理担保手续，签订《担保书》。新录员工须提供担保人身份证复印件、户口本复印件、房产证复印件及经担保人签字盖章的担保书。

④人力资源部要为每一位新录用的员工建立员工档案，新录员工办理录用手续时需补交齐个人资料（身份证复印件、学历证复印件、照片等相关资料）。

5. 招聘评估

招聘工作评估小组由各级主管领导、人力资源部经理、助理、招聘工作人员及需补充人员的部门领导组成。招聘评估主要从招聘各岗位人员到位情况、应聘人员满足岗位的需求情况、应聘录用率、招聘单位成本控制情况等方面进行评估。

三、员工培训

员工培训是指一定组织为开展业务及培育人才的需要，采用各种方式对员工进行有目的、有计划地培养和训练的管理活动，公开课、内训等均为常见的员工培训及企业培训形式。

（一）培训方法

1. 讲授法

讲授法属于传统的培训方式，优点是运用起来方便，便于培训者控制整个过程。缺点是单向信息传递，反馈效果差。常被用于一些理念性知识的培训。

2. 视听技术法

通过现代视听技术（如投影仪、DVD、录像机等工具），对员工进行培训。优点是运用视觉与听觉的感知方式，直观鲜明。但学员的反馈与实践较差，且制作和购买的成本高，内容易过时。它多用于企业概况、传授技能等培训内容，也可用于概念性知识的培训。

3. 讨论法

讨论法按照费用与操作的复杂程序又可分成一般小组讨论与研讨会两种方式。研讨会多以专题演讲为主，中途或会后允许学员与演讲者进行交流沟通。优点是信息可以多向传递，与讲授法相比反馈效果较好，但费用较高。而小组讨论法的特点是信息交流时方式为多向传递，学员的参与性高，费用较低。多用于巩固知识，训练学员分析、解决问题的能力与人际交往的能力，但运用时对培训教师的要求较高。

4. 案例研讨法

通过向培训对象提供相关的背景资料，让其寻找合适的解决方法。这一方式使用费用低，反馈效果好，可以有效训练学员分析解决问题的能力，另外，培训研究表明，案例、讨论的方式也可用于知识类的培训，且效果更佳。

优点：（1）可以帮助学员学习分析问题和解决问题的技巧；（2）能够帮助学员确认和了解不同解决问题的可行方法。

局限性：（1）需要较长的时间；（2）可能同时激励与激怒不同的人；（3）与问题相关的资料有时可能不甚明了，影响分析的结果。

5. 角色扮演法

受训者在培训教师设计的工作情况中扮演其中角色，其他学员与培训教师在学员表演后做适当的点评。由于信息传递多向化，反馈效果好、实践性强、费用低，因而多用于人际关系能力的训练。

优点：（1）能激发学员解决问题的热情；（2）可增加学习的多样性和趣味性；（3）能够激发热烈的讨论，使学员各抒己见；（4）能够提供在他人立场上设身处地思考问题的机会；（5）可避免可能的危险与尝试错误的痛苦。

局限性：观众的数量不宜太多；演出效果可能受限于学员过度羞怯或过深的自我意识。培训时应注意准备好场地与设施，使演出学员与观众之间保持一段距离；演出前要明确议题所遭遇的情况；谨慎挑选演出学员与角色分配；鼓励学员以轻松的心情演出；可由不同组的学员重复演出相同的情况；可安排不同文化背景的学员演出，以了解不同文化的影响。

6. 自学法

这一方式较适合于一般理念性知识的学习，由于成人学习具有偏重经验与理解的特性，让具有一定学习能力与自觉的学员自学是既经济又实用的方法，但此方法也存在监督性差的缺陷。

7. 互动小组法

又称敏感训练法。此法主要适用于管理人员的实践训练与沟通训练。让学员在培训活动中的亲身体验来提高他们处理人际关系的能力。其优点是可明显提高人际关系与沟通的能力，但其效果在很大程度上依赖于培训教师的水平。

8. 网络培训法

网络培训法是一种新型的计算机网络信息培训方式，投入较大。但由于使用灵活，符合分散式学习的新趋势，节省学员集中培训的时间与费用。这种方式信息量大，新知识、新观念传递优势明显，更适合成人学习。因此，特别为实力雄厚的企业所青睐，也是培训发展的一个必然趋势。

9. 个别指导法

个别指导法又称师徒式培训，是由一个在年龄上或经验上资深的员工，来支持一位较资浅者进行个人发展或生涯发展的体制。师傅的角色包含了教练、顾问以及支持者。身为教练，会帮助资浅者发展其技能；身为顾问，会提供支持并帮助他们建立自信；身为支持者，会以保护者的身份积极介入各项事务，让资浅者得到更重要的任务，或运用权力让他们升迁、加薪。

优点：在师傅指导下开始工作，可以避免盲目摸索；有利于尽快融入团队；可以消除刚刚进入工作的紧张感；有利于传统的优良工作作风的传递；可以从指导人处获取丰富的经验。

10. 场景还原法

场景还原是一种新型的员工培训方法。它的主要方式就是让新员工有一个途径，从项目、任务、客户、同事等多个维度来了解事情发生的前因后果和上下文，而这个途径就是"活动流"（Activity Streams）。

领度系统（Linkwedo，企业执行平台与绩效评估系统）可以让员工根据工作需要去进入相应的活动流中，如项目活动流、任务活动流、客户活动流、个人活动流，等等。如果想了解项目，通过进入项目活动流可以了解项目的目标、资源、执行过程、文档等所有信息。如果是接手一个项目中未完成的任务，可以将任务重新分配给新的同事，这个新同事会马上了解到任务执行的前期记录，因为任务活动流中记录了执行过程中的所有问题，解决方法，以及客户的反馈等，像放电影似的展现在眼前。如果一个新领导想了解部门员工的话，可以具有权限进入每个员工的个人空间去了解他们的工作、兴趣、爱好、工作真实进度，对工作所提的建议，以及所完成的项目、任务、文档等。

这样领导就能快速融入团队，快速开展自己的工作。

（二）培训作用

企业员工培训，作为直接提高经营管理者能力水平和员工技能，为企业提供新的工作思路、知识、信息、技能，增长员工才干和敬业、创新基本的根本途径和极好方式，是最为重要的人力资源开发，是比物质资本投资更重要的人力资本投资。

有效的企业培训，其实是提升企业综合竞争力的过程。事实上，培训的效果并不取决于受训者个人，而恰恰相反，企业组织本身作为一个有机体的状态，起着非常关键的作用。良好的培训对企业的好处有五点：

1. 培训能增强员工对企业的归属感和主人翁责任感

就企业而言，对员工培训得越充分，对员工越具有吸引力，越能发挥人力资源的高增值性，从而为企业创造更多的效益。有资料显示，百事可乐公司对深圳 270 名员工中的 100 名进行一次调查，这些人几乎全部参加过培训，其中 80% 的员工对自己从事的工作表示满意，87% 的员工愿意继续留在公司工作。培训不仅提高了职工的技能，而且提高了职工对自身价值的认识，对工作目标有了更好的理解。

2. 培训能促进企业与员工、管理层与员工层的双向沟通，增强企业向心力和凝聚力，塑造优秀的企业文化

不少企业采取自己培训和委托培训的办法。这样做容易将培训融入企业文化，因为企业文化是企业的灵魂，它是一种以价值观为核心对全体职工进行企业意识教育的微观文化体系。企业管理人员和员工认同企业文化，不仅会自觉学习掌握科技知识和技能，而且会增强主人翁意识、质量意识、创新意识。从而培养大家的敬业精神、革新精神和社会责任感，形成上上下下自学科技知识，自觉发明创造的良好氛围，企业的科技人才将茁壮成长，企业科技开发能力会明显增强。

3. 培训能提高员工综合素质，提高生产效率和服务水平，树立企业良好形象，增强企业盈利能力

美国权威机构监测，培训的投资回报率一般在 33% 左右。在对美国大型制造业公司的分析中，公司从培训中得到的回报率大约可达 20%～30%。摩托罗拉公司向全体雇员提供每年至少 40 小时的培训。调查表明：摩托罗拉公司每 1 美元培训费可以在 3 年以内实现 40 美元的生产效益。摩托罗拉公司认为，素质良好的公司雇员们已通过技术革新和节约操作为公司创造了 40 亿美元的财富。摩托罗拉公司的巨额培训收益说明了培训投资对企业的重要性。

4. 适应市场变化、增强竞争优势，培养企业的后备力量，保持企业永继经营的生命力

企业竞争说穿了是人才的竞争。明智的企业家清醒地认识到培训是企业发展不可忽视的"人本投资"，是提高企业"造血功能"的根本途径。美国的一项研究资料表明，企业技术创新的最佳投资比例是 5：5，即"人本投资"和硬件投资各占 50%。人本为主的软技术投资，作用于机械设备的硬技术投资后，产出的效益成倍增加。在同样的设备条件下，增加"人本"投资，可达到投 1 产 8 的投入产出比。发达国家在推进技术创新中，不但注意引进、更新改造机械设备等方面的硬件投入，而且更注重以提高人的素质为主要目标的软技术投入。事实证明，人才是企业的第一资源，有了一流的人才，就可以开发一流的产品，创造一流的业绩，企业就可以在市场竞争中立于不败之地。

5. 提高工作绩效

有效的培训和发展能够使员工增进工作中所需要的知识，包括对企业和部门的组织结构、经营目标、策略、制度、程序、工作技术和标准、沟通技巧，以及人际关系等知识。

四、绩效考核

绩效考核指企业在既定的战略目标下，运用特定的标准和指标，对员工的工作行为及取得的工作业绩进行评估，并运用评估的结果对员工将来的工作行为和工作业绩产生正面引导的过程和方法。

绩效考核（performance evaluation），是企业绩效管理中的一个环节，常见绩效考核方法包括 BSC、KPI 及 360 度考核等。绩效考核是一项系统工程。绩效考核是绩效管理过程中的一种手段。

（一）绩效考核目的

1. 达成目标

绩效考核本质上是一种过程管理，而不是仅仅对结果的考核。它是将中长期的目标分解成年度、季度、月度指标，不断督促员工实现、完成的过程，有效的绩效考核能帮助企业达成目标。

2. 挖掘问题

绩效考核是一个不断制订计划、执行、检查、处理的 PDCA 循环过程，体现在整个绩效管理环节，包括绩效目标设定、绩效要求达成、绩效实施修正、绩效面谈、绩效改进、再制定目标的循环，这也是一个不断地发现问题、改进问题的过程。

3. 分配利益

与利益不挂钩的考核是没有意义的，员工的工资一般都会分为两个部分：固定工资和绩效工资。绩效工资的分配与员工的绩效考核得分息息相关，所以一说起考核，员工的第一反应往往是绩效工资的发放。

4. 促进成长

绩效考核的最终目的并不是单纯地进行利益分配，而是促进企业与员工的共同成长。通过考核发现问题、改进问题，找到差距进行提升，最后达到双赢。绩效考核的应用重点在薪酬和绩效的结合上。薪酬与绩效在人力资源管理中，是两个密不可分的环节。在设定薪酬时，一般将薪酬分解为固定工资和绩效工资，绩效工资正是通过绩效予以体现，而对员工进行绩效考核也必须要表现在薪酬上，否则绩效和薪酬都失去了激励的作用。

5. 人员激励

通过绩效考核，把员工聘用、职务升降、培训发展、劳动薪酬相结合，使企业激励机制得到充分运用，有利于企业的健康发展；同时对员工本人，也便于建立不断自我激励的心理模式。

（二）绩效考核分类

1. 时间不同

按考评时间的不同，可分为日常考评和定期考评。

（1）日常考评。指对被考评者的出勤情况、产量和质量实绩、平时的工作行为所做的经常性考评。

（2）定期考评。指按照一定的固定周期所进行的考评，如年度考评、季度考评等。

2. 主体不同

按考评主体不同分为主管考评、自我考评、同事考评、下属考评和顾客考评。

（1）主管考评。指上级主管对下属员工的考评。这种由上而下的考评，由于考评的主体是主管领导，所以能较准确地反映被考评者的实际状况，也能消除被考评者心理上不必要的压力。但有时也会受主管领导的疏忽、偏见、感情等主观因素的影响而产生考评偏差。

（2）自我考评。指被考评者本人对自己的工作实绩和行为表现所做的评价。这种方式透明度较高，有利于被考评者在平时自觉地按考评标准约束自己。但最大的问题是有"倾高"现象存在。

（3）同事考评。指同事间互相考评。这种方式体现了考评的民主性、但考评结果往往受被考评者的人际关系的影响。

（4）下属考评。指下属员工对他们的直接主管领导的考评。一般选择一些有代表性的员工，用比较直接的方法，如直接打分法等进行考评，考评结果可以公开或不公开。

（5）顾客考评。许多企业把顾客也纳入员工绩效考评体系中。在一定情况下，顾客常常是唯一能够在工作现场观察员工绩效的人，此时，他们就成了最好的绩效信息来源。

3. 形式不同

按考评结果的表现形式分类，可分为定性考评与定量考评。

（1）定性考评。其结果表现为对某人工作评价的文字描述，或对员工之间评价高低的相对次序，以优、良、中、及、差等形式表示。

（2）定量考评。其结果则以分值或系数等数量形式表示。

4. 内容不同

按考评内容的不同，可分为特征导向型、行为导向型、结果导向型。

（1）特征导向型。考核的重点是员工的个人特质，如诚实度、合作性、沟通能力等，即考量员工是一个怎样的人。

（2）行为导向型。考核的重点是员工的工作方式和工作行为，如服务员的微笑和态度，待人接物的方法等，即对工作过程的考量。

（3）结果导向型。考核的重点是工作内容和工作质量，如产品的产量和质量、劳动效率等，侧重点是员工完成的工作任务和生产的产品。

5. 意识不同

按意识不同，分为客观考核法和主观考核法。

（1）客观考核方法。客观考核方法是对可以直接量化的指标体系所进行的考核，如生产指标和个人工作指标。

（2）主观考核方法。主观考核方法是由考核者根据一定的标准设计的考核指标体系对被考核者进行主观评价，如工作行为和工作结果。

（三）绩效考核方法

1. 图尺度考核法

图尺度考核法（Graphic Rating Scale，GRS）是最简单和运用最普遍的绩效考核技术之一，一般采用图尺度表填写打分的形式进行。

2. 交替排序法

交替排序法（Alternative Ranking Method，ARM）是一种较为常用的排序考核法。其原理是在群体中挑选出最好的或者最差的绩效表现者，较之于对其绩效进行绝对考核要简单易行得多。因此，交替排序的操作方法就是分别挑选、排列的"最好的"与"最差的"，然后挑选出"第二好的"与"第二差的"，这样依次进行，直到将所有的被考核人员排列完全为止，从而以优劣排序作为绩效考核的结果。交替排序在操作时也可以使用绩效排序表。

3. 配对比较法

配对比较法（Paired Comparison Method，PCM）是一种更为细致的通过排序来考核绩效水平的方法，它的特点是每一个考核要素都要进行人员间的两两比较和排序，使得在每一个考核要素下，每一个人都和其他所有人进行了比较，所有被考核者在每一个要素下都获得了充分的排序。

4. 强制分布法

强制分布法（Forced Distribution Method，FDM）是在考核进行之前就设定好绩效水平的分布比例，然后将员工的考核结果安排到分布结构里去。

5. 关键事件法

关键事件法（Critical Incident Method，CIM）是一种通过员工的关键行为和行为结果来对其绩效水平进行绩效考核的方法，一般由主管人员将其下属员工在工作中表现出来的非常优秀的行为事件或者非常糟糕的行为事件记录下来，然后在考核时点上（每季度，或者每半年）与该员工进行一次面谈，根据记录共同讨论来对其绩效水平做出考核。

6. 行为锚定等级考核法

行为锚定等级考核法（Behaviorally Anchored Rating Scale，BARS）是基于对被考核者的工作行为进行观察、考核，从而评定绩效水平的方法。

7. 目标管理法

目标管理法（Management by Objectives，MBO）是现代更多采用的方法，管理者通常很强调利润、销售额和成本这些能带来成果的结果指标。在目标管理法下，每个员工都确定有若干具体的指标，这些指标是其工作成功开展的关键目标，它们的完成情况可以作为评价员工的依据。

8. 叙述法

叙述法（Essay Method），在进行考核时，以文字叙述的方式说明事实，包括以往工作取得了哪些明显的成果，工作上存在的不足和缺陷是什么。

9. 360 度考核法

360 度考核法，又称交叉考核（PIV），将原本由上到下，由上司评定下属绩效的旧方法，转变为全方位 360 度交叉形式的绩效考核。在考核时，通过同事评价、上级评价、下级评价、客户评价以及个人评价来评定绩效水平的方法。交叉考核，不仅是绩效评定的依据，更能从中发现问题并进行改革提升，找出问题原因所在，并着手拟定改善工作计划。

10. 科莱斯平衡计分卡

科莱斯平衡计分卡（Balanced Score Card，BSC），围绕企业的战略目标，利用BSC 可以从财务、顾客、内部过程、学习与创新这四个方面对企业进行全面的测评。在使用时对每一个方面建立相应的目标以及衡量该目标是否实现的指标。

（四）绩效考核原则

1. 公平原则

公平是确立和推行人员考绩制度的前提。不公平，就不可能发挥考绩应有的作用。

2. 严格原则

考绩不严格，就会流于形式，形同虚设。考绩不严，不仅不能全面地反映工作人员的真实情况，而且还会产生消极的后果。考绩的严格性包括：要有明确的考核标准；要有严肃认真的考核态度；要有严格的考核制度与科学而严格的程序及方法等。

3. 单头考评的原则

对各级职工的考评，都必须由被考评者的"直接上级"进行。直接上级相对来说最了解被考评者的实际工作表现（成绩、能力、适应性），也最有可能反映真实情况。间接上级（即上级的上级）对直接上级做出的考评评语，不应当擅自修改。这并不排除间接上级对考评结果的调整修正作用。单头考评明确了考评责任所在，并且使考评系统与组织指挥系统取得一致，更有利于加强经营组织的指挥机能。

4. 结果公开原则

考绩的结论应对本人公开，这是保证考绩民主的重要手段。这样做，一方面，可以使被考核者了解自己的优点和缺点、长处和短处，从而使考核成绩好的人再接再厉，继续保持先进；也可以使考核成绩不好的人心悦诚服，奋起上进。另一方面，还有助于防止考绩中可能出现的偏见以及种种误差，以保证考核的公平与合理。

5. 结合奖惩原则

依据考绩的结果，应根据工作成绩的大小、好坏，有赏有罚，有升有降，而且这种赏罚、升降不仅与精神激励相联系。而且还必须通过工资、奖金等方式同物质利益相联系，这样，才能达到考绩的真正目的。

6. 客观考评的原则

人事考评应当根据明确规定的考评标准，针对客观考评资料进行评价，尽量避免渗入主观性和感情色彩。

7. 反馈的原则

考评的结果（评语）一定要反馈给被考评者本人，否则就起不到考评的教育作用。在反馈考评结果的同时，应当向被考评者就评语进行说明解释，肯定成绩和进步，说明不足之处，提供今后努力的参考意见等。

8. 差别的原则

考核的等级之间应当有鲜明的差别界限，针对不同的考评评语在工资、晋升、使用等方面应体现明显差别，使考评带有刺激性，鼓励职工的上进心。

9. 信息对称的原则

凡是信息对称，容易被监督的工作，适合用绩效考核。凡是信息不对称，不容易被监督的工作，适合用股权激励。这是经邦集团薛中行老师在多年的实战过程中得出的结论。

（五）绩效考核周期

绩效考核周期也叫作绩效考核期限，是指多长时间对员工进行一次绩效考核。绩效考核通常也称为业绩考评或"考绩"，是针对企业中每个职工所承担的工作，应用各种科学的定性和定量的方法，对职工行为的实际效果及其对企业的贡献或价值进行考核和评价。

绩效考核周期确定，需考虑以下几个因素。

1. 职位的性质

不同的职位，工作的内容是不同的，因此绩效考核的周期也应当不同。一般来说，职位的工作绩效比较容易考核，考核周期相对要短一些。

2. 指标的性质

不同的绩效指标，其性质是不同的，考核的周期也相应不同。一般来说，性质稳定的指标，考核周期相对要长一些；相反，考核周期相对就要短一些。

3. 标准的性质

在确定考核周期时，还应当考核到绩效标准的性质，就是说考核周期的时间应当保证员工经过努力能够实现这些标准，这一点其实是和绩效标准的适度性联系在一起的。

（六）绩效考核阶段

在遵循以上原则的基础上，企业的绩效考核推行由无到有，往往会经历四个阶段，分别是：

1. 形式期

形式期，绩效考核刚刚推行时往往都处于这个阶段。此时考核往往以试考核形式出现，考核结果可以不与绩效工资挂钩主要是让各级人员找到考核的感觉，掌握考核的方式方法。

2. 行事期

行事期，绩效考核已逐步开展、渐入佳境时所处的阶段。此时考核开始与绩效工资、利益、晋升等挂钩，真正进入实操阶段。

3. 习惯期

习惯期，此时绩效考核已形成习惯，具备了文字性东西、制度性语言。到达这个阶段的企业，基本上一到考核周期，企业由上至下会自发地进行考核，统计考核数据，计算绩效工资，一旦涉及员工薪酬调整、晋升会首先以过往的绩效为依据。

4. 文化期

文化期，此时绩效考核已深深与企业文化结合在一起，员工希望被考核，考核已成为企业必备的一种常态，企业呈现一种公平竞争、公开要求的平等氛围。

（七）绩效考核主体

绩效考核主体是组织绩效考核人，合格的绩效考核者应了解被考评者职位的性质、工作内容、要求以及绩效考核标准，熟悉被考评者的工作表现，最好有近距离观察其工作的机会，同时要公正客观。多数企业在选择考核主体时，多采用360度全方位考核方式，考核者选用被考评者的上司、同事、下属、被考评者本人和外部专家。

上司考核的优点是对工作性质、员工的工作表现比较熟悉，考核可与加薪、奖惩相结合，有机会与下属更好地沟通，了解其想法，发现其潜力。但也存在一定缺点，由于上司掌握着切实的奖惩权，考核时下属往往心理负担较重，不能保证考核的公正客观，可能会挫伤下属的积极性。

同事考核的优点是对被考评者了解全面、真实。但由于彼此之间比较熟悉和了解，受人情关系影响，可能会使考核结果偏离实际情况。最适用的情况是在项目小组中，同事参与考核对揭露问题和鞭策后进起着积极作用。

下属考核，可以帮助上司发展领导管理才能，也能达到权力制衡的目的，使上司受到有效监督。但下属考核上司有可能片面、不客观；由下级进行绩效考核也可能使上司在工作中缩手缩脚，影响其工作的正常开展。

自我考核是最轻松的考核方式，不会使员工感到很大压力，能增强员工的参与意识，而且自我考核结果较具建设性，会使工作绩效得到改善。缺点是自我考核倾向于高估自己的绩效，因此只适用于协助员工自我改善绩效，在其他方面（如加薪、晋升等）不足以作为评判标准。

外部专家考核的优点是有绩效考评方面的技术和经验，理论修养高，与被考评者没有瓜葛，较易做到公正客观。缺点是外部专家可能对公司的业务不熟悉，因此，必须有内部人员协助。此外，聘请外部专家的成本较高。

（八）绩效考核技巧

实行绩效考核体制之前，应先对公司的管理层做一个调整，做一个考核，这个考核分工作态度、工作技能、工作效率、工作成绩、团队意识、沟通能力、配合能力、员工印象几方面，只有先将管理层考核清楚了，调整到位了，员工才会相信企业的绩效考核体制，才会配合相应的工作，也才会再次被调动起积极性。

首先，要建立企业内部申诉机制，让员工在遭遇不公正、不公平待遇时有一个申诉与解决的通畅途径，避免因领导者情感因素伤害职业打工者的权益。

其次，企业内部不仅要确定不同部门或岗位的权力、义务，同时还必须采取自上而下的岗位描述，明确细化的岗位职责及考核标准，避免将考绩沦为一种粗放的能力"审判"。

（九）绩效考核流程

（1）详细的岗位职责描述及对职工工资的合理培训；

（2）尽量将工作量化；

（3）人员岗位的合理安排；

（4）考核内容的分类；

（5）企业文化的建立，如何让人成为"才"而非人"材"是考核前须要考虑的重要问题；

（6）明确工作目标；

（7）明确工作职责；

（8）从工作的态度（主动性、合作、团队、敬业等）、工作成果、工作效率等几个方面进行评价；

（9）给每项内容细化出一些具体的档次，每个档次对应一个分数，每个档次要给予文字的描述以统一标准（比如优秀这个档次一定是该员工在相同的同类员工中表现明显突出的，并且需要用具体的事例来证明）；

（10）给员工申诉的机会。

（十）绩效考核误区

（1）相信"绩效考核，一考就灵"。

绩效考核只是众多管理工具中的一种或管理工作的一部分，只有系统地做好经营和管理的梳理工作（战略、模式、组织、人员匹配、制度、流程等），才能让绩效考核的作用发挥出来。

（2）用考核代替管理。

绩效考核管理的重点不在考核，而是利用考核进行管理。使用这个工具的管理者可以和员工明确其任务和目标，及时发现员工实现目标过程中的偏失，以便及时对员工给予必要的支持、帮助和管理。

（3）设计过分复杂的考核体系。

过于复杂的考核指标和考核体系，会让管理者和被管理者都为了得综合高分而失去了工作重点。

（4）绩效考核体系要么不专业，要么追求形式主义。

不专业体现在指标和目标设计得不合理上，例如，指标和目标经常被随意改变；指标分配不当，一个人无法对他自己的目标负责等。与之相反的一个错误是追求形式主义，不把时间花在实质目标和指标的讨论上，而是做很多似是而非的表格、权重计算等。

（5）激励个人主义。

本质上绩效考核体系是一个激励机制，即把一个人的部分所得和他的业绩挂上钩。由于绩效要细分到个人，很多公司绩效体系的根本是激励个人业绩，而不是激励一个人关心他的团队和整个公司。这样的激励可能导致错误的导向。

（6）重短期，不重长期。

绩效管理的另一个误区是只重短期，不重长期。若没有正确的引导，员工可能会为了短期利益而牺牲公司的长期利益，一个办法就是设计相应的晋升体系，把员工的长远利益和公司的长远利益结合起来。

（7）只考业务，不考支持。

大部分企业的绩效考核只针对业务人员，不考核支持人员（如技术、财务、人事、服务等）。但是，企业的绩效考核应该是全面的。

（8）对考核的可能结果不做测算。

这样制订出的绩效考核方案会导致一些人的业绩提成由于一些偶然因素变得非常多，一方面企业会受不了，另一方面其他员工会觉得不公平，让激励变成了对少数人的激励。

（9）平均主义与老好人思想。

绩效考核的一个目的就是把员工工作做得好坏通过指标客观、量化和直观地表达出来，并根据员工贡献的大小给予事先约定好的激励。激励的本质是让做得好的人得到很多，让做得不好的人得不到或得不到很多。但很多绩效体系设计上存在平均主义思想，加上管理者执行中对一些定量指标打分有老好人思想，最终结果是绩效管理变成了走过场。

（10）考核频率太高或太低。

考核频率过高，无法及时发现考核对象的问题并进行指导。考核频率过低，考核对象的工作无法和其工作成果对上，这两种情况的考核都没有意义。通常业务人员的考核频率应该比较高（月考核或季度考核），支持人员的考核频率应该较低（季度考核或半年考核）。

第三节 创业期财务管理

一、控制好财务关键点

对于一个企业来说，财务管理分为以下几方面：财务预测、财务分析和财务控制。但无论涉及哪一方面，都不会少现金流和成本。

1. 现金流

现金流即现金的流动，包括现金在企业的流入和流出。创业者，尤其是对财务比较陌生的人经常会将利润当作现金流入，将成本当作现金流出。其实这种看法是片面的，甚至是极为错误的，时常会误导创业者的决策。现金流入在绝大多数情况下不等于利润，成本的支出也绝不是现金流出的全部。大部分企业的现金流入会小于企业的利润。为什么？这就要了解下企业利润和现金流入的构成。

企业的利润简单分析＝主营业务收入＋其他业务收入＋营业外收入＋利得－主营业务成本－其他业务成本－营业外支出－损失－税金。在会计当期，受到企业销售政策的影响，企业的销售收入很可能不能产生现金流，比如赊销；而其他收入也未必会有现金流，比如利息收入一般是年度或季度付息；这就导致了企业的收入大于现金流入。与此同时，企业的采购可能采取预付款形式，在成本还未形成时现金流出已经产生；有些营业外支出已经发生并产生现金流出但由于原始凭证尚未取得而未入账；这会使企业的支出小于现金的流出。将上述二者合并可以发现一个很严重的问题：企业当期可以在会计账上盈利很多，但实际的现金流可能是零甚至是负的。现金流对于企业犹如血液对于人体，现金流的干涸所导致的后果不言自明。

2. 成本

成本的概念不是如购买原材料和支付水电费、人工费等日常支出这么简单。真正的成本应该是与公司原材料采购、生产加工及存货管理相联系的，加上人工费、水电费等日常开支，同时应将企业购买的设备、厂房，专利、软件等资产成本按照一定比例，分期摊销至成本中，这样核算出的成本才准确真实。例如：一个企业整体资产价值12万元，预计使用10年，当月花100元购买原材料将其生产加工，加工过程中发生相关水电费、人工费 10 元，生产出 12 件产品，放入产成品库，在转运过程中毁损 2 件。则该月单位产品成本应如何核算？首先，将 100 元原材料采购和期间费用全部计入产品成本，并将资产成本摊销进产品成本，公式如下：每月应摊销金额＝120000/10/12＝1000 元，最后将所有的直接和间接成本加总＝110＋1000＝1110 元。产品的数量自然不能按照 12 件，因为毁损的两件也应看作是间接成本，则最后单位产品成本＝1110/10＝110 元。

3. 财务预测

财务预测就是依据目前的财务收支情况，通过合理预计企业的未来期间的发展，结合市场环境的变化来预计未来某一期间的财务情况。例如，以当前企业的收入和支出为依据，分别乘上一个合理的系数，来推算未来某一期间的相关数据。值得提醒的一点是，与收入和支出相乘的系数一定不相同，而且尽管随着企业的规模不断扩大，单位固定成本会略有下降，但随着企业的发展，管理费用和相关沟通成本也会大幅增长！所以预测未来支出时尽量将支出做得大一些，这样才有利于创业者进行可行性分析。财务预测的目的正是为了让创业者对企业今后发展中会出现的相关财务风险进行事前准备，防患于未然。

4. 财务分析

财务分析是对企业一定期间内发生的财务数据进行管理层面的分析。例如，将制造成本/销售收入；管理费用/销售收入；毛利润/销售收入；工资/管理费用；应收账款/销售收入；存货/销售收入等。财务分析能够帮助企业寻找到竞争力上的短处，如单位成本过高；管理效率较低；应收账款期限太长；存货周转速度过慢等。通过财务分析，创业者能够从定性及定量的角度一针见血地发现企业的问题。

5. 财务控制

财务控制是指对企业的资金投入及收益过程和结果进行衡量与校正，目的是确保企业目标以及为达到此目标所制定的财务计划得以实现。内控是检验一个企业管理效率的有效手段之一，创业者创业之初肯定在管理和控制方面存在诸多不足，但有些控制是一定要尽早建立，使之发挥作用的。比如，①银行账户的管理：企业一般应设立一个基本账户、一个一般账户、若干的特殊用途账户（如基础建设、项目研发），不同账号的性质用途不同能够让管理者更好地掌握企业的资金流动；②现金的管理：现金的保管和记账一定是两个人分别负责，同时现金的提取和使用应该由财务负责审核批准，金额较大的甚至要公司负责人批准，现金每日下班前要进行盘点；③费用报销控制：费用报销申请应由相关部门负责人批准，财务人员将报销申请交至复核人员复核，金额较大的由财务负责或公司负责人审批；④存货和资产管理：存货和资产的采购申请、审批、资金发放、验收入库及库存管理应由不同部门的人员分别负责和监控，存货库房有专人看管并记录相关产品出入库情况。良好的控制能够为企业构建一面防火墙，能使创业者的努力不被内部的机制缺陷所葬送。

二、高度关注资金控制

企业集团的资金管理模式选择综合考虑公司的战略规划、资金管理需求以及过往的资金管理模式等因素进行评判。贸然选择过于集权的资金集中管理模式可能导致其与公司的经营管理模式不相适应，导致可能出现的经营风险。因而企业集团的资金管理模式选择应该是一个从"分权"到逐渐"集权"的过程。

在实践中，越来越多的企业集团采用集中的资金管理方式来加强协同和控制，并提高集团整体的资金使用效率，集中式资金管理模式主要有统收统支模式、拨付备用模式、内部银行模式、结算中心模式和财务公司模式。

1. 统收统支模式

在统收统支的情况下，集团成员企业（分支机构）不单独设立账号，所有现金收入都必须集中到集团总部的财务部门，一切现金支出都由母公司财务部门来执行。实践证明统收统支的方式有助于企业集团实现全面收支平衡，提高资金的周转效率，减少资金的沉淀。但是，统收统支不利于调动成员企业开源节流的积极性，以致降低整个集团经营活动和财务活动的效率。

2. 拨付备用模式

拨付备用金是指集团总部按照一定的期限拨给成员企业一定数额的现金备其使用。在这种情况下，成员企业的所有现金收入必须集中到集团财务部门，成员企业所发生的现金支出必须持有关凭证到集团总部的财务部门报销以补足备用金。与统收统支方式有所不同的是成员企业在集团总部规定的现金支出范围和支出标准之内，可以对拨付的备用金的使用行使决策权。但是集团所属分支机构（成员企业）仍不独立设置财务部门，其每一笔支出仍必须通过集团财务部门的审核，超范围和超标准的开支必须经过集团总部的批准。

统收统支和拨付备用金均属高度集权的资金管理模式，仅适用于集团总部管理同城或相距不远的非独立核算的分支机构，至于远程子公司通常不宜采取这种高度集权的资金管控方式。

3. 内部银行模式

企业内部银行是引进商业银行的信贷与结算职能和方式于企业内部，来充实和完善企业内部经济核算的办法。在运用和发展责任会计基本功能上，将"企业（基础）管理""金融信贷（银行机制）""财务管理（会计核算）"三者融为一体。一般是将企业的自有资金和商业银行的信贷资金统筹运作，在内部银行统一调剂、融通运用，通过吸纳企业下属各单位闲散资金，调剂余缺，减少资金占用，活化与加速资金周转速度，提高资金使用效率、效益，与目标成本管理、企业内部经济责任制有机结合，并监督、考核、控制和管理。内部银行引进商业银行的信贷、结算、监督、调控、信息反馈职能，发挥计划、组织、协调作用，并成为企业和下属单位的经济往来结算中心、信贷管理中心、货币资金的信息反馈中心。

企业内部银行主要适用于具有较多责任中心的企事业单位，如：

企业集团，包括覆盖整个集团全资企业，控股、参股乃至关联企业。这是企业集团时下不能建立集团财务公司，而加强财务管理、塑造内部融资机制的最佳方法。

大中型实体性企业包括大型联合企业（钢铁厂、化工厂、化肥厂、石化厂、机械总厂）、矿务局、港务局等企业，覆盖其下属各个生产分厂、车间、三产企业、合资企业乃至职能部、室。

控股型总公司。对下属控股、参股形成的企业群体建立内部银行，作为管理控制的一种手段，如农工商总公司、投资管理公司、行业控股公司。

大型事业单位。如高等院校、设计院、科学院、研究所，主要对下属各部门、机构和科研开发公司的事业经费、科研经费和企业资金的通盘管理。

4. 结算中心模式

结算中心模式是在母子公司框架的集团化企业内部设立财务结算中心，由中心办理企业内部各成员或分公司现金收付和往来结算业务，它是一个独立运行的职能机构。这种资金管控管理模式具有各分公司有自身的财务部门，有独立的二级账户，有财务管理权；减少现金沉淀，提高资金利用效率和效益；实行收支两条线管理，真实反映分公司财务状况；整合融资资源，统一对外借款，有利于降低资金成本；慎重对成员企业放款，减少财务风险等特点。

目前，国内集团公司的一些内部结算中心往往只考虑企业急需资金，而极少考虑其资产状况、贷款用途和效益回报，这种放款纯粹属于资金内部调剂余缺，借款企业经营不善，无力偿还借款时，内部结算中心根本无法追回借款本息。因为结算中心的借款合同不受法律保护，无权对借款逾期给予罚息或采用诉讼手段，即使结算中心强行回收借款，也会遇到员工的抵制和领导说情等阻力。所以结算中心只能依靠借款企业自觉按期归还借款本息。这样，当结算中心呆账、坏账较多时，一方面对存款企业要支付固定利息，另一方面放出去的款项没有回报，日积月累，恶性循环，甚至可能拖垮整个集团。可见，结算中心模式并不意味着将各分公司的全部资金集中到集团总部，且这种模式也不是一成不变，它将随着企业组织结构的变迁而发展。一般情况而言，结算中心模式是关于资金整合、资金流动和投资等决策过程的集中化，各分公司依然拥有较大的经营权和决策权。

5. 财务公司模式

财务公司由于属于非银行金融机构，其独立法人地位的特性决定了其除能担任集团结算中心的角色之外，还可以对外提供多元化的金融服务。我国财务公司设立标准极高，大多是在集团公司发展到一定水平后由人民银行批准，作为集团公司的子公司而设立。与其他资金控制管理模式相比，财务公司不仅能实现最经济、自发的资金整合管控，还能承担集团的理财职责，具体表现为：

一是通过在企业集团内部转账结算等加速资金周转；通过融资租赁和买方信贷，减少资金需求，解决集团内部产品购销问题。

二是财务公司具有结算中心、内部银行所不具有的货币市场同业拆借的优势，为集团开辟广泛的短期融资渠道，最大限度地降低资金成本。

三是扮演投资中心角色，将集团暂时闲置的资金投向高回报项目，或者用于集团本身发展，使资金运用效率最大化。

从财务公司的功能看，集团设立财务公司是把一种完全市场化的企业与企业或银行与企业关系引入到集团资金管理中，使得集团各子公司具有完全独立的财权，可以自行经营自身的现金，对现金的使用行使决策权。另外集团对各子公司的现金管控是通过财务公司进行的，财务公司对集团各子公司进行专门的约束，而且这种约束是建立在各自具有的经济利益基础上的。集团公司经营者（或最高决策机构）不再直接干预子公司的现金使用和取得。但作为集团成员单位的子公司，会选择财务公司融资这种便利、低成本的融资方式，自发地融入集团资金管理体系之中，成为被监管的对象。从该层面讲，结算中心、内部银行等资金控制管理模式带有行政强制色彩，自主性、经济性不及财务公司资金管控手段。

三、实施恰当的财务战略

财务战略是为谋求企业资金均衡、有效的流动和实现企业战略，为加强企业财务竞争优势，在分析企业内、外环境因素影响的基础上，对企业资金流动进行全局性、长期性和创造性的谋划。由此可见，财务战略是战略理论在财务管理方面的应用与延伸，不仅体现了财务战略的战略共性，而且勾画出了财务战略的财务个性。

财务战略的战略共性体现：①全局性和长期性。财务战略是以整个企业的筹资、投资和收益分配的全局性工作为对象，根据企业长远发展需要而制定的。它是从财务的角度对企业总体发展战略所做的描述，是企业未来活动的行动纲领和蓝图，对企业的各项具体财务工作、计划等起着普遍的和权威的指导作用，并且财务战略一经制定就会对企业未来相当长时期内的财务活动产生重大影响。②导向性。财务战略规定了企业未来较长时期内财务活动的发展方向、目标以及实现目标的基本途径和策略，它是企业一切财务战术决策的指南，企业的一切财务活动都应该仅仅围绕其实施和开展。

财务战略的财务个性体现：①财务战略的相对独立性。企业战略具有多元化结构的特征，它不仅包括企业整体意义上的战略，而且包括职能层次上的战略。财务战略作为企业职能战略之一，其相对独立性表现在市场经济条件下，财务管理不再只是企业生产经营过程的附属职能，而是有其特定的相对独立的内容。财务活动并非总是企业的局部活动，而是有着许多对企业整体发展具有战略意义的内容；②财务战略的从属性。财务战略作为企业战略系统中的一个子系统，必须服从和反映企业战略的总体要求，应该与企业战略协调一致，并为企业战略的顺利实施和圆满完成提供资金支持；③财务战略谋划对象的特殊性。财务战略要解决风险与收益的矛盾、收益与成长性的矛盾、偿债能力与盈利能力的矛盾、生产经营与资本经营的矛盾等，这一系列矛盾都是由财务战略谋划对象的特殊性引发的。

1. 财务战略的类型

（1）扩张型财务战略。它是以实现企业资产规模的快速扩张为目的的一种财务战略，为了实施这种财务战略，企业往往需要在将大部分乃至全部利润留存的同时，大量地进行外部筹资，更多地利用负债。随着企业资产规模的扩张，也往往使企业的资产收益率在一个较长的时期内表现出相对较低的水平。扩张性财务战略一般会表现出高负债、高收益、少分配的特征。

（2）稳健型财务战略。它是以实现企业财务绩效的稳定增长和资产规模的平稳扩张为目的的一种财务战略。实施稳健型财务战略的企业，一般将尽可能优化现有资源的配置和提高现有资源的使用效率及效益作为首要任务，将利润积累作为实现企业资产规模扩张的基本资金来源，为了防止过重的利息负担，这类企业对利用负债实现企业资产规模和经营规模的扩张往往持十分谨慎的态度。所以，实施稳健型财务战略的企业的一般财务特征是适度负债、中收益、适度分配。

（3）防御收缩型财务战略。它是以预防出现财务危机和求得生存及新的发展为目的的一种财务战略。实施防御性收缩型财务战略，一般将尽可能减少现金流出和尽可能增加现金流入作为首要任务。通过采取削减分部和精简机构等措施，盘活存量资产，节约成本支出，集中一切可以集中的人力，用于企业的主导业务以增强企业主导业务的市场竞争力。低负债、低收益、高分配是实施这种财务战略的企业的基本财务特征。

2. 企业财务战略的选择

企业财务战略的选择，决定着企业财务资源配置的取向和模式，影响着企业理财活动的行为与效率。企业财务战略的选择必须着眼于企业未来长期稳定的发展、经济周期波动情况、企业发展方向和企业增长方式等，并及时地对企业财务战略进行调整，以动态保持企业的核心竞争力。企业在选择财务战略的过程中要注意以下几方面问题。

（1）财务战略的选择要与经济周期相适应。

从财务的观点看，经济的周期性波动要求企业顺应经济周期的过程和阶段，通过制定和选择富有弹性的财务战略，以减少它对财务活动的影响，特别是减少经济周期中上升和下降抑制财务活动的负效应。财务战略的选择和实施要与经济运行周期相配合。在经济复苏阶段应采取财务扩张型财务战略，增加厂房设备，采用融资租赁，继续建立存货，提高产品价格，开展营销筹划，增加劳动力。繁荣后期采取稳健型财务战略。在经济衰退阶段应采取防御收缩型财务战略，停止扩张，出售多余的厂房设备，停产不利的产品，停止长期采购，削减存货，减少雇员。在经济萧条阶段，特别在经济处于低谷时期，保持市场份额，压缩管理费用，放弃次要的财务利益，削减存货，减少临时性雇员。

（2）企业财务战略选择必须与产品生命周期相适应。

企业生命周期理论认为，企业发展具有一定的规律性，大多数企业的发展可分为初创期、成长期、成熟期和衰退期四个阶段，企业在每个发展阶段都有自己的阶段特色，正确把握本企业的发展阶段，制定与之相适应的财务战略非常重要。在企业初创期，主要财务特征是资金短缺，尚未形成核心竞争力，财务管理的重点应是如何筹措资金，通过企业内部自我发展来实现企业增长。在企业成长、成熟期，资金相对充裕，企业已拥有核心竞争力和相当的规模，可以考虑通过并购实现外部发展。在企业衰退期，销售额和利润额已明显下降，企业应考虑如何改制、变革企业组织形态和经营方向，实现企业蜕变和重生，由此可见，在企业的初创期和成长期企业应采取扩张型财务战略，在成熟期则一般采用稳健型财务战略，而在衰退期企业应采取防御收缩型财务战略。

（3）企业财务战略的选择必须与企业经济增长方式相适应。

企业经济增长方式客观上要求实现从粗放增长向集约增长的根本转变，为适应这种转变，企业财务战略需要从两方面进行调整：一方面，调整企业财务投资战略，加大基础项目的投资力度。企业真正的长期增长要求是提高资源配置能力和效率，而资源配置能力和效率的提高取决于基础项目的发展。虽然基础项目在短期内难以带来较大的财务利益，但它为长期经济的发展提供了重要的基础。所以，企业在财务投资的规模和方向上，要实现基础项目相对于经济增长的超前发展。另一方面，加大财务制度创新力度，可以强化集约经营与技术创新的行为取向；可以通过明晰产权，从企业内部抑制掠夺性经营的冲动；可以通过以效益最大化和本金扩大化为目标的财务资源配置，限制高投入、低产出对资源的高效利用，使企业经营集约化、高效率得以实现。

第四节　创业期营销管理

创业营销，一种崭新的创业模式！所谓创业营销，就是创业企业家凭借创业精神、创业团队、创业计划和创新成果，获取企业生存发展所必需的各种资源的过程，它实际上是一种崭新的创业模式。今天，对于大多数年轻的创业者来说，既缺乏资金和社会关系，又缺乏商业经验，所拥有的只是创业激情和某种新产品的原始构思或某种新技术的初步设想。要获得成功，除了勇气、勤奋和毅力外，还必须依赖于有效的创业营销来获得创业所需的各种资源。

创业企业进入市场不能排除对经典理论 4P'S 的运用，对 4P'S 理论的理解和把握，是创业企业决胜市场的基本工具。

一、市场定位

市场定位是指确定目标市场后，企业将通过何种营销方式、提供何种产品和服务，在目标市场与竞争者以示区别，从而树立企业的形象，取得有利的竞争地位。实际上，市场定位就是企业根据竞争者现有产品在市场上所处的位置，针对消费者或用户对该产品某种特征或属性的重视程度，强有力地塑造出本企业产品与众不同的、给人印象鲜明的个性或形象，并把这种形象生动地传递给顾客，从而使该产品在市场上确定适当的位置。

市场定位的过程就是企业差别化的过程，如何寻找差别、识别差别和显示差别。

现如今，同类产品太多了，消费者如何选择？消费者购买的理由是什么？靠企业的有效定位来解决。

定位最早提出是在广告业，强调广告要在视听者心目中留下一定的位置，而人往往又是喜欢先入为主；如果企业能在目标顾客心中去确立一定的位置，给消费者一个购买的理由，企业往往能在竞争中处于有利的地位。

一般而言，产品定位采用五步法，即目标市场定位、产品需求定位、企业产品测试定位、产品差异化价值点定位、营销组合定位。

第一步：目标市场定位（Who）

目标市场定位是一个市场细分与目标市场选择的过程，即明白为谁服务。在市场分化的今天，任何一家公司和任何一种产品的目标顾客都不可能是所有的人，对于选择目标顾客的过程，需要确定细分市场的标准对整体市场进行细分，对细分后的市场进行评估，最终确定所选择的目标市场。

目标市场定位策略：

（1）无视差异，对整个市场仅提供一种产品；

（2）重视差异，为每一个细分的子市场提供不同的产品；

（3）仅选择一个细分后的子市场，提供相应的产品。

第二步：产品需求定位（What）

产品需求定位，是了解需求的过程，即满足谁的什么需要。产品定位过程是细分目标市场并进行子市场选择的过程。这里的细分目标市场是对选择后的目标市场进行细分，选择一个或几个目标子市场的过程。对目标市场的需求确定，不是根据产品的类别进行，也不是根据消费者的表面特性来进行，而是根据顾客的需求价值来确定。顾客在购买产品时，是为了获取某种产品的价值。产品价值组合是由产品功能组合实现的，不同的顾客对产品有着不同的价值诉求，这就要求提供与诉求点相同的产品。在这一环节，需要调研需求，这些需求的获得可以指导新产品开发或产品改进。

第三步：产品测试定位（IF）

企业产品测试定位是对企业进行产品创意或产品测试，即确定企业提供何种产品或提供的产品是否满足需求，该环节主要是进行企业自身产品的设计或改进。通过使用符号或者实体形式来展示产品（未开发和已开发）的特性，考察消费者对产品概念的理解、偏好、接受。这一环节测试研究需要从心理层面到行为层面来深入探究。以获得消费者对某一产品概念的整体接受情况。

内容提示：

（1）考察产品概念的可解释性与传播性；

（2）同类产品的市场开发度分析；

（3）产品属性定位与消费者需求的关联分析；

（4）对消费者的选择购买意向分析。

首先，需要进行产品概念与顾客认知、接受的对应分析，针对某一给定产品或概念，主要考察其可解释性与可传播性。很多成功的企业家并不一定是新产品的研发者，而是新概念的定义和推广者。

其次，同类产品的市场开发度分析，包括产品渗透水平和渗透深度、主要竞争品牌的市场表现已开发度、消费者可开发度、市场竞争空隙机会，用来衡量产品概念的可推广度与偏爱度。从可信到偏爱，这里有一个层次的加深。有时，整个行业都会面临消费者的信任危机，此时推出新品就面临着产品概念的不被信任与不被认可的危机。

再次，分析实际意义上的产品价格和功能等产品属性定位与消费者需求的关联。因为产品概念的接受和理解程度再高，如果没有对产品的需求；如果产品的功能不是恰恰满足了消费者某方面的需求；或者消费者的这种需求有很多的产品给予了很好地满足，这一产品概念仍然很难有好的市场前景。通过对影响产品定位和市场需求的因素关联分析，对产品的设计、开发和商业化进程做出调整。

最后，探究消费者是否可能将心理的接受与需求转化为行为上的购买与使用，即对消费者的选择购买意向进行分析，以进行企业自身产品定位的最终效果测定。针对企业自身产品定位环节，这一层面包括新产品开发研究、概念测试、产品测试、命名研究、包装测试、产品价格研究等。

第四步：差异化价值点定位（Which）

差异化价值点定位即需要解决目标需要、企业提供产品以及竞争各方的特点的结合问题，同时，要考虑提炼的这些独特点如何与其他营销属性综合。在上述研究的基础上，结合基于消费者的竞争研究，进行营销属性的定位，一般的产品独特销售价值定位方法（USP）包括从产品独特价值特色定位、从产品解决问题特色定位、从产品使用场合时机定位、从消费者类型定位、从竞争品牌对比定位、从产品类别的游离定位、综合定位等。在此基础上，需要进行相应的差异化品牌形象定位与推广。

第五步：营销组合定位（How）

营销组合定位即如何满足需要，它是进行营销组合定位的过程。在确定满足目标顾客的需求与企业提供的产品之后，需要设计一个营销组合方案并实施这个方案，使定位到位。这不仅仅是品牌推广的过程，也是产品价格、渠道策略和沟通策略有机组合的过程。正如菲利普·科特勒所言，解决定位问题，能帮助企业解决营销组合问题。营销组合——产品、价格、渠道、促销——是定位战略战术运用的结果。在有的情况下，到位过程也是一个再定位的过程。因为在产品差异化很难实现时，必须通过营销差异化来定位。今天，你推出任何一种新产品畅销不过一个月，就马上会有模仿品出现在市场上，而营销差异化要比产品模仿难得多。因此，仅有产品定位已经远远不够，企业必须从产品定位扩展至整个营销的定位。

二、市场细分

市场细分（market segmentation）是企业根据消费者需求的不同，把整个市场划分成不同的消费者群的过程。其客观基础是消费者需求的异质性。进行市场细分的主要依据是异质市场中需求一致的顾客群，实质就是在异质市场中求同质。

因此，完全可以说市场细分的目标不是为了分解，而是为了聚合，即在需求不同的市场中把需求相同的消费者聚合到一起。当然，细分市场并不是企业的目的，不能为了细分而细分，市场也不是划分得越细越好。

随着社会产业发展，行业划分越来越细，行业分工也越来越细，各企业对市场信息需求也就越来越细，但是很多细分行业既没有权威的官方数据统计，也没有相关行业协会/学会数据统计，包括业内企业和专家对市场规模、竞争格局、细分产品规模、企业产品归类、行业细分产品划分、企业排名、下游客户群、上游原材料供应等信息数据模糊不清，各方说法不一，保守者太过谨慎，将市场评估得过小，有些企业意图搅局，将市场评估的很大，这让很多真正想投资这一行业的企业摸不清底细。

在这种情况下，随着客户需求越来越多，便逐渐延伸出一些咨询公司专门从事细分市场的研究，运用专业的市场调查方法、渠道资源、信息资源、高校专家学者、相关行业协会专家、政府部门管理者、上下游行业推理等，多方验证数据信息的真实性和准确性，使最终得到的成果数据更加接近于市场真实性，为企业把握市场发展动态、发展趋势、机会与风险做出正确的投资决策，明确企业发展方向。

细分市场的方法：

1. 选定产品市场范围

企业应当明确自己产品的市场范围，并以此作为市场细分研究的整个市场边界。

2. 确定市场细分变数

（1）人口特征变数：年龄、性别、收入、职业、教育、婚姻、家庭人口、……

（2）地理特征变数：居住区域、城市规模、经济水平、气候、……

（3）消费心理特征：生活方式、个性、社会阶层、……

（4）消费行为特征：产品/品牌利益、使用率、品牌忠诚度、……

3. 依据变数细分市场

单一的变数很难有效的细分市场，SMR 通常采用综合的变数细分市场。例如，综合社会阶层、年龄和使用率三个变数来细分市场。

4. 评估各个细分市场（有效细分市场的条件）

（1）足量性（substantiality）：细分市场的大小需要保证能够带来利润。

（2）稳定性（stability）：细分市场在一定时间内不会发生较大的改变。

（3）可衡量性（measurability）：细分市场的消费群特征需要容易衡量。

（4）可接近性（accessibility）：细分市场必须能够使企业有效地接触。

（5）可行动性（actionability）：细分市场必须能够使企业有效地制订营销策略。

5. 确定最终目标市场

企业能够选择一个或者多个细分的消费者群作为自己的目标市场。

6. 设计整合营销策略

企业根据目标市场的具体特征，设计富有针对性的整合营销策略。总体上市场细分的营销策略可以划分为三种，即"无差异营销策略""差异营销策略"和"集中营销策略"。

三、营销组合

营销组合是一整套能够影响需求的企业可控制因素。这些因素包括产品、价格、地点（分销或渠道）和促销等，是开展营销的工具和手段，可以整合到营销计划中以争取目标市场的特定反应。

营销组合即营销手段，是指公司在目标市场上用来追逐其营销目标的一系列营销工具的综合运用。营销组合是市场营销中的一个最基本概念，指企业根据顾客的需求和企业的营销目标来确定可控营销因素的最佳组合。在企业探索消费者需求的过程中，他们的探索主要是 4p、6p、7p、10p 和 11p 及 4Cs。

从另外一个方面说，营销组合也叫整合营销，其道理都是一样的，充分利用好每一种营销方式的优势，进行优势整合，以达到营销的最大目的。国际品牌网旗下的品牌联播机构倡导企业在做企业营销的时候，要综合企业自身和企业所在的行业发展趋势的情况下，从实际出发，量身定做吻合企业的营销方案，这样才能起到事半功倍的效果。

现在可以看到很多企业家成为了网络红人，这正是一种通过实名营销提升企业和品牌知名度的营销手段。而作为新型网络营销形式，实名营销虽然依靠个人影响力具备一定的营销效果，但是由于个人影响力的增长需要一个循环渐进的过程，所以实名营销效果显现较慢。整合营销是目前网络营销最注重的营销方法之一，因为它能够为独立营销提供强大的援助。整合营销对提升个人影响力的帮助是很大的，但是要明确选取哪几种营销方法来整合。

1. 4p

4p 是营销学名词，美国营销学学者麦卡锡教授在 20 世纪 60 年代提出"产品、价格、渠道、促销"四大营销组合策略即为 4P。将产品（Product）、价格（Price）、渠道（Place）、促销（Promotion）四个单词的第一个字母缩写为 4p。

产品（Product）：主要包括产品的实体、服务、品牌、包装。它是指企业提供给目标市场的货物、服务的集合，包括产品的效用、质量、外观、式样、品牌、包装和规格，还包括服务和保证等因素。

价格（Price）：主要包括基本价格、折扣价格、付款时间、借贷条件等。它是指企业出售产品所追求的经济回报。

渠道（Place）：通常称为分销的组合，它主要包括分销渠道、储存设施、运输设施、存货控制，它代表企业为使其产品进入和达到目标市场所组织、实施的各种活动，包括途径、环节、场所、仓储和运输等。

促销（Promotion）：促销组合是指企业利用各种信息载体与目标市场进行沟通的传播活动，包括广告、人员推销、营业推广与公共关系等。

以上 4P（产品、价格、渠道、促销）是市场营销过程中可以控制的因素，也是企业进行市场营销活动的主要手段，对它们的具体运用，形成了企业的市场营销战略。

2. 6p

20 世纪 80 年代以来，世界经济走向滞缓发展，市场竞争日益激烈，政治和社会因素对市场营销的影响和制约越来越大。这就是说，一般营销策略组合的 4P 不仅要受到企业本身资源及目标的影响，而且更受企业外部不可控因素的影响和制约。一般市场营销理论只看到外部环境对市场营销活动的影响和制约，而忽视了企业经营活动也可以影响外部环境，另一个方面，克服一般营销观念的局限，大市场营销策略应运而生。1986 年美国著名市场营销学家菲利浦·科特勒教授提出了大市场营销策略，在原 4P 组合的基础上增加两个 P，即权力（Power）和公共关系（Public Relations），简称 6P。

科特勒给大市场营销下的定义为：为了成功地进入特定市场，在策略上必须协调地施用经济心理、政治和公共关系等手段，以取得外国或地方有关方面的合作和支持。

3. 7p

市场营销组合中 7P 指代服务市场营销的主要要素，包括：

产品（Product）：服务产品必须要考虑的因素是提供服务的范围、质量、品牌以及售后服务等。服务产品包括核心服务、便利服务和辅助服务。

价格（Price）：由于服务水平难以统一界定，质量检验也难以采用统一标准，加上季节、时间因素的重要性，服务定价必须有较大的灵活性。

促销（Promotion）：服务促销包括广告、人员推销、营业推广、宣传、公共关系等营销沟通方式。为增进消费者对无形服务的印象，企业在促销活动中要尽量使服务产品有形化。

渠道（Place）：随着服务领域的扩展，服务销售除直销外，经由中介机构销售的情况日益增多。中介机构主要有代理、代销、经纪、批发、零售等形态。

人员（People）：服务业的操作人员，在顾客心中实际上是产品的一个重要组成部分。所有的人都直接或间接地被卷入某种服务的消费过程中，这是 7P 营销组合很重要的一个观点。知识工作者、白领雇员、管理人员以及部分消费者将额外的价值增加到了既有的社会总产品或服务的供给中，这部分价值往往非常显著。

有形展示（Physical Evidence）：有形展示包括一些支持提供服务的可以传递服务特色和优点的有形因素，或给予顾客看得见摸得着的东西，包括环境、实物装备等，象征可能获得的无形利益。

过程（Process）：服务通过一定的程序、机制以及活动得以实现的过程（亦即消费者管理流程），是市场营销战略的一个关键要素。服务流程的好坏，直接影响服务的质量，从而影响企业的竞争力。

4. 10p

1986 年 6 月 30 日，科特勒在我国对外经贸大学的演讲中，又提出在大营销的 6P 之外，还要加上战略 4P，即探查（Probing）、划分（Partitioning）、优先（Prioritizing）、定位（Positioning）；这样到 90 年代初，人们普遍认同把原来大营销的 6P 组合理论再加入战略营销的 4P，形成一个比较完整的 10P 营销组合理论。

探查（Probing），即探索，就是市场调研，通过调研了解市场对某种产品的需求状况如何，有什么更具体的要求。

划分（Partitioning），即市场细分的过程。按影响消费者需求的因素进行分割。

优先（Prioritizing），就是对目标市场的选择，即在市场细分的基础上，企业要进入的那部分市场，或要优先最大限度地满足的那部分消费者。

定位（Positioning），即为自己生产的产品赋予一定的特色，在消费者心目中形成一定的印象。或者说就是确立产品竞争优势的过程。

5. 11p

1986 年 6 月，美国著名市场营销学家菲利浦·科特勒教授又提出了 11p 营销理念，即在大营销 6p 之外加上探查、划分、优先、定位和员工，并将产品、价格、渠道、促销称为"战术 4p"，将探查、分割、优先、定位称为"战略 4p"。该理论认为，企业在"战术 4p"和"战略 4p"的支撑下，运用"权力"和"公共关系"这 2p，可以排除通往目标市场的各种障碍。

员工（People），"只有发现需求，才能满足需求"，这个过程要靠员工实现。因此，企业就想方设法调动员工的积极性。这里的 People 不单单指员工，也指顾客。顾客也是企业营销过程的一部分，比如网上银行，客户参与性就很强。

6. 4Cs

4Cs 营销理论（The Marketing Theory of 4Cs），也称"4C 营销理论"，是由美国营销专家劳特朋教授在 1990 年提出的，与传统营销的 4P 相对应的 4C 理论。它以消费者需求为导向，重新设定了市场营销组合的四个基本要素：即消费者（Consumer）、成本（Cost）、便利（Convenience）和沟通（Communication）。它强调企业首先应该把追求顾客满意放在第一位，其次是努力降低顾客的购买成本，然后要充分注意到顾客购买过程中的便利性，而不是从企业的角度来决定销售渠道策略，最后还应以消费者为中心实施有效的营销沟通。

瞄准消费者需求（Consumer's need）。首先要了解、研究、分析消费者的需要与欲求，而不是先考虑企业能生产什么产品。

消费者所愿意支付的成本（Cost）。首先了解消费者满足需要与欲求愿意付出多少钱（成本），而不是先给产品定价，即向消费者要多少钱。

消费者的便利性（Convenience）。产品应考虑到如何方便消费者使用。

与消费者沟通（Communication）。以消费者为中心实施营销沟通是十分重要的，通过互动、沟通等方式，将企业内外营销不断进行整合，把顾客和企业双方的利益无形地整合在一起。

实战演练

一个企业创业之初，需要构建的管理制度有哪些？

_____
_____
_____
_____
_____

本章学习收获

_____
_____
_____
_____

读书心得

书名：
作者：
读书心得：

_____
_____
_____
_____

文中经典妙句：

_____
_____
_____
_____

陌生人拜访（八）

姓名		性别		职业		联系方式	
职位		单位				拜访地点	

预计拜访中遇到的困难：

拜访目的：

预计拜访内容：

问题1：

问题2：

问题3：

问题4：

拜访总结：

拜访中遇到的实际困难：

第九章　实战演练，创业计划书撰写与展示

当你选择创业的时候，一定要告诉你的朋友，这样你就可以得到各种不同的建议，其中有一条是最有智慧性的，那就是一定要写一份创业计划书。

美国电报电信（AT&T）所做的一份调查显示，只有42%的小公司业主愿意花精力去制订一份正式的创业计划书，其中遵循这份计划书的人中就有69%的人认为其对公司的成功帮助很大。

有了创业计划，你就可以按"计划"逐项进行工作，并努力付诸实践，在实践中调整修订计划以臻完善，使之真正成为你整个创业过程中的"行动指南"。

创业计划书就是创业者计划创立业务的书面概要，它对业务发展有明确的界定，同时，它也是衡量业务进展情况的标准。一个酝酿中的项目，往往各方面都很不确定，创业者可以通过制订创业计划书，罗列出项目的优缺点，再逐条推敲，得到更清晰的认识。

诚然，制订完整的具有指导意义的创业计划书，创业者需要投入相当多的精力。那么如何着手制订创业计划书呢？在初步构想之后，要逐渐细化。构想阶段的重点是关注与产品或服务有关的细节，例如，产品处于什么样的发展阶段？它的独特性何在？销售产品的途径？消费者群有哪些？生产成本和售价如何确定？企业发展新的现代化产品的计划是什么？如何把出资者拉到企业的产品或服务中来……以上种种，都是在计划书撰写之前应该详细考虑的。透过创业计划书的构思和细化，有意创业者就相当于提前在理论上把创业过程演练了一遍。

第一节　创业计划书概念及结构

一、创业计划书的概念及内容

创业计划，又称"商业计划"，是引领创业的纲领性文件，是创业者具体行动的指南。撰写创业计划的目的是向阅读者提供其所需要的信息，因此，创业计划书的内容取决于使用者对信息的需求。鉴于创业计划书的使用者主要有内部使用者和外部使用者两种人群，分析这两部分人群的信息需求就显得格外重要。

一般来说，创业计划书的内部使用者包括创业者团队以及雇员。创业团队需要明确创业的目标及实现路径，雇员需要了解创业目标以及在实现目标过程中所需要做的工作和可能的收获。因此，创业计划书中要阐明创业的目标及实现目标的详细计划和措施，包括企业拟从事的产品和服务，创意的合理之处，计划的顾客和市场，创意方

案的开发路径——如何研发、生产和销售等，同时，要对竞争者状况进行一定分析，使团队成员及其未来的雇员了解企业可能的前景，对创业企业的发展进行预测，从而做出恰当选择。

外部使用者包括投资者及其他利益相关者。投资者主要关注企业拟筹集的资金数额，筹集资金的目的和种类、准备采用的筹资方式、筹资的时间、筹资的回报等；潜在的商业合作伙伴、顾客等其他利益相关者会关注企业的盈利状况、资产负债状况、持续经营能力等，以此作为其商业信用政策的制定依据，以及选择产品或服务的理由。

二、创业计划书的结构

一份完整的创业计划书应该包括封面、目录、执行概要、正文和附件五大部分。

(一) 封面

封面上应明确创业项目的名称，体现企业的经营范围，同时以醒目的字体标示出创业计划书的标题，比如《××创业计划书》。

封面上还应有企业名称、地址、电子邮件地址、电话号码、日期、主创业者的联系方式和企业网址（如果企业已经建立了自己的网站），这些信息放在封面页的上半部分；如果企业已有徽标或商标，将其置于封面页正中间；封面下部应有一句话，提醒读者对计划书的内容保密。需要注意的是，封面上最重要的一项内容是计划书撰写者的联系方式，创业者应该让读者很容易地与自己进行联系。

(二) 目录

目录是正文的索引。这里需要按照章节顺序逐一排列每章大标题、每节小标题以及章节对应的页码。目录可以自动生成，显示到二级或三级小标题为宜。

以下是第四届"挑战杯"全国大学生创业计划竞赛金奖作品，这里隐去其真实的企业名称，用"××科技股份有限公司"代替，该项目创业计划书的目录如下。

××科技股份有限公司创业计划书

目录

2.4　未来产品与服务规划

3. 市场机会

 3.1　目标市场

 3.2　顾客购买准则

 3.3　销售策略

 3.4　市场渗透—销售量

 3.5　竞争分析

4. 公司战略

 4.1　公司概述

 4.2　总体战略

 4.3　发展战略

 4.4　国际市场总体战略

5. 市场营销

 5.1　销售策略与目标

 5.2　价格策略

 5.3　分销策略

 5.4　促销策略

6. 生产管理

 6.1　厂址选择与布局

 6.2　生产工艺流程

 6.3　产品包装与储运

7. 投资分析

 7.1　股本结构与规模

 7.2　资金来源与运用

 7.3　未来五年费用列支预算

 7.4　投资收益与风险分析

8. 财务分析

 8.1　主要财务假设

 8.2　利润表

 8.3　现金流量表

 8.4　资产负债表

9. 管理体系

 9.1　公司性质

 9.2　组织形式

 9.3　部门职责

 9.4　公司管理

10. 机遇与风险

(三) 执行概要

写作执行概要的目的是要给读者留下一个正面的第一印象。把它当作一次销售尝试，而不是试图完整地描述自己的创业。在撰写执行概要时要注意以下关键元素：出现的问题以及对应的解决方案、市场大小和增长机会、竞争优势、商业模式、执行团队、财务预测和融资。

以上这些概括要点并不是执行概要的硬性要求，没有能统概所有创业项目的执行概要，但是创业者要确保每一条关键问题都要提到。你的创业项目中哪些是关键点，要特别强调自身的优势。如果关键点被忽略了，投资人对你的第一印象会转向负面。

(四) 正文

正文是创业计划书的主要内容，包括主体和结论两大部分。正文的主体有：

（1）项目背景。包括产业背景，即所从事行业目前的发展状况及存在的机遇；产品或服务概述；产品服务的优点及前景等。

（2）市场机会。包括目标市场（按功能、地理位置、人群等方面划分）定位；市场容量（二手资料与调查相结合）分析；竞争对手和竞争产品分析以及政策方针和国情形势的影响。

（3）公司战略。包括公司概述（类型、成立时间、注册资本、地点、主要技术或服务核心、总体方针等）；公司使命与宗旨 SWOT 分析；发展战略（包括初期、中期和后期以及后期市场延伸与进入战略）；企业文化等。

（4）市场营销。包括目标市场、产品、定价方法、定价战略、分销战略、促销策略、所选营销策略的利弊及调整等。

（5）生产管理。包括生产组织方案（采购、生产、仓储、运输、销售）；生产要求（关键技术、人员素质要求、确定人员和设备配置）；厂址的选择（就地取材、产业政策、交通情况）；生产工艺流程（简单写，核心工艺流程要略写或者不写），要加入质量管理的理念。

（6）投资分析。包括股本结构与规模、资金来源及运用、投资收益与风险分析（投资净现值，投资回收期，盈亏平衡分析）、投资回报等。

（7）财务分析。包括主要财务假设、损益表、资产负债表。

（8）管理体系。包括公司性质、组织形式、部门职责及人员情况、创新机制、组织结构图。

（9）机遇、风险及防范。风险包括技术风险（如产品介入、模仿性等）；内部风险（技术、管理、成本等方面）；外部风险（市场及政策，如产品更新换代、税收政策、产业政策变换等）。同时，必须提出解决方案。如政策风险和防范、投资风险和防范的一些措施和方法。

（10）风险资本的退出。包括退出方式与退出时间。

结论是对整个创业计划书内容的总结概括，要和执行概要首尾呼应，围绕技术价值、市场价值和投资价值进行强调，体现文本的完整性。

（五）附录

附录是对主体部分的补充。受篇幅限制，不宜在主体部分过多描述的，或不能在一个层面详细展示的，或需要提供参考资料或数据的内容，一般放在附录部分，以供参考。例如，专利证书或专利授权证书、相关的调研问卷、荣誉证书、营业执照等。

例如，××科技股份有限公司的创业计划书附录就包括了前期调研报告，以及超薄打印电池核心技术两个方面的内容。

关于创业计划书的长度，尽管不同专家给出了不同意见，但多数还是建议20～35页比较合适，很多创业计划书软件包可以向创业者提供基本的结构。

由于读者对创业计划书的结构、体例和内容比较敏感，创业者在撰写创业计划书时要对其外表加以认真考虑。比如，采用塑料螺旋镶边线装订，使用透明的封面和封底来包装都是不错的选择，这样的创业计划书花费不多，而且看起来比较醒目，能够吸引读者的注意力。同时，在内容的布局上，要对字号大小、颜色选择等文字处理方案进行精心设计，如果企业有设计好的 LOGO，最好将其放在封面上以及每一页的文字中。这样一方面向读者展示创业者的细心，另一方面可以强化企业在读者心目中的形象，给人以很专业的感觉，提高创业计划的可信度。

第二节　如何撰写与展示创业计划书

中国有句古语说，"预则立"，预即预先，指事先做好计划或准备；立是成就。说明计划对于成功的重要性。

要撰写一份高质量的创业计划书，需要创业团队仔细研讨创业构想，分析创业过程中可能遇到的问题和困难，进一步凝练创业计划的执行概要，把创业构想变成文字方案，了解创业计划书的撰写和展示技巧。

一、研讨创业构想

构想指作家、艺术家在孕育作品过程中的思维活动，也指构想的结果。创业构想是创业者在创业想法形成及实施过程中，对创业计划的思考、论证和分析。创业是一个系统工程，在开始之前，创业者需要做许多准备工作，包括对创业构想进行研讨，形成一个完整的创业构想或创业计划等。要让创业构想在创业企业日后的经营过程中发挥良好作用，创业者至少要从以下几个方面进行深入思考。

1. 确立正确的创业目标

赚钱是重要的目标，但并不是唯一的目标，因为创业本身应该有理念，理念会带动很多新的产品创意和实践冲动。大多数成功创业者的创业目标并不主要是为了赚钱，而是基于自己的兴趣，或者为了解决现实生活中的一些问题。开始研讨创业构想的时候，创业者一定要明确创业的目的是什么，对于创业要做什么、如何做等问题需要首先理清。

2. 寻找适合的创业模式

选择合适的创业模式，是创业成功的关键。准确判断自己的优势和劣势，选择最适合自己的创业模式，可以化解很多不利因素。创业模式是创业者为保障自己的创业理想与权益而对各种创业要素的合理搭配。一个适合的创业模式，未必需要投资一大笔资金，未必需要具有很大的规模，甚至未必需要一处办公场所或一个店面。对一个创业者来说，一个真正好的模式，应该是适合自己的，即自己有能力操作而且能把现有的资源有效整合。是通过白手起家的方式，还是通过收购现有企业或进行代理、加盟，在家创业还是网络创业，是研讨创业构想阶段创业者必须明确的问题。

3. 规划合理的创业步骤

规划创业步骤是一个循环的过程。要分析创意从哪里来，怎么会有这个创意，资金怎么找，怎么组建团队，产品的市场营销怎么做。对这些问题的考虑是一个周而复始的修改、完善和论证过程。

4. 制定清晰的创业原则

网络上列出的创业原则非常之多，在研讨创业构想的时候，创业团队一定要针对自己的特定情况，制定适合团队和项目的创业原则。一般来说，就像创业的目标不仅仅是为了赚钱一样，在创立公司的时候，创业团队也不应该一直想着什么时候才能赚钱。面对非常艰苦的创业工作，清晰、简洁、能够得到团队成员认可的创业原则，有助于形成团队的凝聚力，帮助创业团队在任何情况下坚持工作。

5. 创造有利的创业条件

创业不一定要有重大的发明或全新的创意，只要有一定的市场需求，对现有资源的整合和再利用也会有助于创业成功。重要的是创业企业未来拟提供的产品或服务，在市场上会不会成功，市场的需求如何，创业团队的能力怎样。合适的人在合适的时间做合适的事情，会形成非常有利的创业条件。在研讨创业构想时，创业团队应认真对自己的创业条件进行深入思考，选择对创业有利的自然条件，努力创造有利于创业成功的社会条件。

6. 确定明确的创业期限

充分的准备尽管有助于降低创业风险，但是过长时间的准备也可能会消磨创业者的意志，降低创业激情。因此，创业初期应确定一个合理的创业期限，包括开始创业活动的时间、将产品和服务推向市场的时间、争取实现盈亏平衡点的时间等。通过精益创业的方式，有助于缩短产品和服务推向市场的时间以及达到盈亏平衡的时间。

7. 建立良好的投资关系

如何寻找合适的外部投资者，以及与外部投资者应该建立什么样的关系等，也是创业构想研讨阶段必须思考的问题。当创业需要外部融资时，创业团队就应该考虑投资者关系管理的问题。通过研讨，要确定好创业团队和外部投资者各自的股份比例，要选择能够和自己站在一起同甘共苦的投资者，要寻找有很大影响力的投资者，这样一方面可以筹集到所需要的创业资金，另一方面可以借助投资者的经验和力量。当然，创业团队还要通过合理的股份构成和分配机制，与投资者建立长久的良好合作关系。

8. 组织高效的创业团队

高效的创业团队中不一定都是最好的人才，事实上只要遵循创业团队的组建原则，做好团队的管理，团队成员合适做创业企业中对应的工作，能够做到优势互补、精诚合作，凝聚在核心创业者的周围，为共同的创业目标而奋斗，就算创业团队水平一般，仍然可以算得上一支优秀的团队。在创业构想研讨阶段，创业者应该了解高效团队的特征，避免日后组建团队过程中的盲目性和不切实际。

二、分析创业可能遇到的问题和困难

不是每个人都适合创业，因此，在创业构想研讨阶段，如果发现自己的特质不适合创业，最好尽快罢手，避免日后出现更大麻烦。如果发现自己适合创业，就要积极应对，认真分析创业过程中可能会出现的问题和困难，做好充分准备，将创业风险降到最低。

如上所述，创业是一个系统的工程，也是一个持续的过程，在创业过程中遇到问题和困难在所难免。这些问题和困难，有些是可以预见和避免的，有些是难以预料和解决的。在开始创业之前对将来可能遇到的问题和困难进行分析，有助于创业者做好充分的心理准备和应对策略，减少创业失败的可能性。

通过市场调查，以及和圈内专家和同行业企业的创业者进行座谈，创业者对未来可能遇到的困难会有所了解。

一般来说，创业过程中可能会遇到创业者自身层面以及创业企业层面两大方面的问题和困难。

1. 创业者自身层面的问题

创业者自身层面的问题表现为创业者或团队的身心不适应，知识、能力和资源不够，以及对以往社会关系的影响等。

（1）身心不适应。

创业初期，创业者可能要在创业活动上投入大量的时间和精力，加班活动习以为常，周末或者节假日工作也不足为奇。因此，健康的身体是创业必不可少的要素之一。否则，创业者会感到吃力，体力上先行吃不消，也就难以在遇到困难的时候坚持下去。如马云所说："今天很残酷，明天更残酷，后天会很美好，但很多人都死在了明天晚上。"体力透支带来的对创业活动的放弃是很多创业失败的原因之一。

心理上的不适应也是创业过程中遇到的最大难题。从一个普通就业者或者在校大学生走向创业之路，就意味着要在创业活动上花更多的心思，要从全局的观点，站在未来发展的角度看问题，而且无论是战略还是战术层面的问题都需要创业者亲自过问。对企业前途的思考和担忧，对企业工作的安排和布局无时无刻不在创业者的脑海中盘旋，尤其是问题出现时的解决之道更是创业者必须思考的问题。这些问题带给创业者的困扰，加上烦琐的日常工作对原有生活秩序的破坏，可能会使创业者感到身心疲惫，有相当长时间的不适应期。对于一些意志薄弱者来说，甚至会因此而放弃。

如果创业初期能找到或组建一支合适的团队，就可以将繁重的创业工作进行合理分配，在一定程度上缩短"断奶期"，尽快适应创业的生活状态，降低身心不适应给创业过程造成的困扰。

（2）影响以往的社会关系。

在创业活动上大量时间和精力的投入，使创业者无法像原来那样对以往的社会关系进行维系，于是可能会使原来要好的朋友变得陌生，原本和谐的人际关系显得不像以往一样融洽；对家庭关注的减少，对家人义务履行的不够也有可能成为创业者另一个沉重的心理负担。

做好时间管理，合理分配用于工作和生活以及社交上的时间，正视压力、增强创业动力，有利于创业者改变这一现状。

（3）知识、能力和资源不充分。

在资讯快速发展的当今社会，知识的淘汰率很高。据统计，现在新技术信息每两年增加一倍，意味着大学一年级学的知识到大学三年级就有 $1/2$ 过时了；2016 年急需的十大职业在 2010 年根本就不存在，因此，要拥有创业所需要的所有知识和能力几乎不可能。

而且随着社会分工细化，每个人拥有的资源也变得日益有限，拥有创业需要的全部资源成为奢求。这在一定程度上会对创业活动开展造成不利影响。

一支知识和技能互补、资源互补的团队可以解决部分问题；创业者学习能力的提高，终身学习的学习习惯的养成，以及社会关系的正常维护，也可以在一定程度上解决部分问题。

2. 创业企业层面的问题

创业企业层面的问题和困难表现为企业在日后经营过程中可能面临的不同风险，如项目和市场风险、技术风险、团队组建或管理风险、资源风险等。

（1）项目不合适或市场较小。

当创业者满怀信心宣布企业成立或店铺开张后，可能发现产品销量或顾客数量远非想象中的态势良好。这也许与产品或服务质量不过关、销售方式不对路、市场需求转向、市场环境变化等有关，也许是当初项目选择不合理所致。如果企业比较幸运，顺利地度过初创期，经过一定时间发展，提升了产品质量、顺应了市场需求、扩大了销路、熟悉了市场环境之后，也许还会出现知名企业在同行业跟进、后来者居上的尴尬。市场方面的风险相当致命，如果应对不力，严重时会造成企业破产倒闭。

对创业项目进行详细分析，展开充分的市场调查，制定合理的新产品开发策略，做到"人无我有，人有我优"，有利于保持企业的市场竞争力。

（2）技术不成熟或陈旧。

技术资源的价值具有不确定性，如果技术太过前卫，配套技术或硬件设施无法满足需要，可能会面临现行环境下无法实施的可能性，或者技术自身不够成熟的风险；实验室中纯度很高的产品，也许到中试时纯度就会大大降低，再到大规模投产时纯度又会大打折扣；即便比较成熟的技术在应用过程中也可能存在风险，机器设备的不够先进、操作人员的技术不熟练、配套技术跟不上等，都会使生产的产品无法达到预期标准；对于外购技术，如果创业者不是行内专家，也许无法准确地识别其先进性，从而或许会买到过时的技术。即便不存在以上问题，随着科技的发展和技术进步，现有的技术也会落后，如果创业企业不能够及时更新技术，也会丧失原有的竞争优势。

加强自身能力建设或建立创新联盟可以减少技术风险的发生。提高创业企业技术系统的活力，加强对技术创新方案的可行性论证，建立灵敏的技术信息预警系统，组建技术联合开发体或建立创新联盟，可以减少技术开发与技术选择的盲目性，分散技术创新的风险；重视专利申请、技术标准申请等保护性措施的采用，能够通过法律手段减少损失出现的可能性。

（3）团队组建或管理不力。

初创期因企业缺乏资金而难以招来人才，发展壮大期因用人不善、利益不均或员工自身原因而无法留住人才。因此，创业团队构成不合理和团队成员流失就成了一个普遍现象。不少企业在初创期，团队成员都会对产品研发和销售倾注大量心血而无暇计较得失，但企业步入正轨之后，创业者可能会发现，因疏于管理，责权不明确、利益不均衡等问题接踵而至。最令人心痛的结果便是团队分裂，企业元气大伤。据国外一家研究机构对 100 家成长最快的小公司所做的调查结果显示，其中有 50％的创业团队没能在公司中共事 5 年。另一家机构在其所研究的 12 个创业团队的个案中发现，只有两个创业团队在创立 5 年以后还保持着创立初期时的完整。有些初创企业中，员工跳槽成了企业的常态，关键性人才的缺失如果正好发生在企业的关键性发展阶段就更让创业者头痛。

积极寻找合适的团队成员，组建高效创业团队，通过沟通、协调、激励、奖惩、评价、目标设定等多种手段管理团队，在创业团队发展的不同阶段确定相应的管理内容，科学合理地对成员进行绩效评价等有助于解决以上问题。

（4）资源不足。

资源的有限性和市场的自发性，使创业者或创业企业无法拥有所需要的全部资源，导致企业面临资源不足的风险。创业者在资源方面遇到的问题可以表现为人才缺失、客户流失、技术创新性不强、资金断流、财务管理出现漏洞等，这些都有可能使创业者在激烈的竞争中败下阵来。人才资源、客户资源、技术资源等在前面的三个方面都有论述，这里只讨论财务资源不足的问题。财务资源不足的表现是资金短缺，这几乎是任何一家初创企业都会面临的问题。很多人在初次创业时，都面临资源欠缺，特别是启动资金缺乏的困境；企业步入正轨之后，为了发展壮大而扩大规模、增加项目也会导致对资金的需求增加，如果创业者不能够及时筹集到所需要的经营资金，就会导致现金流中断，使资金成为影响企业发展的瓶颈。

对创业所需资金进行合理估计，可以避免由于筹资不足影响企业健康成长和后续发展的情况；建立和经营创业者自身和创业企业的信用，可以提高获得资金的概率；设置合理的财务结构，在企业的长远发展和目前利益之间进行权衡，从恰当的渠道获得资金，以及对现金流的良好管理，可以避免现金断流带来的财务拮据甚至破产清算的局面。

三、创业计划书的撰写和展示技巧

逐步将创业构想转化成文字的过程，其实就是撰写创业计划书主要内容的过程。了解撰写过程中的技巧，能够使撰写的创业计划书更具有吸引力和可信度。

1. 创业计划书撰写原则

创业计划书在撰写时应遵循目标明确、优势突出，内容真实、体现诚意，要素齐全、内容充实，语言平实、通俗易懂，结构严谨、风格统一，有理有据、循序渐进，详略得当、篇幅适当等原则。

适合的篇幅一般为 20～35 页，包括附录在内。

2. 撰写技巧

创业计划书在撰写时如果能对以下 11 个问题有清晰的认识，则一方面可以提高创业计划书的易读性，另一方面可以提高企业融资的概率。

第一，五分钟的考试。一般来说，风险投资家或评审专家阅读一份创业计划书的时间在 5 分钟左右，主要关注业务和行业性质、项目性质（借钱还是风投）、资产负债表、团队、吸引人的地方等内容，因此，创业者在撰写创业计划书时要着重从这五个方面予以重视。

第二，内容要完整。一份好的创业计划书起码要涉及如下内容：计划摘要、产品与服务、团队和管理、市场预测、营销策略、生产计划、财务规划、风险分析。创业计划书不应该遗漏任何要素。

第三，投资项目中最重要的因素是人。对于创业团队一定要按照团队组建原则和优秀团队特征等知识点进行如实描述，对团队成员的构成及其分工情况进行重点介绍。

第四，提高撰写水平的途径是阅读他人的创业计划书。阅读他人的创业计划书是帮助创业者提高自己写作能力的有效途径之一。撰写创业计划书之前阅读十几份他人的创业计划书将会有很大帮助。

第五，记住 43.1％规则。一位风险投资家一般会希望在 5 年内将其资金翻 6 倍，相当于每年的投资回报率（ROI）大约是 43.1％ $[(1+i)^5=6]$。因此，一份承诺 40％～50％投资回报率的创业计划书对于风险投资家来说比较靠谱；如果是借款则需要有还本付息计划。

第六，全盘把握，查漏补缺。做最充分的准备，对创业计划进行最详细的论证，准备回答所有和创业计划有关的负面问题，以降低创业风险。另外，在会见风险投资者之前，创业者可以将所有负面问题的答案以"小字条"的方式进行准备，给自己足够的心理支持和勇气。

第七，熟悉吸引投资者的方法。取得风险企业家名录是一种事半功倍的吸引投资者的方法。了解熟悉众多的风险投资机构，可以帮助创业者增进对风险投资者的认识和了解，以便有针对性地展开融资活动。

第八，准备回答最刁钻的问题。对于创业者来说，也许"你的创业计划书给其他风险投资者看过吗？"是一个两难的问题，建议创业者遵循诚实守信的原则，如实回答。

第九，对待被拒绝。审阅创业计划书是风险投资者日常工作的一部分，拒绝大多数的创业计划也是风险投资者的工作常态。创业者没必要因为创业计划被拒绝而伤心欲绝，而是应该把其当作不断完善创业计划书的手段。如果创业者在每一次被拒绝之后，都能够很好地采纳风险投资者的建议，进一步优化其创业计划，则被拒绝一次就离被接受近了一步。

第十，商业计划书最重要内容。对于投资者来说，创业计划书中最重要的内容是资产负债表以及团队的介绍。资产负债表说明企业的财务状况，能否及时偿债以及有多少尚未分配的利润归属于投资者；创业团队的介绍则是创业项目能否成功的关键。

第十一，把本收回来。任何人进行投资，其最低的要求都是把本金收回来，因此，在融资时能够基于这条原则进行阐述，使投资者在最短时间内将本金收回，则得到资金的概率会大为增加。

3. 创业计划书展示技巧

精心准备和经常练习是使创业计划书展示变得精彩的基本方法。巧妙构思展示的内容、制作专业的 PPT，可以提高展示者的信心，使展示获得满意的效果。

（1）展示准备。

展示准备和即将展示的内容一样重要。展示准备包括演讲前的准备和演讲过程中的准备两个方面。

在展示自己的创业计划之前，首先需要搜集听众的相关信息，以便和听众建立各种联系。通过搜索风险投资网站，可以了解参加展示的风险投资家或者天使投资者的信息，分析自己的创业计划和这些听众之间是否存在某种联系，或者演讲者本人与这些听众之间是否有个人联系。如果创业计划能够和听众的某些活动联系起来，或者演讲者曾经和听众有过同学关系，或者有相同的兴趣爱好，则会让投资者感觉到给予支持可能带来的益处，或者和演讲者形成融洽的交谈关系，展示工作会达到事半功倍的效果；准备和展示场合相符的服装，按照合理分配的展示时间多进行练习，尽可能多了解展示场地的信息，都是准备阶段应该做的工作。

展示过程的第一步就是决定由谁来负责展示，一般的创业计划大赛都会要求所有创业团队成员参加展示，但是并不要求所有成员都进行陈述，因此选择合适的人员进行陈述是成功的关键因素之一；其次，展示过程中的核心元素是展示的人，而不是展示的幻灯片，展示的幻灯片一定要做得简明扼要，只提供展示的总体框架以及强调发言内容的重点，展示者一定要将听众的目光集中到自己身上；最后，想方设法使展示生动有趣、充满激情。麻省理工学院的一项权威调查表明，沟通涉及三个层面：视觉（身体语言）占 55%，声音（语音语调）占 35%，口头表达（用于用词）占 7%。因此，在展示进程中，通过向观众提问而有意停顿，或提高音量，或使用丰富的表情感染鼓舞观众，吸引观众注意力，多和观众沟通等都是不错的展示技巧。

（2）展示内容。

展示的重点一定要放在观众而不是演讲者感兴趣的地方；展示的 PPT 应尽可能简单，一些专家给出了 6—6—6 法则，即每行不超过 6 个词语，每页不超过 6 行，连续 6 张纯文字的 PPT 之后需要一个视觉停顿（采用带有图表的 PPT）等；一场二三十分钟的演讲最多不超过 12 张 PPT。下面是一个推荐的展示 PPT 模板，共计 12 张 PPT。

展示的 PPT 往往从标题幻灯片开始。该张 PPT 包括企业的名称/标志，创始人姓名、和联系方式。

第一张 PPT：概述。对产品或服务进行简要介绍，对演讲要点做一简介，对该项商业活动带来的潜在收益（经济效益、社会效益）等进行简单说明。

第二张 PPT：问题。说明亟待解决的问题（问题在哪儿？为什么会出现该问题？如何解决该问题？）；通过调查证实的问题（潜在顾客的需求是什么？专家有哪些建议？）；问题的严重性如何。

第三张 PPT：解决办法。说明企业的解决办法与其他解决方案相比的独特之处；展示本企业的解决方案在多大程度上可以改变顾客的生活，以及企业的解决方案有什么进入壁垒。

第四张 PPT：机会和目标市场。要清楚定位企业具体的目标市场，对目标市场的广阔前景进行展望；通过图表的方式展示目标市场的规模、预期销售额和预期市场份额等信息，说明拟采取什么方法实现销售计划。

第五张 PPT：技术。介绍技术或者产品或服务的独特之处，尽可能使对技术的描述通俗易懂，切忌使用专业术语进行陈述；展示产品的图片、相关描述或者样品，如果产品试、生产已经结束，则最好展示样品；说明可能涉及的知识产权问题，以及企业采用的保护措施。

第六张 PPT：竞争。详细阐述直接、间接和未来的竞争者，展示创业计划书中的竞争者方格，说明和竞争对手相比的竞争优势。

第七张 PPT：市场和销售。描述总体的市场计划、定价策略、销售过程以及销售渠道。说明消费者的购买动机、企业激起消费者欲望的方法，以及产品或服务如何到达最终的消费者手中。

第八张 PPT：管理团队。介绍现有管理团队（团队成员的背景和专长，以及在企业中将要发挥的作用，如何进行团队合作等），说明管理团队存在的缺陷或不足，如果有顾问委员会最好予以介绍。

第九张 PPT：财务规划。介绍未来 3～5 年企业总体的盈利状况、财务状况及现金流状况，尽量将规划的内容显示在一张 PPT 上，而且只显示总体数据，同时做好回答和数据相关问题的心理准备。

第十张 PPT：现状。用数据突出已经取得的重大进展，介绍启动资金的来源、构成和使用情况；介绍现有的所有权结构，介绍企业采用的法律形式及其原因。

第十一张 PPT：财务要求。如果有融资计划，介绍想要的融资渠道及筹集资金的使用方式，同时介绍资金筹集后可能取得的重大进展。

第十二张 PPT：总结。总结企业最大的优势、团队最大的优势，同时介绍企业的退出策略，并征求反馈意见。

第三节 创业计划书常见问题及对策

创业计划书在撰写的过程中，由于撰写者对创业计划书内容的不熟悉，对国家相关法律法规不够了解，对于相关知识掌握得不够充分等，往往会存在一些共性的问题，在此予以总结，以便使创业者的创业计划书更加完善。

一、企业概况

本部分的常见问题有企业名称不符合要求，或者属于特许经营范畴的项目未经过授权，或者注册资金的选择不符合有关规定。

2013 年 10 月 25 日，国务院总理李克强主持召开国务院常务会议，部署推进公司注册资本登记制度改革，放宽注册资本登记条件：除法律法规另有规定外，取消公司制企业最低注册资本的限制，并不再限制公司设立时股东（发起人）的首次出资比例和缴足出资的期限。

创业者还应关注经营范围特许的相关规定，普通投资者无法进入的蓝海包括供水、供气、供热、公共客运等领域；另外，烟草需要有专卖许可，食品行业需要有经营许可以及卫生许可等。酒吧和歌厅等可能不适合学生创业，其对社会关系的要求太高。

二、产品和服务

本部分的典型问题有：技术不过关（未过中试），未能提供专利证明或未提供技术授权，缺乏售后服务的考虑等。

对产品/服务进行描述时，如果涉及核心技术，应保证技术已经通过中试，最好通过了终试，而不仅仅是实验室中的产品；如果使用的是他人的技术，应提供技术授权书或者转让证书。对于学生创办的大部分企业，很难说一开始就从技术上超越现有企业，因此，完善售后服务，以及和客户建立良好信任关系往往是企业打开销路的第一步；何况现在严重供大于求，以客户为中心的客户关系管理更加重要。

三、商业构想与市场分析

本部分的典型问题有：目标人群混乱，需求不确定，市场调研不深入，缺乏对竞争对手的了解等。

创业者需要在进行项目论证时，通过设计有针对性的调查问卷，进行充分的市场调查；然后根据调查资料的整理结果进行科学的市场细分，确定企业拟进入的细分市场；同时广泛搜寻竞争对手的相关信息，分析企业相对于竞争对手的竞争优势，制定有针对性的营销策略。

四、企业选址

本部分的典型问题有：企业地址的选择不方便目标人群，或者成本过高等。

撰写创业计划书时，很多人依然基于传统的营销理论，站在 4P：产品或服务（Product）、渠道（Place）、价格（Price）、促销（Promotion）的角度对企业选址进行论述，选在方便创业者的地点，但缺乏对客户需求的考虑。建议撰写者站在 4C 的角度重新考虑选址的问题，根据企业的消费者（Customer）及其愿意接受的成本（Cost），在客户方便（Convenience）购买的地方经营，并且通过加强沟通（Communication）进一步了解并满足消费者需求。

五、营销方式

本部分的典型问题有：定价过低，市场推广策略简单化、平面化，营销策略急于求成等。

创业者一定要了解"一分价钱一分货"的道理，太低的定价也许会给消费者带来"产品质量一般"的印象，而不一定能够增加产品销售量。大学生创业者可以通过增加售后服务等措施增强企业的竞争力。尽可能采用富有创意的营销策略，采用不同的营销措施，吸引消费者的注意力，提高产品的销售量；一步一个脚印地将营销工作做好，而不是异想天开，急于求成。

六、法律形式

本部分的典型问题有：对各种法律形式的特点不甚了解，做选择时比较盲目、想当然；对一人有限责任公司较陌生。

建议创业者认真学习开办和经营企业的相观法律，充分了解不同法律形式的特点及利弊，进行合理选择。

七、股份构成

本部分的典型问题表现为两个极端：股东一股独大，或者股东过于分散。

如同本书第六章团队组建原则中所说，企业应该建立合理的利益分配机制，通过设置恰当的股份结构，既有利于经营过程中决策的及时性，又保证投资者在企业中利益的均衡。一股独大不利于调动其他投资者的积极性，股权过于分散可能会使决策周期过长，丧失投资良机。

八、组织架构和创业团队

本部分的典型问题有：团队成员背景单一，团队成员分工不合理等。

团队成员背景单一则缺乏学科跨度、经验跨度、资源跨度等，在组建创业团队时应尽可能选择不同专业、特长、性格、资源的人进行合作。高校学生参加创业计划竞赛时，高科技产品的创业团队最好有研究生参与。

九、成本预测

本部分的典型问题也表现为两个极端：成本估测过高或成本估测过低。成本估测过高，可能会影响创业的信心和决心，使原本不错的项目被放弃执行；成本估测过低，则会使项目运作开始后发生亏本现象，甚至导致企业倒闭。因此，创业团队应该在制订生产计划时，对创业项目的成本进行深入细致地调查思考、精确周密地计算分析，使创业项目的成本预测接近于实际。

创业团队可以请教行内专家，或专职教师帮忙分析。

十、现金流管理

本部分的典型问题有：现金支出估计不足，未留有一定的风险资金。

十一、盈利情况

本部分的典型问题表现为过于乐观。很多创业计划书在盈利能力描述部分给出的预测数据过于乐观，给人以外行的感觉。比如，动辄 40%～50% 的毛利，1 年左右的投资回收期，20% 左右的净利率等。建议创业团队在成本预测较为准确的情况下，正确估计盈利情况。

十二、资产负债表

本部分的典型问题为资产负债表的数据两边不平衡，以及利润表和现金流量表的钩稽关系不正确等。

资产负债表的编制原理是"资产＝负债＋所有者权益"，可是这一最基本的公式并不为大部分创业者所熟悉，编出的预计报表漏洞百出，或者资产负债表的数据两边不平衡（等式左右两边不相等），或者缺乏报表之间应有的对应关系等。建议创业团队向专业教师进行咨询。

实战演练

创业计划书的撰写与展示

_____
_____
_____
_____
_____

本章学习收获

_____
_____
_____
_____
_____

读书心得

书名：

作者：

读书心得：

_____
_____

文中经典妙句：

_____
_____
_____
_____
_____

陌生人拜访（九）

姓名		性别		职业		联系方式	
职位		单位				拜访地点	

预计拜访中遇到的困难：

拜访目的：

预计拜访内容：

问题 1：

问题 2：

问题 3：

问题 4：

拜访总结：

拜访中遇到的实际困难：

参考文献

[1] 李肖鸣，朱建新，郑捷．大学生创业基础［M］．北京：清华大学出版社，2009.

[2] 葛海燕．大学生创业教育与指导［M］．北京：清华大学出版社，2013.

[3] 李肖鸣．21世纪创业教育系列精品教材：创业基础慕课学习评价手册［M］．北京：清华大学出版社，2013.

[4] 李家华．21世纪创业教育系列精品教材：创业基础［M］．2版．北京：清华大学出版社，2015.

[5] 万哨凯，肖芳．大学生创业教育［M］．武汉：武汉大学出版社，2015.

[6] 陈永奎．大学生创新创业基础教程［M］．北京：经济管理出版社，2015.

[7] Everett M. Rogers（E. M. 罗杰斯）．创新的扩散［M］．5版．唐兴通，郑常青，张延臣，译．北京：电子工业出版社，2016.

[8] 彼得·斯卡金斯基（Peter Skarzynski），大卫·克劳斯怀特（David Crosswhite）．创新方法：来自实战的创新模式和工具［M］．陈劲，蒋石梅，吕平，译．北京：电子工业出版社，2016.

[9] 胡飞雪．创新思维训练与方法［M］．北京：机械工业出版社，2009.

[10] 井上达彦．模仿的技术：企业如何从"山寨"到创新［M］．兴远，译．世界图书出版公司，2014.

[11] 爱德华·德博诺．六项思考帽：如何简单而高效地思考［M］．太原：山西人民出版社，2013.

[12] 贺尊．通用管理系列教材：创业学概论［M］．北京：中国人民大学出版社，2010.

[13] 郭广生．我和创业有个约会：大学生创业教育理论与实践．［M］．北京：中国轻工业出版社，2010.

[14] 刘平．创业管理：理论与实践［M］．北京：清华大学出版社，2011.

[15] 罗伯特·斯腾柏格，陶德·陆伯特．创意心理学［M］．曾盼盼，译．北京：中国人民大学出版社，2009.

[16] 王波．创业者常犯的20个错误［M］．北京：电子工业出版社，2010.

[17] 菲利普·科特勒．营销管理［M］．上海：上海人民出版社，2003.

[18] F. 罗伯特·雅各布斯，理查德B. 蔡斯．运营管理（英文原书第13版）［M］．任建标，译．北京：机械工业出版社，2011.

[19] 李时椿．创业管理［M］．2版．北京：清华大学出版社，2010：181-204.

[20] 王吉鹏.企业文化建设［M］.3 版.北京：企业管理出版社，2010.

[21] 王延荣.创业管理［M］.上海：上海财经大学出版社，2007.

[22] 刘翼生.企业战略管理［M］.2 版.北京：清华大学出版社，2003.

[23] 俞国良.当代智力心理学丛书：创造力心理学［M］.杭州：浙江人民出版社，1996.

[24] 霍华德·加德纳.多元智能［M］.沈致隆，译.北京：新华出版社，1999.

[25] 陆志平.激活创造的潜能［M］.南京：南京师范大学出版社，2000.

[26] 联合国教科文组织.为了 21 世纪的教育：问题与展望［M］.王晓辉，赵中建，等，译.北京：教育科学出版社，2001.

[27] 孙健敏，宁健.创造性解决问题［M］.北京：企业管理出版社，2004.

[28] 中华人民共和国教育部编写组.素质教育观念学习提要［M］.三联书店，2001.

[29] 袁振国.教育新理念［M］.北京：教育科学出版社，2002.

[30] 张卓玉.教会学生思维［M］.北京：教育科学出版社，2001.

[31] 沈世德，薛卫平.创新与创造力开发［M］.北京：东南大学出版社，2004.

[32] 周冠生.形象思维与创新素质［M］.上海：上海教育出版社，2002.

[33] 李志能，郁义鸿，罗博特·D·希斯瑞克.创业学［M］.上海：复旦大学出版社，2000.

[34] 董国华.创新学习的理论［D］.上海：华东师范大学出版社，2002.

[35] 刘道玉.创造教育概论［M］.武汉：湖北教育出版社，2002.

[36] 龚春燕.创新学习：学习方式的革命［M］.北京：科学技术文献出版社，2002.

[37] 爱德华·德·波诺.严肃的创造力［M］.杨新兰，译.北京：新华出版社，2003.

[38] 埃德温·M·布里奇斯，菲利普·海林杰.以问题为本的学习［M］.冯大鸣，译.上海：上海教育出版社，2003.

[39] 周军.教学策略［M］.北京：教育科学出版社，2003.

[40] 章伟民.教学设计基础［M］.北京：教育科学出版社，2003.

[41] 王宏，熊丙奇，徐国权.步入大学：大学生学习、生活、就业指导［M］.上海：上海交通大学出版社，2005.

[42] 高校入学教育编写组.赢在校园：大学新生入学必读［M］.北京：国家行政学院出版社，2007.

[43] 王言根.学会学习：大学生学习引论［M］.北京：教育科学出版社，2008.

[44] 魏书生.好学生好学法［M］.北京：漓江出版社，2008.

[45] 王平.青少年必修的 24 堂课［M］.北京：北京工业大学出版社，2009.

[46] 杜慧.别让学习折磨你左右千万青少年未来的 12 个学习观念.［M］.北京：华夏出版社，2009.

[47] 成长必读编委会．引发学生奇思妙想的创新故事 [M]．北京：京华出版社，2009.

[48] 傅筠，黄道平．创新·创业与就业 [M]．北京：机械工业出版社，2009.

[49] 陈海．大学生创业要注意法律风险 [J]．致富时代，2009（9）．